(Rééédition de 1791
sous Louis quinze)

NOUVEAU
COMMENTAIRE
SUR
L'ORDONNANCE
CIVILE
Du mois d'Avril 1667.

TOME SECOND.

Pages
345 à 659 Titres XXII à XXXV
& ultime

660 à 791 Table générale
alphabétique

16° F.

(2)

NOUVEAU COMMENTAIRE

SUR

L'ORDONNANCE

CIVILE

Du mois d'Avril 1667.

Nouvelle Edition, augmentée de l'Idée de la Justice Civile.

Par M.***, Conseiller au Présidial d'Orléans.

TOME SECOND.

A PARIS,

Chez DEBURE pere, Quai des Augustins, à l'Image S. Paul.

_____

M. DCC. LXXI.

Avec Approbation & Privilege du Roi.

TITRE XXII.

Des Enquêtes.

LEs Enquêtes dont il est parlé dans ce Titre sont les Enquêtes ordinaires. A l'égard de celles qui se font dans les matieres sommaires & dans les Jurisdictions des Juges-Consuls, elles doivent être faites suivant la maniere ci-dessus ordonnée. (Voyez le titre 17 , articles 8 & 9 , & titre 16 , articles 7 , 8 & 9.)

ARTICLE I.

Es matieres où il écherra de faire des Enquêtes (1), le mesme Jugement qui les ordonnera *contiendra les faits des Parties* (2), *dont elles informeront respectivement* [3], si bon leur semble, sans autres intendits & réponses, Jugement ni Commission.

1. *Es matieres où il écherra de faire des Enquêtes.*] Car la preuve par Témoins n'a lieu que dans certains cas. (Voyez ce qui a été dit ci-dessus, titre 20 , article 1 , aux notes, page 288.)

Quand il s'agit de faire reconnoître quelque meuble qu'on réclame comme à soi appartenant, cela doit se faire par Enquête, & non par procès-verbal. Cette efpece d'Enquête doit même prefque toujours fe faire fommairement. (Voyez *fuprà*, titre 12, article 5, note 1, pag. 170.)

2. *Contiendra les faits des Parties.*] Afin que celui qui eft chargé de faire l'Enquête fache exactement quelle eft fa Commiffion, & que les Témoins ne chargent point leurs dépofitions de faits inutiles ou étrangers.

3. *Dont elles informeront refpectivement.*] Afin que chacune des Parties puiffe défendre fon droit contre la dépofition des Témoins de fa Partie adverfe, qui pourroit ne faire entendre à fa requête que les Témoins qui lui feroient favorables, & non ceux qui pourroient lui être contraires.

Il n'eft pas néceffaire que la permiffion de faire preuve contraire foit portée par l'appointement; s'il avoit été oublié d'en faire mention, elle feroit fous-entendue.

ARTICLE II.

Si l'Enquefte eft faite au mefme lieu où le Jugement a efté rendu, ou dans la diftance de dix lieues, *elle fera commencée dans la huitaine* [1] du jour de la fignification du Jugement faite à la Partie ou à fon Procureur, & parachevée dans la huitaine fuivante : *s'il y a plus grande diftance* [2], le délai fera augmenté d'un jour pour dix lieues. *Pourra néantmoins le Juge* (3), fi l'affaire le requiert, donner *une autre huitaine* (4) pour la confection de l'Enquefte, *fans que le délai puisse estre prorogé* [5] : le tout nonobstant oppositions, appellations, récusations, & prises à partie, & sans y préjudicier.

1. *Elle sera commencée dans la huitaine.*] Les délais de huitaine dont il est parlé dans cet article ne sont que pour les Cours, Bailliages, Sénéchaussées & Présidiaux. A l'égard des autres Jurisdictions, ces délais ne sont que de trois jours. (Voyez *infrà*, article 32.)

2. *S'il y a plus grande distance.*] En matiere d'Enquêtes, si les héritages & droits contentieux sont éloignés du Siege où le procès est pendant, le Juge peut commettre le plus prochain Juge Royal des lieux. (Voyez le procès-verbal de l'Ordonnance, pag. 286.) C'est aussi la disposition de l'article 168 de l'Ordonnance de Blois, qui porte : » Que s'il est besoin d'exa-
» miner quelques témoins hors les lieux de la
» demeure des Juges, ils seront tenus, (*s'ils en*
» *sont requis*) octroyer commission adressante
» aux Officiers des lieux, sans qu'ils la puissent
» refuser. «

Ces mots, *s'ils en sont requis*, font voir que le Juge n'est pas obligé dans ce cas de commettre, à moins que les Parties ne le requierent : souvent les Parties aiment mieux que l'Enquête, quoique plus coûteuse, soit faite pardevant le Juge où la contestation est pendante, que de la faire faire par un Juge étranger.

Si l'une des Parties demandoit que l'on commît le Juge du lieu de la chose contentieuse, & que l'autre Partie s'y opposât, alors il faudroit dire que cette commission n'auroit lieu que pour l'enquête de celui qui demande le renvoi, & non pour l'enquête de l'autre Partie ;

qui feroit faite dans ce cas par le Juge du lieu où le procès est pendant.

S'il s'agiſſoit d'entendre quelque témoin qui fût hors d'état de ſe tranſporter, & qui demeurât hors le reſſort du Juge où l'inſtance ſe pourſuit, il faudroit néceſſairement commettre le Juge du lieu de la demeure des témoins, *quia Judex non poteſt extrà territorium jus dicere.*

Quand l'inſtance eſt pendante devant un Juge Royal, on eſt ordinairement dans l'uſage de commettre un Juge Royal le plus prochain des lieux ; néanmoins on peut auſſi commettre un Juge de Seigneur. Cette commiſſion eſt rogatoire, lorſque le Juge qui commet eſt inférieur ou égal à celui qui eſt commis. (Voyez la note 4 ſur l'article 1 du titre 10, pag. 110.)

Si le Juge à qui l'enquête aura été ainſi renvoyée, accepte la commiſſion qui lui eſt adreſſée, il doit procéder à l'enquête, de même qu'auroit fait le Juge qui a donné cette commiſſion. Pour accepter ces ſortes de commiſſions, il ſuffit que le Juge qui a été commis donne acte du rapport du Jugement qui le commet, & permette en conſéquence d'aſſigner pardevant lui dans le délai qu'il impartit pour cet effet.

3. *Pourra néanmoins le Juge.*] Le Commiſſaire ne peut de ſon autorité donner aucun délai ni prorogation, & il doit renvoyer les Parties à ſe pourvoir ſur cet incident devant les Juges ſaiſis de l'inſtance principale.

4. *Une autre huitaine.*] Quand il y a appel du Jugement qui admet à faire la preuve, le délai pour faire enquête ne court que du jour de la ſignification qui a été faite à perſonne ou à domicile, de l'Arrêt ou Jugement confirmatif de l'appointement à faire preuve dont il a été appellé. Ainſi jugé par pluſieurs Arrêts.

5. *Sans que le délai puiſſe être prorogé.*] Dans

le projet de rédaction de cet article il étoit ajouté, *lequel délai sera péremptoire* ; ce qui revient au même. (Voyez le procès-verbal de l'Ordonnance, pag. 287.)

Au reste le délai dans lequel les Parties font obligées de faire & d'achever leurs enquêtes a été fagement fixé, afin que les procédures ne foient pas éternifées, & que les plaideurs de mauvaife foi n'abufent pas de ce moyen.

ARTICLE III.

Après que les reproches auront esté fournis contre les témoins, *ou que le délai d'en fournir sera paffé* (1), la Caufe fera portée à l'Audience, fans faire aucun acte ou procédure pour la réception d'enquefte ; & ne feront plus fournis moyens de nullité par écrit, *fauf à les propofer en l'Audience* (2) ou par contredits, fi c'eft en procès par écrit.

1. *Ou que le délai d'en fournir sera paffé.*] Ce délai eft de huitaine pour les Cours, Bailliages, Sénéchauffées & Préfidiaux, & de trois jours pour les autres Jurifdictions. (Voyez *infrà*, articles 27 & 32.)

Pour que ce délai coure il faut que la Partie qui a fait fon enquête ait donné à l'autre copie du procès-verbal. (Voyez *infrà*, article 27.)

2. *Sauf à les propofer à l'Audience.*] Ainfi c'eft une mauvaife procédure dans les affaires d'Audience de fignifier des actes, foit pour expliquer fon enquête, foit pour attaquer celle de la Partie adverfe, ainfi qu'il eft dit en cet article & en l'article 35 ci après. Ces actes doivent

être rejettés , & ne pas paſſer en taxe;

ARTICLE IV.

Si l'enquête n'eſt faite & parachevée dans les délais ci-deſſus , *le Défendeur* (1) pourra pourſuivre l'Audience *ſur un ſimple acte* (2) , ſans forcluſion de faire enquête , dont nous abrogeons l'uſage.

1. *Le Défendeur.*] Soit qu'il n'ait point fait d'enquête de ſon côté, ſoit qu'il en ait fait une.

2. *Sur un ſimple acte.*] C'eſt-à-dire ſur un ſimple avenir. (Voyez *ſuprà* , tit. 11 , article 8 , page 125 , & titre 14 , article 1 , avec les notes , page 179.)

ARTICLE V.

Les témoins ſeront aſſignez [1] *pour dépoſer* , *& la Partie pour les voir jurer* [2] , *par ordonnance du Juge* [3] , ſans commiſſion du Greffe.

1. *Les témoins ſeront aſſignés.*] Car des témoins qui ſe préſentent d'eux-mêmes deviennent ſuſpects , & on ne doit point avoir égard à leurs dépoſitions.

Cette aſſignation doit être donnée ſur la pourſuite de la Partie qui veut faire ſon enquête, & elle eſt ſujette aux formalités ordinaires des exploits. Elle ſe donne à domicile de Procureur , lorſque la Partie qu'on aſſigne en a coté un , ſinon il faut aſſigner la Partie à ſon domicile. (Voyez ce qui a été dit ci-deſſus , tit. 17.

art. 7, not. 2, pag. 234, pour les élections de domicile, qui doivent être faites par les ajournants qui ne cotent point de Procureur.)

2. *Et la Partie pour les voir jurer.*] C'est-à-dire la Partie contre laquelle l'Instance se poursuit. (Voyez ci-dessus, tit. 21, art. 10, not. 1, pag. 334.)

Il n'est pas nécessaire que la Partie assignée comparoisse ; il suffit que ce soit un Procureur pour elle.

Cette assignation doit être donnée à la Partie ou au Procureur qu'elle a coté sur le lieu, dans le cas où l'enquête se fait devant un Juge délégué, ou quand le Juge se transporte chez un témoin malade pour recevoir sa déposition.

3. *Par ordonnance du Juge.*] Dans les Jurisdictions où il y a des Commissaires-Enquêteurs en titre d'office, c'est à eux à faire ces sortes d'enquêtes, même dans les procès appointés, lorsque ces enquêtes s'ordonnent sur des faits articulés par les Parties ; & par conséquent c'est aussi à eux à donner leur ordonnance pour assigner les témoins. (Edit du mois de mai 1583, art. 1. Autre du mois d'octobre 1693. Arrêt du Conseil du 31 août 1689, rendu pour le Présidial d'Orléans ; art. 9.)

A l'égard des enquêtes d'office, elles doivent se faire par les Juges ou par les Rapporteurs, si les procès sont appointés, & non par les Commissaires - Enquêteurs. (Même Edit de 1583, article 5. Arrêt du Conseil du 31 août 1689, rendu pour Orléans, article 9. Arrêt du Parlement du 16 février 1602, rapporté par Joly, tome 2, pag. 1532. Arrêt du Conseil du 26 octobre 1604, rapporté *ibidem*, page 1335.) Voyez *infrà*, art. 24, not. 3, pag. 367, ce que c'est qu'*Enquêtes d'office.*

ARTICLE VI.

Le jour & l'heure pour comparoir feront marqués dans les Exploits d'affignation qui feront donnés aux témoins & aux Parties ; & fi les témoins & les Parties ne comparent, *fera différé d'une autre heure* [1], après laquelle les témoins préfents feront le ferment, & feront ouis, fi les Parties ne confentent la remife *à un autre jour.* [2]

1. *Sera différé d'une autre heure.*] Si les témoins ne comparoiffent pas pendant ce temps, ils peuvent être punis par amende, comme il eft dit *infrà*, article 8.

2. *A un autre jour.*] Auquel cas il faudra affigner de nouveau les témoins, & auffi la Partie, pour les voir jurer. (Voyez le procès-verbal de l'Ordonnance, pag. 296, article 7.)

ARTICLE VII.

Les témoins feront affignés [1] à perfonne ou à domicile, *& les Parties au domicile de leurs Procureurs.* [2]

1. *Les témoins feront affignés.*] Tous ces témoins doivent être affignés devant le Juge ou Commiffaire du lieu où l'inftance eft pendante, & où fe fait l'enquête, quoiqu'ils ne foient pas jufticiables de ce Juge.

2. *Et les Parties au domicile de leurs Procu-*

reurs.] Lorſque la Partie n'a point coté de Procureur, il faut l'aſſigner à domicile; mais **voyez**
ſuprà, titre 17, article 7, note 2, pag. 234.

ARTICLE VIII.

Les témoins ſeront tenus de comparoir
(1) à l'heure de l'aſſignation, ou au
plus tard à l'heure ſuivante, à peine de
dix livres, au paiement de laquelle ils
ſeront contraints par ſaiſie & vente de
leurs biens, & non par empriſonnement,
ſi ce n'eſt qu'il fuſt ordonné par le Juge (2)
en cas de manifeſte déſobéiſſance (3) ; &
ſeront les ordonnances des Juges (4) exécutées contre les témoins, nonobſtant
oppoſitions ou appellations, meſme celles des Commiſſaires-Enqueſteurs &
Examinateurs pour la peine de dix livres
ſeulement, encore qu'ils n'aient aucune
Juriſdiction, & ſans tirer à conſéquence en autre choſe.

1. *Les témoins ſeront tenus de comparoir.*]
Quand même ils auroient des raiſons valables
pour ſe diſpenſer de dépoſer, il faut toujours
qu'ils comparoiſſent à Juſtice, à moins qu'ils
ne ſoient dans l'impuiſſance de le faire, auquel
cas ils doivent propoſer leurs exoines.

Les Religieux ſont tenus de comparoître
comme les autres. (Voyez *infrà*, article 11,
aux notes, pag. 356.)

2. *Si ce n'eſt qu'il fût ordonné par le Juge.*]
Et non par le Commiſſaire, comme il réſulte de
da fin de cet article.

Si le témoin étoit Ecclésiastique, il ne pourroit être contraint que par l'amende de dix livres, & en cas de refus d'obéir, par saisie de son
temporel. S'il est Religieux de quelque Ordre,
les Supérieurs sont tenus de le faire comparoître sous les mêmes peines. (Voyez l'article 2
du titre 6 de l'Ordonnance de 1670.)

3. *En cas de manifeste désobéissance.*] Comme
si l'Exploit d'assignation faisoit mention expresse que la Partie a déclaré par sa réponse qu'elle
ne comparoîtroit point.

4. *Et seront les Ordonnances des Juges.*] Non
celles des Officiaux, qui ne peuvent condamner en l'amende les témoins défaillants, même
Ecclésiastiques, ainsi qu'il a été jugé par plusieurs Arrêts.

ARTICLE IX.

Soit que la Partie compare ou non (1)
à la premiere assignation, ou à la seconde, si les Parties en ont consenti la
remise, le Juge ou Commissaire prendra le serment des témoins qui seront
présents, & sera *par lui procédé à la confection de l'Enquête* (2), nonobstant &
*sans préjudice des oppositions ou appella-
tions* (3), même comme de Juge incompétent, *récusations, ou prises à partie*
(4), *sauf à en proposer les moyens* (5) &
fournir de reproche après l'Enquête.

1. *Soit que la Partie compare ou non.*] Lorsque la Partie contre laquelle l'Enquête se poursuit ne comparoît pas sur l'assignation qui lui

eſt donnée , le Juge ou le Commiſſaire donne
défaut contr'elle , & prend le ſerment des témoins préſents.

2. *Par lui procédé à la confeſtion de l'Enquête.*] Hors la préſence des Parties. (*Infrà* ,
article 15 , pag. 361.)

3. *Et ſans préjudice des oppoſitions ou appellations.*] Sauf à la Partie appellante ou oppo-
ſante à fournir ſes moyens de reproches après
que l'Enquête aura été faite, comme il eſt dit
ſur la fin de cet article. Mais elle ne peut, ſur
le fondement de ces reproches, ou pour autre
cauſe, empêcher qu'il ne ſoit paſſé outre à l'audition des Témoins.

4. *Récuſations ou priſes à partie.*] Car les
Juges, ou Commiſſaires qui font les Enquêtes
ſont ſujets aux récuſations & priſes à partie ,
ainſi que les autres Juges. (*Voyez infrà* , titres
24 & 25 , quels ſont les cas de récuſation &
de priſe à partie.)

5. *Sauf à en propoſer les moyens.*] Et à les
faire juger , comme il eſt dit ci-après , tit. 24 ,
article 2.

ARTICLE X.

Si le Juge fait l'Enquête dans le lieu
de ſa réſidence , & qu'il ſoit récuſé ou
pris à partie , *il ſera tenu de ſurſeoir* (1)
juſques à ce que les récuſations & priſes à partie *ayent eſté jugées.* (2)

1. *Il ſera tenu de ſurſeoir.*] D'où il ſuit que
ſi l'Enquête eſt faite par le Juge hors le lieu de
ſa réſidence , & qu'il ſoit récuſé , il n'eſt pas tenu
de ſurſeoir , à moins que la récuſation n'ait été

proposée trois jours avant son départ. (*Infrà*, titre 24, article 22.) Il en est de même quand l'Enquête est faite par un Juge délégué, en vertu d'une commission qui lui est adressée, sauf à faire droit en ces cas sur la récusation & prise à partie après l'Enquête achevée ; & si la récusation est jugée valable, il sera nommé un autre Juge ou Commissaire à la place de celui qui a été récusé. Cette récusation du Juge délégué se juge au Siege saisi de l'instance principale, dont la commission est émanée.

2. *Aient été jugées.*] Parce qu'alors l'incident sur la récusation peut être jugé en peu de temps.

ARTICLE XI.

Les parents & alliez des Parties, jusques aux enfants des cousins issus de germains inclusivement, ne pourront être témoins (1) *en matiere civile pour déposer en leur faveur ou contr'eux, & seront leurs dépositions rejettées.*

1. *Les parents & alliés des Parties, jusques aux enfants des cousins issus de germains inclusivement, ne pourront être témoins.*] Car les parentés & alliances sont *apud concordes excitamenta caritatis, apud iratos irritamenta odiorum*, ainsi que l'observe M. Pussort à l'occasion des récusations de Juges pour parenté. (Voyez le procès-verbal de nance, titre 25, article 4, pag. 335.)

Cette regle n'est pas cependant si générale qu'elle ne reçoive quelques exceptions : car

1° Toutes les fois qu'il s'agit de prouver l'âge,

l'état ou le décès de quelqu'un, & que les registres qui pourroient constater ces choses sont perdus, alors on doit faire entendre les parents en déposition, parce que ce sont eux qui sont ordinairement appellés aux baptêmes, mariages & sépultures. (*L. 16, ff. de probat. Ita etiam Mornac in L. 7. Cod. de in integrum restitution.*)

Il en est de même lorsqu'il s'agit de prouver une parenté ou alliance. (Theveneau sur les Ordonnances, livre 3, titre 13, article 5.)

2° Lorsqu'il s'agit de vérifier un fait qui s'est passé dans le secret d'une famille, dont les Etrangers n'ont pu avoir que peu de connoissance. (Le Prêtre, Centurie 3, chap. 119.)

3° En matiere d'évocations, on peut aussi faire assigner des parents pour déclarer leur degré de parenté. (Voyez le procès-verbal de l'Ordonnance, page 298.)

Outre les parents & alliés, il y a encore d'autres personnes dont le témoignage doit être rejetté : tels sont les impuberes, suivant la Loi 3, §. *Lege, ff. de Testibus* ; ou du moins s'ils sont entendus, c'est pour avoir tel égard que de raison à leur témoignage.

A l'égard des domestiques, voyez ce qui est dit *infrà* sur l'article 14, aux notes.

La regle générale qu'on peut établir en matiere de déposition, est que toute personne peut être reçue à déposer, si elle n'est excluse par quelque loi ou disposition particuliere.

Les Religieux peuvent être entendus comme d'autres en déposition, quoiqu'ils soient morts civilement, parce qu'alors leur fonction est regardée comme nécessaire, sur-tout s'il s'agissoit d'un recelé, ou d'un autre fait qui se seroit passé dans l'intérieur d'une maison dont ils auroient connoissance.

Rien n'empêche aussi qu'un Expert soit entendu comme témoin dans le même fait sur lequel a donné son rapport. (La Rocheslavin en ses Arrêts, liv. 4, titre 4, des témoins, article 6.)

ARTICLE XII.

Abrogeons la fonction des Adjoints, *mesme de ceux en titre d'Office* (1), pour la confection des Enquêtes, sauf à estre pourveu à leur indemnité ainsi que de raison : N'entendons néantmoins rien changer *ès cas portez par l'Edit de Nantes.* (2)

1. *Même de ceux en titre d'office.*] Ces offices ont été rétablis par Edits des mois de fevrier 1674 & d'avril 1696, mais par un Edit postérieur du mois de novembre 1717, ils ont été entiérement supprimés.

2. *Es cas portés par l'Edit de Nantes.*] Cette exception n'a plus lieu depuis l'Edit du mois d'octobre 1685, qui porte révocation de l'Edit de Nantes, & qui interdit l'exercice de la Religion Prétendue Réformée dans tout le royaume.

ARTICLE XIII.

Le Juge ou Commissaire à faire Enqueste, en quelque Jurisdiction que ce soit, mesme en nos Cours, *recevra le serment & la déposition* (1) de chacun témoin, sans que le Greffier ni autre puisse les recevoir ni rédiger par écrit hors sa présence.

1. *Recevra le serment & la déposition, &c.*]

Afin que cette dépofition foit plus authentique, & qu'on y doive ajouter plus foi que fi elle étoit faite par le Greffier feul.

ARTICLE XIV.

Au commencement de la dépofition fera fait mention du nom, furnom (1), âge (2), qualité & demeure du témoin, du ferment par lui prefté, s'il eft ferviteur ou domeftique (3), parent ou allié de l'une ou de l'autre des Parties, & en quel degré.

1. *Sera fait mention du nom, furnom, &c.*] Afin que le Défendeur puiffe non-feulement découvrir avec plus de facilité les moyens de reproches, mais les juftifier même par l'aveu & la déclaration des témoins.

2. *Age.*] On ne reçoit point en matiere civile la dépofition des témoins, à moins qu'ils n'aient atteint l'âge de puberté. Rien n'empêche néanmoins qu'un témoin pubere ne puiffe dépofer de ce qu'il a vu pendant qu'il étoit encore pupille.

3. *Serviteur ou domeftique.*] Non pour rejetter leur témoignage, comme on le croit ordinairement, & comme il eft dit à l'égard des parents en l'article 11 ci-deffus, mais pour y avoir égard par le Juge fuivant les circonftances. En effet, fi l'intention de l'Ordonnance eût été de rejetter le témoignage des ferviteurs & domeftiques, elle n'auroit pas manqué d'en faire une difpofition ; mais ne l'ayant point fait, c'eft une preuve qu'elle a laiffé ces chofes à l'arbitrage du Juge. On ne peut mieux faire que de

fuivre là-deffus les difpofitions de Droit.

Quand le ferviteur dépofe contre fon maître ;
il femble que fon témoignage doit être reçu , &
qu'il eft d'autant moins fufpect (fuivant la Loi
8, _Cod. de Teftibus._) C'eft ainfi que le penfe Gui-
Pape , queft. 45.

Mais quand un ferviteur dépofe en faveur de
fon maître , alors fon témoignage doit être rejetté , (fuivant la même Loi 8 , _Cod. de Teftibus. Nam tefti fides adhibenda non eft, cui im-
perari poteft ut teftis fiat._)

Il y a même des cas où l'on eft dans l'obligation d'entendre les ferviteurs & domeftiques
en dépofition ; _v. g._ dans le cas d'une demande
en féparation , de mauvais traitements de mari
à femme. De même quand une femme eft ac-
cufée de fouftraction des effets de la fucceffion
de fon mari , la principale preuve réfide toujours
en la bouche de fes domeftiques , fans quoi on
n'auroit prefque jamais de preuve. (Voyez le
procès-verbal de l'Ordonnance , pag. 298.)
_Nam ea quæ domi geruntur non facile per alie-
nos poffunt confiteri._ (Voyez la Loi 8 , §. 6 , _Cod.
de repudiis._) Ce qui a auffi lieu en général toutes
les fois qu'on ne peut avoir autrement la preuve.
(L. 7 , _ff. de Teftibus._)

Dans les procès de Communauté d'habitants
qui plaident en nom collectif , les ferviteurs &
domeftiques de quelques-uns de ces habitants ne
font point reprochables , & peuvent être entendus en dépofition. (Ainfi jugé au Bailliage
d'Orléans par Sentence du 16 janvier 1750.)

Au refte il ne faut pas confondre le mot de
ferviteur avec celui de _domeftique._ Domeftiques font ceux qui vivent dans la même maifon & mangent à la même table fans être ferviteurs.

ART. XV.

ARTICLE XV.

Les témoins ne pourront dépoſer *en la préſence des Parties* (1), ni meſme *en la préſence des autres témoins* (2) aux Enqueſtes *qui ne ſeront point faites à l'Audience* (3); mais ſeront ouis ſéparément, ſans qu'il y ait autre perſonne que le Juge ou Commiſſaire à faire l'Enqueſte, & celui qui écrira la dépoſition.

   1. *En la préſence des Parties.*] Afin que les témoins puiſſent dépoſer avec une entiere liberté.

   2. *En la préſence des autres témoins.*] Afin qu'ils ne reglent point leurs dépoſitions ſur celles des autres.

   3. *Qui ne ſeront point faites à l'Audience.*] Comme en matiere ſommaire, (*ſuprà*, titre 17, article 8, page 234,) & Conſulaire. (*Suprà*, titre 16, article 7, page 221.)

ARTICLE XVI.

La dépoſition du témoin eſtant achevée, lecture lui en ſera faite; & ſera enſuite interpellé de déclarer ſi ce qu'il a dit contient vérité; & s'il y perſiſte, *il ſignera ſa dépoſition* (1); & en cas qu'il ne ſceuſt ou ne puſt ſigner, il le déclarera, do nt ſera fait mention ſur la minute & ſur la groſſe.

   1. *Il ſignera ſa dépoſition.*] La dépoſition doit auſſi être ſignée du Commiſſaire & du Greffier.

ARTICLE XVII.

Les Juges ou Commiſſaires feront rédiger *tout ce que le témoin voudra dire* (1),
touchant le fait dont il s'agit entre les
Parties, ſans rien retrancher des circonſtances.

1. *Tout ce que le témoin voudra dire.*] Les témoins ne doivent dépoſer que des faits dont il
s'agit entre les Parties, & qui ſont de leur connoiſſance particuliere ; & ils doivent expliquer
ces faits dans toutes les circonſtánces importantes, ſans aucune affectation de ce qui peut ſer-
vir ou préjudicier à celui à la requête de qui ils
ont été aſſignés pour dépoſer. (Voyez le procès-verbal de l'Ordonnance, page 302.)

ARTICLE XVIII.

Si le témoin augmente, diminue ou
change quelque choſe en ſa dépoſition,
il ſera écrit par apoſtilles & par renvois
en la marge, qui ſeront ſignez par le
Jugé, & le témoin s'il ſçait ſigner, ſans
qu'il puiſſe eſtre adjouſté foi *aux interlignes, ni même aux renvois qui ne ſeront
point ſignez* (1); & ſi le témoin ne ſçait
ſigner, en ſera fait mention ſur la minute & ſur la groſſe.

1. *Aux interlignes, ni même aux renvois qui
ne ſeront point ſignés.*] Dans l'uſage on ſe con-

tente de parapher ces apostilles & renvois, au lieu de les signer.

Quand un témoin a une fois été entendu en déposition, il ne peut plus se rétracter : néanmoins si ce témoin avoit déposé faux, & que par un principe de conscience il déclarât ensuite au Juge qu'il a déposé faux, & que la vérité est que les choses se sont passées de telle maniere, il semble qu'alors les Juges devroient avoir égard à cette rétractation, si l'affaire n'est pas jugée définitivement ; ce qui dépend des circonstances & de la prudence du Juge. (Voyez sur cette question Gui-Pape, question 556, avec les notes de Ferrerius.)

A R T I C L E XIX.

Le Juge sera tenu de demander au témoin *s'il requiert taxe* (1) ; & si elle est requise, il la fera eu égard à la qualité, voyage & séjour du témoin.

1. *S'il requiert taxe.*] Cette taxe se fait par les Commissaires, lorsque ce sont eux qui reçoivent la déposition des témoins. L'article 15 du titre 21 ci-dessus en a une disposition à l'égard des Experts. (Voyez la note sur cet article, page 339.)

A R T I C L E XX.

Tout ce que dessus sera observé en la confection des Enquêtes, *à peine de nullité.* (1)

1. *A peine de nullité.*] L'effet de cette nullité

eſt d'être privé de faire Enquête, ſans pouvoir la recommencer, même à ſes dépens ; néanmoins cela n'exclut pas les autres preuves.

Mais lorſque la nullité vient du Juge ou du Commiſſaire, la Partie dont l'Enquête eſt déclarée nulle peut en faire une nouvelle aux frais de ce Juge ou Commiſſaire, (*infrà*, article 35, page 375 ;) car il n'eſt pas juſte que cette Partie ſouſtre & ſoit privée de ſon droit par la négligence d'un autre.

Si la nullité de l'Enquête vient du fait du Procureur, alors la Partie eſt privée du droit de la recommencer ; mais elle a ſon recours contre ſon Procureur pour raiſon de ſes dommages & intérêts. (Voyez Henris, tom. 1, liv. 2, ch. 4, queſt. 27.)

ARTICLE XXI.

Défendons aux Parties de faire ouir en matiere civile *plus de dix témoins ſur un meſme fait* (1), & aux Juges ou Commiſſaires d'en entendre un plus grand nombre; *autrement* (2) la Partie ne pourra prétendre le rembourſement des frais qu'elle aura avancez pour les faire ouir, encore que tous les dépens du procès lui ſoient adjugez en fin de cauſe.

1. *Plus de dix témoins ſur un même fait.*] Afin de ne pas multiplier les faits, & de ne pas tirer la procédure en longueur.

2. *Autrement.*] C'eſt-à-dire que ſi la Partie fait entendre plus de dix témoins, elle ne pourra demander à être rembourſée des frais qu'elle a faits pour en faire entendre un plus grand nom-

bre , quand même elle obtiendroit tous les dépens.

ARTICLE XXII.

Le procès-verbal d'Enquête *sera sommaire* (1), & ne contiendra que le jour
& l'heure des affignations données aux
témoins pour dépofer , & aux Parties
pour les voir jurer ; le jour & l'heure
des affignations échues ; leur comparution ou défaut; la preftation de ferment
des témoins ; fi c'eft en la préfence ou
abfence de la Partie ; le jour de chacune dépofition ; le nom, furnom , âge,
qualité & demeure des témoins ; les re-
quifitions des Parties , & les actes qui
en feront accordez.

1. *Sera fommaire, &c.*] Si cependant le Commiffaire eft récufé , ou qu'il foit formé quelque
demande ou quelque oppofition par une des Parties , ou par quelqu'un des témoins ; *v. g.* fi ce
témoin prétendoit qu'il ne doit pas dépofer , il
en doit être fait mention par le procès-verbal.

ARTICLE XXIII.

Les Greffiers *ou autres* (1) qui auront
écrit l'enquête & le procès - verbal,
ne pourront prendre autre falaire , vacation ni journée, que l'expédition de
la groffe, felon le nombre des rolles, au
cas que l'enquête ait efté faite au lieu

de leur demeure ; & fi elle a efté faite
ailleurs , ils auront le choix de prendre
leurs journées, qui feront taxées aux
deux tiers de celles du Juge ou Commiffaire , fans qu'ils puiffent prendre
enfemble leurs journées & leurs grof-
fes, pour quelque prétexte que ce foit.

1. *Ou autres.*] Voyez la note fur l'article 19
du titre 21 ci-deffus , page 341.

ARTICLE XXIV.

Les expéditions & procès-verbaux
des enqueftes feront délivrés aux Parties *à la requefte defquelles elles auront efté
faites* (1) , *& non aux autres Parties* (2) :
& fi elles ont efté faites d'office (3) , elles
feront feulement délivrées à nos Procureurs-Généraux, ou nos Procureurs
fur les lieux , ou aux Procureurs Fif-
çaux des Juftices des Seigneurs à la
requefte defquels elles auront été faites.

1. *A la requéte defquelles elles auront été
faites.*] Par Arrêt du 23 mai 1704, rendu en
la feconde Chambre des Enquêtes , il a été
jugé que le Commiffaire avoit bien déféré à
l'oppofition formée entre fes mains à la délivrance de l'Enquête, jufqu'à ce que l'appel de
l'appointement à vérifier eût été décidé, quoique celui qui demandoit qu'on délivrât cette
Enquête offrit à l'autre Partie de confentir

qu'élle fît procéder à la fienne, même après les délais échus.

2. *Et non aux autres Parties.*] Si ce n'eft au cas des articles 28, 29 & 30 ci-après.

3. *Et fi elles ont été faites d'office.*] Les Enquêtes d'office font celles qui s'ordonnent d'office par les Juges fur des faits extraits & réfultants du procès, (Arrêt du Parlement du 16 fevrier 1602, & Arrêt du Confeil du 26 octobre 1604, rapportés l'un & l'autre par Joly, tom. 2, pag. 1332 & 1335,) ou fur la requifition du miniftere public. Ces Enquêtes font fujettes aux mêmes formalités que les Enquêtes ordinaires ; elles doivent être faites par les Juges, & non par les Commiffaires-Enquêteurs, qui ne peuvent faire que celles qui fe pourfuivent fur la requête des Parties privées. (Voyez ce qui a été dit en l'article 5 ci-deffus, note 3, pag. 351.)

ARTICLE XXV.

Ceux qui auront efté pris pour Greffiers en des commiffions particulieres (1)*, qui n'auront point de dépoft, remettront la minute des Enqueftes & procès-verbaux ès Greffes des Jurifdictions où le différent eft pendant, trois mois après la commiffion achevée ; finon feront les Greffiers ou autres qui auront écrit l'Enquefte ou procès-verbal, fur le certificat du Greffier de la Juftice où le procès eft pendant, que les minutes n'auront efté remifes en fon Greffe, contraints après les trois mois au paiement de deux cens livres d'amende applicable moitié à*

R 4

Nous , & l'autre moitié à la Partie qui en
aura fait plainte ; sauf aux Greffiers ou
autres qui auront écrit les minutes ,
après les avoir remises au Greffe , de
prendre exécutoire de leur salaire contre la Partie à la requeste de qui l'Enqueste aura esté faite.

1. *Ceux qui auront été pris pour Greffiers en des*
commiffions particulieres.] Voyez la note sur l'article 19 du titre 21 , pag. 341.
  Par Arrêt du Conseil du 24 novembre 1703 ,
(rapporté au Recueil des Réglements de Justice , *in-*12 , tom. 2) il est fait défenses aux Officiers des Cours , Présidiaux & autres Justices
Royales de se servir pour Greffiers dans leurs
commiffions , de quelque nature qu'elles soient ,
que des Commis des Greffes & Sieges dont
ils font corps , à peine de nullité de leurs
procès-verbaux , & de restitution du quadruple
des droits & émoluments , &c. Ainsi jugé par
plusieurs Arrêts rapportés par Papon en son Recueil d'Arrêts , liv. 6 , titre 6 , article 2.

ARTICLE XXVI.

Abrogeons l'usage d'envoyer les expéditions des Enquestes dans un sac clos
& scellé , mesme de celles qui auront
esté faites en une autre Jurifdiction , &
pareillement *toutes publications , récep-*
tions d'Enquestes (1) , & tous Jugements ,
Appointements , Sentences & Arrests ,
portant que la Partie donnera moyen
de nullité & de reproche.

1. *Toutes publications , réceptions d'Enquê-*
tes.] Publication d'Enquêtes est à la réception
qui se faisoit de l'Enquête à l'Audience , après
quoi elle devenoit une piece du procès, & chaque Partie en pouvoit prendre communication.
La communication introduite par l'Ordonnance
tient aujourd'hui lieu de cette publication.

ARTICLE XXVII.

Après la confection de l'Enqueste ,
celui à la requeste de qui elle aura esté
faite *donnera copie* (1) du procès-verbal , *pour fournir par la Partie , dans la*
huitaine (2), des moyens de reproches,
si bon lui semble , & sera procédé au
jugement du différent sans aucun commandement ni sommation.

1. *Donnera copie.*] Il n'est pas nécessaire de
donner cette copie à la Partie même, il suffit
de la donner à son Procureur.

2. *Pour fournir par la Partie, dans la hui-*
taine.] Dans les Cours & Bailliages, & trois
jours seulement dans les autres Jurisdictions.

Cette huitaine dans laquelle les reproches
doivent être fournis court irrévocablement ,
sans qu'après ce délai passé la Partie puisse
fournir aucun reproche.

Cependant si ces reproches étoient justifiés
par écrit, il semble qu'ils pourroient être reçus
après huitaine. [Voyez *infrà*, article 34, note 2, pag. 374.)

R 5

ARTICLE XXVIII.

Si celui qui a fait faire l'Enqueste estoit refusant ou négligent de faire signifier le procès-verbal, & d'en donner copie, *l'autre Partie pourra le sommer* (1) par un simple acte d'y satisfaire dans trois jours ; *après lesquels il pourra lever le procès-verbal* (2), *& sera tenu le Greffier lui en délivrer une expédition* (3), en lui représentant l'acte de sommation, & lui payant ses salaires de la grosse du procès-verbal, dont sera délivré exécutoire contre la Partie qui en devoit donner copie.

1. *L'autre Partie pourra le sommer.*] Mais elle ne pourra faire cette sommation qu'auparavant cette Partie n'ait signifié le procès-verbal de l'Enquête par elle faite, au cas qu'elle en ait fait une de sa part. (*Infrà*, article 33.)

2. *Après lesquels il pourra lever le procès-verbal.*] Et il aura pour cela huitaine dans les Cours & Bailliages, & seulement trois jours dans les autres Jurisdictions. (*Infrà*, articles 31 & 32.)

3. *Et sera tenu le Greffier lui en délivrer une expédition.*] Le Greffier qui délivrera cette expédition est tenu d'en faire mention sur la minute, ainsi que du jour qu'il l'aura délivrée, & même de retenir pour sa décharge une copie de la signification des moyens de reproches, ou de l'acte portant renonciation d'en fournir. (*Infrà*, article 30.)

ARTICLE XXIX.

La Partie (1) qui aura fourni de moyens de reproches, *ou qui y aura renoncé* (2), *pourra demander copie de l'enquefte* (3), laquelle lui fera délivrée par la Partie ; & en cas de refus, l'enquefte fera rejettée, & fans y avoir égard procédé au jugement du procès.

1. *La Partie.*] C'eft-à-dire la Partie à qui le procès-verbal a été fignifié. (Voyez les deux articles précédents.)

2. *Ou qui y aura renoncé.*] Soit expreffément, foit tacitement, en laiffant écouler la huitaine. (*Suprà*, article 27.)

3. *Pourra demander copie de l'Enquête.*] C'eft-à-dire lorfqu'elle n'a point fait d'Enquête de fa part ; autrement elle ne peut demander cette copie, à moins qu'elle n'ait auparavant donné copie de la fienne. (*Infrà*, article 33, page 373.)

ARTICLE XXX.

Si la Partie contre laquelle l'enquefte aura efté faite en veut prendre avantage, *il pourra la lever* (1), en faifant apparoir de la fignification de fes moyens de reproches, ou de l'acte portant renonciation d'en fournir, dont fera laiffé copie au Greffier, à la charge d'avancer par lui les droits & falaires du

Greffier, dont lui sera délivré exécutoire, pour s'en faire rembourser par la Partie qui aura fait faire l'enquête, & dans l'exécutoire seront compris les frais du voyage pour faire lever les expéditions, ou pour le salaire des Messagers.

1. *Il pourra la lever.*] Voyez la note 3 sur l'article précédent.

Cet article est une exception de l'article 24 ci-dessus.

La Partie qui veut lever cette Enquête a pour cela un délai de huitaine dans les Cours & Bailliages, & de trois jours seulement dans les autres Jurisdictions. (*Infrà*, articles 31 & 32.)

A R T I C L E XXXI.

Si la Partie qui a fait faire l'enquête *refuse d'en faire donner copie, & du procèsverbal* (1), l'autre Partie *aura un délai de huitaine* (2) pour lever le procès-verbal, & *pareil délai* (3) pour lever l'enquête ; & en cas que l'enquête ait esté faite hors le lieu où le différent est pendant, il sera donné un autre délai selon la distance du lieu, tant pour le voyage que pour le retour de celui qui sera envoyé pour la lever, à raison d'un jour pour dix lieues.

1. *Refuse d'en donner copie, & du procès-verbal.*] Voyez l'article 28 ci-dessus.

2. *Aura un délai de huitaine.*] Ce délai n'a

lieu que pour les Cours & Bailliages. Dans les
autres Jurisdictions il n'est que de trois jours.
(Voyez l'article suivant.)

3. *Et pareil délai.*] Voyez la note précédente.

ARTICLE XXXII.

Tous les délais de huitaine ci-devant
ordonnez ne feront que pour nos Cours
& pour nos Bailliages , Sénéchauffées
& Préfidiaux ; & à l'égard de nos autres
Jurisdictions, des Justices des Seigneurs,
mefme des Duchez & Pairies , & des
Juges Ecclésiastiques , les délais *feront
feulement de trois jours.* [1]

1. *Seront feulement de trois ours.*] Dans l'é-
tendue de dix lieues, à compter du jour de la
fignification du Jugement faite à la Partie ou à
fon Procureur. Hors les dix lieues, le délai doit
être augmenté d'un jour pour dix lieues, comme
en l'article précédent. (Voy. l'article précédent.)

ARTICLE XXXIII.

La Partie qui aura fait faire une enquefte *ne pourra demander à l'autre Partie*
(1) copie du procès-verbal de fon enquefte , ni pareillement le lever , qu'il
n'ait auparavant fait fignifier le procès-
verbal de l'enquefte faite à fa requefte,
ni demander copie de l'autre enquefte,
ni la lever , qu'il n'ait donné copie de la
fienne.

1. *Ne pourra demander à l'autre Partie.*] Voy.
les articles 28 & 29 ci-deſſus , auxquels celui-ci
ſert d'exception.

ARTICLE XXXIV.

Celui auquel aura eſté donné copie ,
tant du procès-verbal que de l'enqueſte
faite contre lui , ne pourra en Cauſe
principale *ou d'appel* (1) *faire ouir à ſa
requeſte aucun témoin* (2) , *ni donner aucun moyen de reproche* (3) contre les témoins ouis en l'enquête de la Partie.

1. *Ou d'appel.*] A moins qu'il ne s'agît d'un
fait nouveau , ou que l'enquête fût déclarée
nulle par la faute du Commiſſaire ; car dans le
premier cas on peut entendre de nouveaux témoins , & dans le ſecond cas on peut entendre
de nouveau les mêmes témoins. (Voyez *infrà* ,
article 36.) Il en eſt de même ſi la ſignification
qui a été faite de l'enquête de l'autre Partie étoit
irréguliere ou prématurée.

2. *Faire ouir à ſa requête aucun témoin.*] Afin
qu'il n'ait pas la liberté de faire entendre des
témoins gagnés & corrompus , qui dépoſeroient
des faits contraires à ce qui eſt porté en l'enquête
dont il a eu communication.

3. *Ni donner aucun moyen de reproche.*] Parce
qu'alors il reprocheroit ſeulement les témoins
qui lui ſeroient contraires.

Si ces reproches ſont par écrit , il paroît qu'ils
peuvent être propoſés en tout état de cauſe.
(Voyez l'art. 20 du tit. 15 de l'Ordonnance de
1670 , & *infrà* , tit. 23 , art. 2 , not. 2.)

ARTICLE XXXV.

Si la permission de faire l'enquête æ
esté donnée en l'audience, sans que les
Parties ayent été appointées à écrire,
les enquestes seront portées à l'audience
(1), *pour y estre jugées* (2) sur un simple
acte, *& sans autres procédures.* (3)

1. *Les enquêtes seront portées à l'audience.*]
Voy. ci-deffus, art. 3, *in fine*, avec la n. 2, p. 349.

2. *Pour y être jugées.*] Si faire se peut. Mais
si l'enquête est un peu longue & chargée de faits,
on peut ordonner que les pieces seront mises sur
le Bureau, ou appointer, s'il y a lieu. (Voyez le
procès-verbal de l'Ordonnance, p. 318, art. 41.)

3. *Et sans autres procédures.*] C'est-à-dire
sans fournir moyens de nullité par écrit (comme il est dit ci-deffus, art. 3 *in fine*, ou autres
procédures semblables. Voyez au surplus l'art.
23 du tit. 21 ci-deffus, avec les notes, pag. 344.)

Si les Parties avoient été appointées à écrire
& produire, il faudroit produire les enquêtes
comme les autres pieces du procès, s'il n'y
avoit pas encore eu de production, sinon par
production nouvelle, au cas que les autres pieces euffent déjà été produites, sauf à les contredire. (Voyez article 3 ci-deffus, sur la fin.)

ARTICLE XXXVI.

Si l'enquête est déclarée nulle par læ
faute du Juge ou du Commissaire, *il en*
sera fait une nouvelle (1) aux frais & dépens du Juge ou Commissaire, dans laquelle la Partie pourra faire *ouïr de nou-*
veau les mêmes témoins. (2)

1. *Il en sera fait une nouvelle.*] Par un autre Commissaire-Enquêteur, s'il y en a dans la Jurisdiction, sinon par le Juge. (Edit du mois de mars 1583, article 7.)

Dans les Cours on nomme un Commissaire pour recevoir ces sortes d'enquêtes ; & si le procès est appointé ; c'est toujours le Rapporteur.

2. *Ouïr de nouveau les mêmes témoins.*] Car il ne seroit pas juste que la Partie souffrît de la négligence du Commissaire. Autrement un Commissaire qui voudroit favoriser une Partie pourroit anéantir sa preuve par une nullité affectée. (Voyez le procès-verbal de l'Ordonnance, pag. 320.)

Au reste, quand il est dit ici que la Partie pourra faire entendre de nouveau les mêmes témoins, cela suppose qu'il n'est pas permis à cette Partie d'en faire entendre d'autres, si ce n'est dans le cas où quelques-uns des témoins entendus en l'enquête déclarée nulle seroient décédés, ou hors d'état d'être entendus de nouveau ; car alors il seroit juste que le Juge permît d'en faire entendre d'autres.

Lorsqu'une Partie intervient dans une instance, elle peut faire entendre de nouveaux témoins a sa requête, quoique la Partie principale ait fait son enquête, & il faudra observer pour cette nouvelle enquête la même procédure que celle qui est établie dans les articles précédents.

TITRE XXIII.

Des reproches des témoins.

ARTICLE I.

LEs reproches [1] contre les témoins feront circonftanciez & pertinents [2], & non en termes vagues & généraux, autrement feront rejettez.

1. *Les reproches.*] On entend par *reproche* tout ce qui peut fervir à faire rejetter la dépofition d'un témoin, foit par la qualité de ce témoin, foit par la nature ou les circonftances de fa dépofition.

2. *Seront circonftanciés & pertinents.*] Les reproches les plus ordinaires contre les témoins font,

1º Que le témoin eft parent ou allié, ferviteur ou domeftique des Parties, ou de l'une d'elles. (Voyez *fuprà*, articles 11 & 14, avec les notes, pag. 356 & 359.)

2º Qu'il a été repris de Juftice ou décrété. (Article fuivant.)

3º Qu'il n'eft pas en état de dépofer ; comme s'il eft impubere. (*L.* 3. §. *Lege*, *ff. de Teftibus.*)

4º Qu'il eft ennemi de celui qui le reproche, & cette inimitié eft toujours préfumée quand on eft en procès avec le témoin qu'on reproche , pourvu cependant qu'il s'agiſſe d'un procès conſidérable , *vel de omnibus bonis , vel de majore parte bonorum* , comme il eſt dit en la Loi 21 , *ff. de excuſat Tutor.* La Novelle 90 , chap. 7 , porte : » Que celui qui a un procès » criminel contre quelqu'un ne peut être té- » moin contre lui, mais qu'il le peut, ſi le pro- » cès n'eſt que civil. « C'eſt auſſi le ſentiment de Godefroi en ſes notes ſur cette Novelle.

Il faut cependant obſerver que ce reproche d'inimitié pour être valable doit procéder d'une cauſe antérieure à la dépoſition du té- moin ; autrement il ſeroit à craindre que la Pattie à laquelle cette dépoſition pourroit faire préjudice n'intentât un procès contre ce té- moin , & ne prétendît par-là avoir un moyen ſuffiſant de reproche contre lui. (Voyez *infrà* la note ſur l'article 8 du titre 24.)

Si le témoin eſt ſaiſi & exécuté à la requête de la Partie , *aut vice versâ* , on peut regarder cette exécution comme le ſujet d'une inimitié capitale. (Ainſi jugé au Bailliage d'Orléans par Sentence du 11 mars 1749.)

5° Si le témoin a été corrompu ou ſéduit ; & cette ſéduction eſt toujours préſumée lorſ- que le témoin a reçu quelque préſent de la Partie , & quelquefois même lorſqu'il a bu & mangé chez elle depuis l'aſſignation pour dé- poſer ; ce qui dépend des circonſtances & de la qualité des perſonnes.

6° Si le témoin a intérêt de dépoſer ce qu'il dépoſe. (*L. 3 & 10 , ff. de Teſtibus. L. omnibus* 10 *ubi & DD. Cod. de Teſtibus.*)

7° On peut encore regarder comme un moyen valable de reproche contre des témoins , ſi la Partie s'étoit aſſurée par écrit de leurs dépoſi- tions. (Arrêt du 11 août 1696, au Journal des Audiences , tom. 5.)

Outre les reproches précédents, il y en a encore quelques autres dont il eſt fait mention en la L. 3, §. 5, *ff. de Teſtibus.* (Voyez cette Loi.)

Au reſte les reproches propoſés contre un témoin ne ſervent qu'à la Partie qui les a propoſés, & non aux autres, à moins que le témoin n'eût incapacité perſonnelle pour dépoſer, comme s'il étoit impubere ou infame.

On peut non-ſeulement attaquer les dépoſitions par la voie des reproches contre les témoins, mais on peut encore attaquer les dépoſitions en elles-mêmes de deux manieres. 1° En faiſant voir que ces dépoſitions ſont fauſſes, contraires, ambiguës ou affectées, &c. 2° En montrant qu'elles ſont nulles dans la forme.

ARTICLE II.

S'il eſt avancé dans les reproches que les témoins *ont eſté empriſonnez, mis en décret* (1), condamnez ou repris de Juſtice, les faits *ſeront réputés calomnieux* (2), s'ils ne ſont juſtifiez *avant le jugement du procès* (3) par des écroues d'empriſonnement, décrets, condamnations, ou autres actes.

1. *Ont été empriſonnés, mis en décret.*] Il ne faut pas conclure de cet article qu'un témoin ſoit reprochable par cela ſeul qu'il a été empriſonné ou décrété. Il faut que cet empriſonnement ou ce décret ait été ſuivi de condamnation, pour rendre le reproche valable. Le Juge peut ſeulement faire quelque attention ſur cet empriſonnement ou ce décret, pour avoir moins d'égard à la dépoſition du témoin. (Voyez Mainard, liv. 4, chap. 75.)

2. *Seront réputés calomnieux.*] Et par conféquent punis à l'arbitrage du Juge, fuivant l'article 41 de l'Ordonnance de 1539. Dans le projet de la préfente Ordonnance, pag. 324, article 7 du procès-verbal, il étoit dit que pour
chacun fait de reproche calomnieufement pro-
pofé, ou non-juflifié, il y auroit condamnation
de quarante livres d'amende dans les Cours de
Parlement, & de vingt livres dans les autres Jurifdictions, applicable moitié au Roi & moitié
à la Partie, fans préjudice au témoin reproché
de demander réparation, s'il y échet; mais on
a jugé à propos de retrancher cet article, &
de laiffer les chofes à l'arbitrage du Juge.

3. *Avant le Jugement du procès.*] Il réfulte
de ces termes que quand des reproches font
juflifiés par écrit, on peut toujours les propofer
avant le Jugement. (Voyez *fuprà*, titre 22,
article 34, n. 3, pag. 374.)

ARTICLE III.

Celui qui aura fait faire l'Enquefte
pourra, fi bon lui femble, fournir des
réponfes aux reproches, & *les réponfes*
(1) feront fignifiées à la Partie, autrement défendons d'y avoir égard; le tout
fans retardation du jugement.

1. *Et les réponfes.*] Ces réponfes font appellées en terme de Pratique *Salvations*; & ce terme eft commun à toutes les réponfes qui fe
font aux contredits, aux griefs & aux caufes
d'appel.

ARTICLE IV.

Les Juges ne pourront *appointer les*

Parties à informer (1) fur les faits de reproches, finon en voyant le procès,
au cas que les moyens de reproches
foient pertinents & admiffibles. (2)

1. *Appointer les Parties à informer.*] Soit par
actes ou par témoins.

2. *Soient pertinents & admiffibles.*] Mais s'il
y a d'ailleurs une preuve fuffifante, il eft inutile de paffer à la vérification de ces reproches,
quoique pertinents. (Voyez le procès-verbal
de l'Ordonnance, pag. 323, article 6. Ordonnance de 1535, chap. 8, article 20.)
Lorfque les Juges ont lieu de foupçonner que
la preuve qu'on demande de ces reproches
n'eft que pour tirer la Procédure en longueur,
ils peuvent demander à la Partie de nommer
fur le champ les témoins par lefquels elle entend faire fa preuve, qu'elle fera tenue de faire
dans un bref délai qui lui fera indiqué; & en cas
de refus de la Partie, ils peuvent rejetter la
preuve qu'elle demande.
Si la Partie appelle du Jugement qui admet
à la preuve d'un reproche, cet appel n'empêche
pas qu'on inftruife fur ce reproche, & qu'on
paffe enfuite au Jugement du fond. (Argument
tiré de l'article 26 du titre 24 ci-après.) Mais
dans ce cas de reproche non admis, fi la Sentence eft infirmée fur l'appel, la preuve de ce
reproche fe fait en caufe d'appel par le Juge,
qui commet ordinairement pour la faire fur le
lieu où l'inftance a d'abord été jugée.

ARTICLE V.

Les reproches des témoins feront ju-

gez avant le procès (1) , & s'ils font trou-
vez pertinents , & qu'ils soient suffisamment justifiez , *les dépositions n'en seront
lues.* (2)

1. *Seront jugés avant le procès.*] C'est-à-dire
qu'il doit y être fait droit préalablement , pour
ne pas perdre inutilement le temps. Ce Jugement préalable est porté par la même Sentence
qui juge le fond , & pour cela le prononcé de
ces Sentences commence par ces mots : *ayant
aucunement égard à tel reproche , nous ordon-
nons que tel témoin sera rejetté de l'enquête, &
en conséquence , &c.* ou bien *sans avoir égard
aux reproches proposés contre tel & tel témoins ,
&c.*

2. *Les dépositions n'en seront lues.*] Et il sera passé tout d'un coup au Jugement du fond.
(Argument tiré de l'article 5 du titre 5 ci-dessus.)

Mais si ces reproches sont jugés non-vala-
bles , les dépositions en sont lües , & on passe
aussi sur le champ au Jugement du procès , sauf
en cas d'appel à juger préalablement si ces reproches ont été valablement rejettés ou non.

ARTICLE VI.

Défendons aux Procureurs de fournir
aucun reproche contre les témoins , si
les reproches ne sont signez de la Partie , ou *s'ils ne font apparoir d'un pouvoir
spécial par écrit* (1) à eux donné pour
les proposer.

1. *S'ils ne font apparoir d'un pouvoir spécial*

par écrit.] Au cas qu'ils en foient requis , &
non autrement. Les Procureurs, pour fe mettre
à l'abri de la peine mentionnée ci-deffus en la
note 1 de l'article 2 de ce titre , doivent avoir
attention de ne propofer aucun reproche pour
leurs Parties, fans une procuration fpéciale, ou
fans qu'ils foient fignés de la Partie.

TITRE XXIV.

Des récufations des Juges.

ARTICLE I.

LEs *récufations* (1) en matiere civile
feront valables en toutes Cours ,
Jurifdictions & Juftices, *fi le Juge* (1) *eft
parent ou allié* (2) de l'une des Parties ,
jufques aux enfants des coufins iffus de
germains , qui font le quatrieme degré
inclufivement ; & néantmoins il pourra
demeurer Juge , *fi toutes les Parties y confentent par écrit.* (4)

1. *Les récufations.*] La récufation eft une efpece de déclinatoire , qui fe fait pour empêcher
qu'un Juge ne puiffe connoître d'une affaire
portée devant lui.

2. *Si le Juge.*] On peut non-feulement récufer les Juges , mais encore tous ceux qui font
employés à quelque fonction de Juftice ou

Commiſſion, comme Deſcente, Enquête, &c.
(Voyez *infrà*, article 22, avec les notes.).

On peut auſſi récuſer non-ſeulement un Juge du Siege en particulier, mais tout le Siege
entier, *v. g.* quand on eſt en procès avec lui.
(Arrêt du 23 fevrier 1708, rapporté au Journal des Audiences, tom. 5.)

Les Procureurs du Roi ou Fiſcaux peuvent
auſſi être récuſés, tant en matiere Civile qu'en
matiere Criminelle, ſoit qu'ils ſoient Parties
néceſſaires ou non. (*Ità* Mornac ſur la L. 1. ff.
de officio Procur. Cæſ. Baſnage ſur la Coutume de Normandie, pag. 10 de l'édition de
1709.) Quelques-uns cependant prétendent que
cela ne doit pas avoir lieu quand le Procureur
du Roi eſt Partie néceſſaire ; (le Prêtre en ſes
Arrêts, Centur. 1, chap. 33, Arrêts des 27 juillet 1601 & 17 août 1612, cités par Brodeau
ſur Louet, lettre P. ſom. 39.) ce qui peut être
autoriſé par l'article 23 du titre 1 des Evocations de l'Ordonnance du mois d'août 1737.

Un Arrêt de Réglement du 5 ſeptembre
1703, rapporté au Journal des Audiences, tom.
5, rendu entre les Avocats & Procureur du Roi
du Siege de la Marche à Gueret, porte : Que
» le Procureur du Roi ſera tenu, lorſqu'il y aura
» des cauſes de récuſation contre lui, de s'abſte-
» nir de la connoiſſance de toutes les affaires dans
» leſquelles il ne ſera point Partie néceſſaire. «

Dans le cas de l'article 4 du titre 6 ci-deſſus on peut toujours récuſer les Avocats & Procureurs-Généraux, lorſqu'il y a des cauſes de
récuſation ; ainſi que les anciens Avocats pour
les folles intimations & déſertions d'appel, au
cas du même article.

3. *Eſt parent ou allié.*] Même dans le cas où
le Juge ſeroit parent ou allié commun des Parties. (*Infrà*, article 3.)

Lorſqu'un

Lorfqu'un tuteur eft en caufe pour le fait de fon mineur, ce n'eft point la parenté du tuteur qu'il faut confidérer, mais feulement celle du mineur ; ainfi le Juge qui n'eft parent que du tuteur ne peut être récufé. (Argument tiré de l'Ordonnance des évocations du mois d'août 1737, titre 1, article 20.)

Au refte, pour que la parenté ou alliance donne lieu à la récufation, il faut que la Partie qui eft parente du Juge foit nommément Partie au procès, & non en nom collectif, comme fi un Juge étoit parent d'un Chanoine, & que le Chapitre dont ce Chanoine eft membre plaidât en nom collectif, on ne pourroit alors récufer ce Juge fous prétexte de parenté. Une Déclaration du 2 octobre 1694 porte : » Que dans » tous procès civils & criminels concernants les » droits des Fermes, circonftances & dépen- » dances, même dans tous les procès qui fur- » viendront entre les Fermiers-Généraux en » nom collectif, les parentés ou alliances des » Préfidents ou Confeillers des Cours des Ai- » des avec aucuns des Intéreffés dans lefdites » Fermes, en quelque degré que ce puiffe être, » ne pourront donner lieu à la récufation. «

De même dans les caufes qui fe pourfuivent à la requête du Fermier du Domaine, fi le Juge eft parent du Fermier il ne pourra être récufé fous ce prétexte.

Ou allié. L'alliance fpirituelle, comme fi le Juge étoit parrain ou filleul de l'une des Parties, ne peut donner lieu à la récufation. (Ainfi jugé par Arrêt du 12 janvier 1618, rapporté par Auzanet en fes Arrêts, page 214.)

4. *Si toutes les Parties y confentent par écrit.*] *Secùs* en matiere criminelle. (*Infrà*, article 2.)

Il a même été jugé qu'une Partie qui avoit procédé volontairement devant un Juge ne pouvoit plus enfuite le récufer, quoique ce Juge eût connoiſſance de la cauſe qui donnoit lieu à la récuſation. (Arrêt du 23 fevrier 1708 , rapporté au Journal des Audiences, tom. 5.)

ARTICLE II.

Le Juge pourra être récufé en matiere criminelle , *s'il eſt parent ou allié de l'accuſateur* (1) ou de l'accuſé , juſques au cinquieme degré incluſivement ; & s'il porte le nom & armes , & qu'il foit de la famille de l'accuſateur ou de l'accuſé, il s'abſtiendra en quelque degré de parenté ou alliance que ce puiſſe eſtre, quand la parenté ou alliance ſera connue par le Juge , ou juſtifiée par l'une des Parties , ſans qu'en l'un ni l'autre cas il puiſſe demeurer Juge , *nonobſtant le conſentement de toutes les Parties* (2), même de nos Procureurs-Généraux, ou nos Procureurs ſur les lieux , & des Procureurs-Fiſcaux des Seigneurs.

1. *S'il eſt parent ou allié de l'accuſateur.*] Le mot *accuſateur* ſe doit entendre ici de la Partie plaignante , & non de la Partie publique.

2. *Nonobſtant le conſentement de toutes les Parties.*] Par Arrêt du 7 juillet 1702 une procédure criminelle faite par un Juge parent d'une des Parties a été déclarée nulle , quoique le Juge n'eût pas été récuſé. (Voyez cet Arrêt au Journal des Audiences, tom. 5.)

ARTICLE III.

Tout ce qui est ci-dessus ordonné en matieres civile & criminelle aura lieu, encore que le Juge *soit parent ou allié commun des Parties.* (I)

1. *Soit parent ou allié commun des Parties.*] Il en est autrement en matiere d'évocation. (Voyez l'Ordonnance des évocations du mois d'août 1737, au titre des évocations, article 17.

ARTICLE IV.

Ce qui est dit des parents & alliez *aura pareillement lieu pour ceux de la femme* (I), si elle est vivante, ou si le Juge ou la Partie en ont des enfants vivants; & en cas que la femme soit décédée, & qu'il n'y eût enfants, le beau-pere, le gendre, ni les beaux-freres ne pourront être Juges.

1. *Aura pareillement lieu pour ceux de la femme.*] C'est-à-dire pour les parents & alliés de la femme du Juge, & pour le Juge parent ou allié de la femme d'une des Parties. Dans ces deux cas le Juge peut être récusé, si la femme du Juge ou de la Partie est vivante, ou si étant décédée, le Juge ou la Partie en ont des enfants vivants. Mais si le Juge ou la Partie n'ont point d'enfants vivants de cette femme, alors les degrés de parenté sont restreints, & le Juge ne peut être récusé, sinon dans le cas où il seroit

beau-pere ; gendre ou beau-frere d'une des Parties par le moyen de cette femme.

ARTICLE V.

Le Juge pourra être récusé, s'il a un
différent *sur pareille question que celle dont
il s'agit entre les Parties* (1), pourveu qu'il
y en ait preuve par écrit ; sinon le Juge
en sera cru à sa déclaration, sans que
celui qui proposera la récusation puisse
être receu à la preuve par témoins, ni
mesme demander aucun délai pour
rapporter la preuve par écrit.

1. *Sur pareille question que celle dont il s'agit
entre les Parties.*] Le Juge pourra aussi être récusé s'il a un intérêt direct ou indirect au procès, soit comme Associé ou autrement, c'est-
à-dire si l'événement de cette cause peut tour-
ner à son profit ou à son préjudice, pourvu cependant qu'il y en ait aussi preuve par écrit, &
sous les conditions de l'article précédent. (Voyez
le procès-verbal de l'Ordonnance, page 355,
article 6.)

Par la même raison un Juge qui a des biens
dans le territoire d'une Communauté ne peut
être Juge dans le procès de cette Communauté.
(Ainsi jugé par trois Arrêts des 31 mai 1670,
14 mai 1678 & octobre 1680, rapportés par
Boniface, tom. 3, liv. 1, titre 1, chap. 8.)

ARTICLE VI.

Le Juge pourra être récusé, s'il a

donné conseil , ou connu auparavant du différent *comme Juge ou comme Arbitre* (1) ; s'il a sollicité ou recommandé , ou *s'il a ouvert son avis hors la visitation* (2) & jugement ; en tous lesquels cas il sera cru à sa déclaration , s'il n'y a preuve par écrit.

1. *Comme Juge ou comme Arbitre.*] Il ne peut pareillement être Juge dans une affaire où il aura servi de témoin. (Airault en son Instruction judiciaire, liv. 2, part. 3 , n. 26 , pag. 230. La Rocheflavin, Traité des Parlements de France , liv. 13 , chap. 83 , article 11.)

2. *S'il a ouvert son avis hors la visitation.*] Ainsi un Avocat qui auroit écrit, plaidé, ou consulté dans une affaire ne peut être Juge dans cette même affaire. (Airault *ibidem.* n. 25. pag. 229. & la Rocheflavin *ibidem* , article 11.)

A R T I C L E   V I I.

Sera aussi récusable le Juge qui aura procès en son nom dans une Chambre en laquelle l'une des Parties *sera Juge.* (1)

1. *Sera Juge.*] Quoique l'espece de récusation portée en cet article ne se présente presque jamais , néanmoins si elle étoit proposée, les Juges ne pourroient se dispenser d'y avoir égard.

A R T I C L E   V I I I.

Le Juge pourra être récusé pour menace par lui faite verbalement ou par écrit depuis l'instance, ou dans les six mois précédents la récusation proposée, *ou s'il y a eu inimitié capitale.* (1)

1. *Ou s'il y a eu inimitié capitale.*] Il ne suffit pas d'alléguer cette inimitié en termes généraux ; mais il faut en exprimer la cause & le sujet.

Cette inimitié capitale est présumée quand la Partie est en procès avec le Juge. Cependant une assignation donnée à un Juge depuis l'action intentée ne pourroit servir à le faire récuser. (Voyez le procès-verbal de l'Ordonnance, page 338, article 9.)

De même un Juge qui a été en procès avec une Partie ne peut être récusable sur ce fondement si le procès est terminé. Cependant la bienséance exige que ce Juge se récuse de lui-même, du moins pendant un certain temps, comme de six mois. (Argument tiré de ce qui est dit en cet article touchant les menaces.) Mais après ce temps l'inimitié cesse d'être présumée. (Voyez Boniface en ses Arrêts, tom. 1, liv. 1, titre 1, n. 22, où il rapporte un Arrêt du 23 novembre 1645 qui l'a ainsi jugé.)

Une autre présomption d'inimitié capitale seroit si la Partie avoit tué quelque proche parent du Juge, ou autres cas semblables.

Mais si cette inimitié a été suivie de réconciliation elle ne peut plus donner lieu à la récusation. (Voyez le procès-verbal de l'Ordonnance, page 337, article 8.)

Un Juge n'est point présumé ennemi de l'Avocat ou du Procureur qui a plaidé contre lui ; ainsi rien n'empêche qu'il n'en soit le Juge, & il ne pourroit être récusé sur ce fondement.

De même si la Partie étoit en procès avec

le frere ou même le pere du Juge, il ne pourroit être récufé fous ce prétexte. Cependant Bouvot, tom. 2, au mot *récufation*, queft. 10, rapporte un Arrêt du 4 mai 1610, qui a jugé qu'un procès criminel intenté par la Partie contre le frere du Juge étoit un motif de récufation.

C'eft par le même motif qu'on a jugé qu'une Partie étant en procès contré fon Evêque ne pouvoit récufer l'Official de cet Evêque. (Arrêt du 15 juillet 1702, rapporté au Journal des Audiences, tom. 5.)

De même on ne pourroit récufer l'Official d'un Chapitre fur le fondement qu'on feroit en procès avec ce Chapitre. (Arrêt du 13 juillet 1705, rapporté *ibidem*.)

ARTICLE IX.

Le Juge fera aufli récufable, fi lui ou fes enfants, fon pere, fes freres, oncles, neveux, ou fes alliez en pareil degré, ont obtenu quelque bénéfice des Prélats, Collateurs & Patrons Eccléfiaftiques ou Laïques, qui foient Parties ou intéreffez en l'affaire, pourveu que les collations ou nominations *aient été volontaires & non néceffaires*. (1)

1. *Aient été volontaires & non néceffaires.*] Les collations & nominations néceffaires font celles qui font faites aux nommés par les Indults accordés aux Officiers du Parlement de Paris, celles faites à des Gradués nommés par des vacances arrivées dans les mois de janvier & de juillet, les réfignations en faveur, & au-

tres provisions demandées en Cour de Rome ;
à l'égard desquelles il ne faut point obtenir de
dispenses, & encore les collations intervenues
sur permutations de bénéfices, ou sur des nominations ou présentations de Patrons. (Voyez
le procès-verbal de l'Ordonnance, pag. 339,
article 10. Ainsi jugé par Arrêt du 27 août 1543,
rapporté par Theveneau sur les Ordonnances,
liv. 3, titre 16, article 10.)

ARTICLE X.

Si le Juge est Protecteur ou Syndic
de quelque Ordre, & nommé dans les
qualitez; s'il est Abbé, Chanoine,
Prieur, Bénéficier ou du corps d'un
Chapitre, College ou Communauté,
*tuteur honoraire ou onéraire, subrogé
tuteur ou curateur* (1), *héritier présom-
ptif* (2), ou donataire, *maître* (3) *ou
domestique* (4) de l'une des Parties, il
n'en pourra demeurer Juge.

1. *Tuteur, honoraire ou onéraire, subrogé tuteur ou curateur.*] Il ne faut pas conclure delà que les Administrateurs d'Hôpitaux & Mar-
guilliers de paroisse, qui sont des especes de tuteurs, soient récusables dans les causes & procès des Hôpitaux ou Fabriques dont ils ont l'administration : ces derniers n'agissent qu'en nom
collectif, & n'ont d'autre intérêt que celui du
public, & par conséquent ils ne peuvent être
récusés. Il en est de même des Echevins de ville.
(Voyez le procès-verbal de l'Ordonnance,
pag. 341.)

2. *Héritier préfomptif.*] *Nam in re propriâ iniquum eft alicui licentiam tribuere fententiæ.* (*L. unic. Cod. ne quis in fuâ caufâ Jud.*)

3. *Maître.*] Ce mot de *Maître* doit-il s'étendre au cas où l'une des Parties plaidantes eft Vigneron ou Fermier du Juge ? Bouvot, tom. 2, au mot *récufation*, queft. 13, rapporte un Arrêt qui a déclaré valable une femblable récufation contre un Juge en la caufe d'un de fes Fermiers, quoique ce Fermier ne demeurât pas en la même maifon que lui. (*Voyez auffi Cod. Fabr. lib. 3, tit. 4, definit. 3, n. 3*, qui établit cette décifion.)

4. *Ou domeftique.*] Cela s'entend de ceux qui vivent enfemble, qui demeurent dans la même maifon, & mangent à la même table que le Juge. (*Voyez* la Loi 24, au digefte *de Teftibus*, où la dépofition des Clients étoit rejettée.)

ARTICLE XI.

N'entendons néantmoins exclure les Juges des Seigneurs de connoître de tout ce qui concerne *les domaines, droits & revenus ordinaires ou cafuels* (1), tant en fief que roture de la terre, mefme des baux, fous-baux & jouiffances, circonftances & dépendances, foit que l'affaire fuft pourfuivie fous le nom du Seigneur, ou du Procureur-Fifcal ; *& à l'égard des autres actions où le Seigneur fera Partie ou intéreffé* (2), le Juge n'en pourra connoître.

1. *Les domaines, droits & revenus ordinai-*

res ou casuels.] Comme droits de rachat, quints
& requints, cens & rentes seigneuriales, lods
& ventes, & amendes.

Mais si la qualité de vassal ou de censitaire,
ou si le fond du droit ou de la rente étoient
contestés par celui à qui le Seigneur demande
le profit ou la redevance, ou que la propriété
de l'héritage sujet au droit sût contentieuse entre le Seigneur & son sujet, ou qu'il s'agit d'a-
voir par puissance de fief l'héritage acquis dans
la mouvance du Seigneur, dans tous ces cas
le Seigneur n'en peut plus connoître. (Voyez
d'Argentré sur l'article 35 de la Coutume de
Bretagne, gl. 2, n. 3.) Ce qu'il dit à ce sujet
sur l'article 30 de la même Coutume est re-
marquable, que *tota Dominorum Patronorum*
potestas est in compellendo, cùm de controversiâ
debiti (videlicet ex causâ reali & feudali) judi-
care nequeant.

2. *Et à l'égard des autres actions où le Sei-*
gneur sera Partie ou intéressé.] Comme s'il s'a-
git du paiement d'une somme de deniers due
par promesse ou obligation, d'une rente consti-
tuée, de la propriété d'un héritage, & de toutes autres choses que celles qui concernent les
droits & domaines non contestés de la seigneurie.

Ce qui a pareillement lieu pour une demande
en réparation d'injures donnée par le Seigneur
contre un de ses Justiciables, ainsi qu'il a été jugé par un Arrêt du 27 juillet 1705, rapporté au
cinquième tome du Journal des Audiences.

Et c'est sur ce même fondement qu'il a été
jugé par Arrêt du 13 septembre 1706, rapporté
aussi au cinquième tome du Journal des Audiences, qu'un Seigneur pour fait de chasse ne peut
faire informer à sa requête devant son Juge.

C'est aussi par la même raison qu'il est défendu aux Officiers des Seigneurs d'apposer le

fcellé fur les effets de ces mêmes Seigneurs , auffi-bien que de faire inventaire ou de donner des tuteurs à leurs enfants : ce droit n'appartient qu'aux Juges Royaux fupérieurs de ces Juftices, ainfi qu'il a été jugé par plufieurs Arrêts, & notamment par un du 6 fevrier 1702 & par un autre du 17 janvier 1708 , tous les deux rapportés au Journal des Audiences , tome 5. Il y en a auffi un du 23 avril 1704, rapporté par Augeard au fecond tome de fes Arrêts.

Au furplus cette défenfe pour les fcellés ne regarde que les Juges des Seigneurs Laïcs, & non ceux des Seigneurs Eccléfiaftiques ; il y en a un exemple arrivé à Paris en 1695 , à la mort de M. de Harlay , Archevêque de Paris : le Bailli de l'Archevêché , du confentement de M. le Premier Préfident , appofa le fcellé fur les effets de ce Prélat; ce qui eft fondé fur ce que les Juftices Eccléfiaftiques ne font point patrimoniales à celui qui les poffede.

ARTICLE XII.

N'entendons auffi exclure *les autres moyens de fait ou de droit* (1) pour lefquels un Juge pourroit eftre valablement récufé.

1. *Les autres moyens de fait ou de droit.*] Par exemple, fi le Juge eft lié avec la Partie d'une amitié confidérable. (Voyez Mainard en fes queftions, liv. 1 , chap. 80 & 93. La Rochaflavin , liv. 13 , des Parlements, chap. 83 , article 7. Voyez auffi la Loi 223 , *ff. de verbor. fignific.* qui explique ce que c'eft que *amicus familiaris.*)

Ainfi un Juge qui auroit bu & mangé fouvent avec une Partie depuis le procès, seroit récusable ; (Arrêt du 20 fevrier 1562, rapporté par du Fail, liv. 2, chap. 206,) & c'est sur ce principe que l'Ordonnance du mois d'octobre 1446, article 6, défend aux Juges de boire & de manger avec les Parties plaidantes devant eux.

C'est encore sur ce même fondement qu'il a été jugé qu'un Juge-Commissaire dans une affaire étoit récusable pour avoir mangé & bu avec la Partie. (Arrêt du 24 janvier 1598, rapporté par Bouvot, tom. 2, au mot *récusation*, quest. 18. Autre Arrêt du 12 décembre 1588, rapporté par Carondas sur le Code Henri, liv. 2, titre 8, article 14, aux notes, qui a jugé une récusation valable contre un Juge qui avoit soupé chez sa Partie, & qui lui avoit donné à souper pendant le procès. Voyez aussi Mainard en ses Questions, liv. 1, chap. 78.)

Mais il faut pour cela que le Juge ait mangé & bu chez la Partie, ou la Partie chez le Juge : car s'ils s'étoient trouvés tous les deux à dîner ou à souper dans une maison tierce, ce ne pourroit être une cause de récusation.

Au surplus, il est de la prudence d'un Juge de se déporter de la connoissance d'une cause où son ami est intéressé, sur-tout si cette amitié est intime ; & il y a même souvent beaucoup plus de raison de se récuser pour cette cause que pour celle de parenté.

Un autre motif de récusation est si le Juge avoit reçu quelque don ou présent de la Partie, ou par lui-même ou par ses domestiques, ou qu'il eût souffert que cette Partie se trouvant avec lui en voyage, ou autrement, l'eût défrayé, & eût payé sa dépense directement ou indirectement. (Voyez *suprà*, titre 21, article 25, page 338.)

Mais un Juge qui seroit tenancier de l'une

des Parties ne pourroit être récusé sur ce fondement ; (ainsi jugé par Arrêt du 15 juillet 1652, rapporté au Journal du Palais ;) & c'est sur le même fondement qu'il a été jugé qu'un Juge ne peut être récusé sous prétexte qu'il est locataire d'une de ses Parties. (Arrêt du 20 janvier 1655, rapporté par Ballet, tom. 1, liv. 2, tit. 6, chap. 4. Voyez aussi Chorier en sa Jurisprudence sur Gui-Pape.)

Il semble qu'il en devroit être de même dans le cas où le Juge est vassal de l'une des Parties. Néanmoins il a été jugé au Parlement de Toulouse qu'un Conseiller étoit récusable en la cause d'un de ses vassaux. (Arrêt du mois de fevrier 1665, rapporté par Catelan en ses Arrêts, liv. 9, chap. 6. Voyez aussi Carondas en ses Pandectes, liv. 4, chap. 5.)

Un Juge ne peut aussi être récusé sur le fondement qu'il est débiteur d'une des Parties. (Arrêt du 13 juillet 1609, rapporté par Bouvot, tom. 2, au mot *Récusation*, quest. 6.) La Rocheflavin en son Traité des Parlements, liv. 8, chap. 21, art. 3, est cependant d'un sentiment contraire ; mais cela ne pourroit avoir lieu tout au plus que dans le cas où il s'agiroit d'une somme considérable, pour raison de laquelle le Juge pourroit appréhender d'être poursuivi par son créancier ; ce qui dépend des circonstances.

Il en est de même si le Juge étoit créancier de la Partie d'une somme considérable, & pour raison de quoi il seroit intéressant au Juge que cette Partie gagnât sa cause ; car alors ce seroit peut-être un motif de récusation, ou plutôt la religion du Juge demanderoit qu'il se récusât lui-même en pareil cas.

ARTICLE XIII.

Les Officiers de nos Cours, Bailliages, Sénéchauffées & autres Sieges & Jurifdictions, mefme ceux des Seigneurs, pourront folliciter, fi bon leur femble, ès maifons des Juges, pour les procès qu'eux, leurs enfants, pere, mere, *oncles, tantes* [1], neveux ou nieces, & les mineurs de la tutelle ou curatelle defquels ils feront chargez, auront ès Cours, Jurifdictions & Juftices dont ils font Officiers : leur défendons de les folliciter dans les lieux de la féance, de l'entrée defquels voulons qu'ils s'abfliennent entiérement pendant la vifitation & jugement du procès.

1. *Oncles, tantes.*] A plus forte raifon les freres & fœurs, quoique l'Ordonnance n'en dife rien.

ARTICLE XIV.

Si néantmoins lorfqu'il fera procédé au jugement des procès qu'ils auront en leur nom, ou pour leurs pere, mere, enfants, ou mineurs dont ils feront tuteurs ou curateurs, il eftoit befoin qu'ils fuffent ouis par leur bouche, ils ne pourront fous ce prétexte, ou pour quelque autre que ce foit, après avoir efté ouis, demeurer en la Chambre & lieu de l'Auditoire dans lequel le procès sera examiné & délibéré ; mais seront tenus d'en sortir, *sans qu'ils puissent solliciter pour aucunes autres personnes* (1), sur peine d'estre privez de l'entrée de la Cour, Jurisdictions ou Justices, & de leurs gages pour un an ; ce qui ne pourra estre remis ni modéré pour quelque cause & occasion que ce soit. Chargeons nos Procureurs en chacun Siege d'avertir nos Procureurs-Généraux des contraventions, & nos Procureurs-Généraux de nous en donner avis, à peine d'en répondre par eux chacun à leur égard en leur nom.

1. *Sans qu'ils puissent solliciter pour aucunes autres personnes.*] Cette disposition n'est pas bien exactement observée ; mais l'Ordonnance est trop précise sur ce point pour ne pas s'y conformer.

A R T I C L E X V.

Si la récusation est jugée valable, le Juge ne pourra, pour quelque cause & sous quelque prétexte que ce soit, assister en la Chambre ou Auditoire pendant le rapport du procès ; & si c'est à l'audience, *il sera tenu de se retirer* (1), à peine de suspension pour trois mois, sauf après la prononciation de reprendre sa place.

1. *Il sera tenu de se retirer.*] Et de descendre du Siege, ou du moins de se mettre à l'extrêmité des bancs, ensorte qu'il ne puisse entendre les opinions ; mais il est plus convenable de descendre , & il n'est pas décent de rester à sa place en pareil cas.

ARTICLE XVI.

Ce que Nous voulons avoir aussi lieu à l'égard de *celui qui présidera en l'audience* (I) , nonobstant l'usage ou abus introduit en aucunes de nos Cours, où le Président récusé reçoit les avis , & prononce le Jugement ; ce que Nous abrogeons en toutes nos Cours, Jurisdictions & Justices ; & en cas d'appointement , *l'instance sera distribuée* (2) par celui des autres Présidents ou Juges à qui la distribution appartiendra.

1. *Celui qui présidera en l'audience.*] Ou en la Chambre du Conseil , si la contestation dont il s'agit fait la matiere d'un procès par écrit.

2. *L'instance sera distribuée.*] Ainsi dans le cas de parenté du Juge, ou de l'un des Juges à qui il appartient de faire la distribution, ils ne peuvent y procéder pour raison des procès de leurs parents, ni pareillement dans les autres cas où ils sont récusables ; & alors le procès doit être distribué par un autre Juge du nombre de ceux à qui il appartient de faire cette distribution.

ARTICLE XVII.

Tout Juge qui fçaura caufes valables de récufation en fa perfonne fera tenu, fans attendre qu'elles foient propofées, *d'en faire fa déclaration* (1), *qui fera communiquée aux Parties.* (2)

1. *D'en faire fa déclaration.*] C'eft-à-dire d'en faire fa déclaration à la Compagnie, comme il eft dit en l'article fuivant. Car dès qu'un Juge a du fcrupule, & qu'il fent en lui quelque caufe de récufation, il ne doit pas fe conftituer Juge en fa propre caufe pour favoir s'il reftera Juge ; (ainfi que l'obferve judicieufement M. le Premier Préfident fur cet article dans le procès-verbal de l'Ordonnance, pag. 346 & 347 ;) & il doit propofer fon fcrupule aux autres Juges. En effet on ne peut douter que la plûpart des Juges, s'ils n'écoutoient que leur propre fentiment, ne fuffent difpofés à s'abftenir volontiers de juger fur la moindre propofition qui leur en feroit faite par les Parties ; mais ils ne doivent point fuivre dans ces occurrences leur propre inclination, parce que l'office du Juge eft un office néceffaire & dû aux Parties.

En matiere criminelle, fi le Juge qui fait l'inftruction eft parent de l'accufé, & qu'il ne fe récufe pas lui-même, toute la procédure qu'il fait eft nulle ; ce qui eft une fuite de ce qui eft porté en la difpofition de l'article 2 du préfent titre, fur la fin. (Voyez cet article avec les notes, pag. 386.)

2. *Qui fera communiquée aux Parties.*] Parce que les Parties ignorent le plus fouvent les parentés & alliances des Juges, & les autres

causes qui peuvent donner lieu à la récusation.

ARTICLE XVIII.

Aucun Juge *ne pourra se déporter* (1) du rapport & jugement du procès, *qu'après avoir déclaré* (2) en la Chambre les causes pour lesquelles il ne peut demeurer Juge, & que sur sa déclaration il n'ait esté ordonné qu'il s'abstiendra.

1. *Ne pourra se déporter.*] Parce que l'office du Juge est un office nécessaire & dû au public & aux particuliers. (Voyez la note 1 sur l'article précédent.

2. *Qu'après avoir déclaré.*] Voyez aussi la note 1 sur l'article précédent.

ARTICLE XIX.

Enjoignons pareillement aux Parties qui sauront causes de récusation contre aucun des Juges, pour parenté, alliance ou autrement, de les déclarer & proposer *aussi-tôt qu'elles seront venues à leur connoissance.* (1)

1. *Aussi-tôt qu'elles seront venues à leur connoissance.*] Afin que cette récusation ne soit pas faite après que le procès est instruit entièrement ou en partie, & quand le Jugement est prêt d'être rendu. (Voyez l'article suivant.)

ARTICLE XX.

Après la déclaration du Juge ou de

l'une des Parties , celui qui voudra récufer fera tenu de le faire dans la huitaine du jour que la déclaration aura
efté fignifiée ; *après lequel temps il n'y fera
plus receu* (1) : mais fi la Partie eft abfen-
te , & que fon Procureur demande un
délai pour l'avertir & en recevoir procuration expreffe , il lui fera accordé
fuivant la diftance des lieux , fans que
les délais puiffent eftre prorogez pour
quelque caufe que ce foit.

1. *Après lequel temps il n'y fera plus reçu.*]
C'eft-à-dire que le Juge peut alors refter Juge
s'il s'agit d'un procès civil, & ne peut plus être
récufé , à moins que la caufe de la récufation
ne fût notoire, & du nombre de celles qui puiffent faire préfumer l'opinion du Juge, auxquels
cas il eft plus prudent au Juge de fe récufer lui-
même , excepté dans le cas où les Parties confen-
tiroient expreffément & par écrit qu'il reftât Juge , comme il eft porté en l'article 1 de ce titre.

A R T I C L E   X X I.

Si le Juge ou l'une des Parties n'a-
voient point fait de déclaration , celui
qui voudra récufer le pourra faire *en
tout eftat de caufe* (1), en affirmant que
les caufes de récufation font venues
depuis peu à fa connoiffance.

1. *En tout état de caufe.*] Jufqu'au Jugement
définitif du Procès , & même après la confron-

tation en matiere criminelle. (Arrêt du 30 juillet 1707, au Journal des Audiences, tom. 5.)

Mais les récusations ne sont plus reçûes après que le procès est sur le Bureau, ni quand la cause se plaide à l'audience, à moins que le récusant n'affirme que ce qui donne lieu à la récusation est nouvellement venu à sa connoissance. (Ordonnance de 1493, article 64. Ordonnance de 1535, chap. 1, articles 88 & 90. Ordonnance d'Abbeville, article 101.)

ARTICLE XXII.

Voulons, suivant l'article septieme du Titre des Descentes, *que le Juge ou Commissaire ne puisse estre récusé* (1), sinon trois jours avant son départ, pourveu que le jour du départ ait esté signifié huit jours auparavant, encore que ce soit pour cause depuis survenue; *& sera passé outre* (2), *nonobstant les récusations* (3), prises à partie, oppositions ou appellations, & sans y préjudicier, sauf après la descente & confection d'enqueste *à proposer & juger les causes de récusation.* (4)

1. *Que le Juge ou Commissaire ne puisse être récusé.*] Car les Commissaires & autres qui font l'instruction, peuvent être récusés comme les Juges. (Voyez *suprà*, titre 21, article 7, note 1, & titre 22, articles 9 & 10.) Et même suivant la disposition du Droit Romain la moindre cause rendoit le Juge suspect en matiere d'audition de témoins. (Voyez les Loix 1, 2, 3, & *passim*, au Digeste *de Testibus. Cùm ex facto jus oriatur*,

factum autem plerumque tale effe credatur quale ex dictis testium apparet. L. 21. §. ult. & L. 22. ff. de Testibus.) Ce qui eft conforme auffi à la difpofition de l'article 26 ci-après, où il eft dit que l'appel d'un Jugement de récufation, quand il eft queftion de procéder à quelque defcente, information ou enquête, empêche de paffer outre, quoique d'ailleurs les Jugements en matiere de récufation s'exécutent nonobftant oppofitions ou appellations quelconques.

2. *Et fera paffé outre.*] C'eft-à-dire, autrement fera paffé outre, comme il eft porté en l'article 7 du titre 24.

3. *Nonobftant les récufations, &c.*] Mais fi fur l'appel la récufation eft déclarée valable, tout ce qui a été fait par le Commiffaire fera déclaré nul, & on n'y aura aucun égard.

4. *A propofer & juger les caufes de récufation.*] Ces récufations fe jugent par le Tribunal où l'affaire eft pendante.

ARTICLE XXIII.

Les récufations feront propofées par requefte (1), qui en contiendra les moyens, & fera la requefte fignée de la Partie, ou d'un Procureur fondé de procuration fpéciale, qui fera attachée à la requefte. Pourra néantmoins le Procureur, en cas d'abfence de fa Partie, figner la requefte *fans pouvoir fpécial* (2), pour requérir que le Juge ait à s'abftenir, en cas que lui ou la Partie ait reconnu quelques caufes de récufation.

1. *Les récufations feront propofées par re-*

quête.] Cette requête doit être préfentée &
remife, non au Juge récufé, à caufe des inconvénients qui en pourroient arriver, mais entre les mains de celui qui a l'inftruction ordinaire, ou d'un autre Juge qui n'a point intérêt de la fupprimer.

Si c'eft le Juge d'inftruction qu'on récufe,
la requête doit être préfentée à celui qui le
fuit dans l'ordre du tableau. Et s'il n'y a qu'un
feul Juge dans le Siege, la requête fera préfentée au plus ancien Praticien, qui fera tenu
de la communiquer au Juge récufé. (Voyez le
procès-verbal de l'Ordonnance, pag. 351.)

2. *Sans pouvoir fpécial.*] Auquel cas on donne ordinairement au Procureur un délai pour
avoir un pouvoir de fa Partie, pendant lequel
temps le Juge récufé doit s'abftenir.

A R T I C L E XXIV.

Les récufations feront communiquées
au Juge, *qui fera tenu de déclarer* (1) fi
les faits font véritables ou non : après
quoi fera procédé *au Jugement des récufations* (2), fans qu'il puiffe y affifter,
ni eftre préfent en la Chambre.

1. *Qui fera tenu de déclarer.*] En la Chambre
du Confeil, avant le Jugement de la récufation. (Voyez le nouveau Réglement du 28 juin
1738, touchant la procédure du Confeil, partie
2, titre 11, article 3.)

2. *Au Jugement des récufations.*] Ces fortes
de récufations fe jugent fans inftruction, & fans
que la Partie adverfe de celle qui récufe en ait
connoiffance. S'il y a lieu d'admettre à la preuve

des caufes de récufation , les Juges fe conten-
tent d'entendre fommairement les témoins pro-
pofés par la Partie récufante ; (Ordonnance de
Rouffillon , article 12.) après quoi ils paffent
tout de fuite au Jugement de la récufation , fauf
à rejetter les témoins , s'ils font fufpects ; & ce
Jugement fe rend à la Chambre , comme il eft
porté en la fin de cet article , & non à l'Audience. (Voyez le procès-verbal de l'Ordonnance , pag. 353 , 354 & 355.)

ARTICLE XXV.

En toutes nos Jurifdictions , mefme ès
Juftices des Seigneurs , les récufations
devant ou après la preuve (1) feront jugées au nombre de cinq au moins , s'il
y a fix Juges ou plus grand nombre , y
compris celui qui eft récufé ; & s'il y en
a moins de fix , ou mefme fi le Juge récufé eftoit feul , *elles feront jugées au nom-*
bre de trois (2) : & en l'un & en l'autre
cas *le nombre des Juges fera fupplée , s'il*
eft befoin , par Avocats (3) du Siege ,
s'il y en a , finon par les Praticiens ,
fuivant l'ordre du tableau.

1. *Devant ou après la preuve.*] C'eft-à-dire
devant ou après la preuve des caufes de récufation. *Devant,* pour juger fi la caufe de la récufation eft admiffible ou non : *après ,* pour
juger fi la caufe de récufation , dans le cas où
elle a été admife , eft prouvée ou non. (Voyez
infrà , article 29.)

2. *Elles feront jugées au nombre de trois.*]

Même dans les Officialités. (Voyez Loix Eca cléfiaftiques d'Héricourt, tom. 1, chap. 20, n. 104.)

3. *Le nombre des Juges fera fupplé, s'il eft befoin, par Avocats.*] Mais dans les caufes où le Roi & le Public n'ont point intérêt, les Gens du Roi doivent être appellés par préférence aux Avocats du Siege. (Arrêt du 13 août 1575, rendu pour le Procureur du Roi du Comté de la baffe Marche, rapporté par Joly, tom. 2. Autres Arrêts des 18 juillet 1648 & 23 juin 1649, rendus pour le Bailliage du Palais.)

Entre les Avocats & le Procureur du Roi, on doit prendre par préférence le premier Avocat du Roi, enfuite le Procureur du Roi, & enfin le fecond Avocat du Roi ; & s'il n'y a qu'un feul Avocat du Roi, il doit être appellé par préférence au Procureur du Roi ; ce qui eft une fuite de l'ordre de la féance établie entr'eux. (Arrêt du 7 feptembre 1660, rendu pour le Bailliage de Dreux, rapporté au Journal des Audiences.)

ARTICLE XXVI.

Les Jugements & Sentences qui interviendront fur les caufes de récufation au nombre de cinq & de trois Juges, felon la qualité des Sieges, Jurifdictions & Juftices, feront exécutez *nonobftant oppofitions ou appellations* (1), & fans y préjudicier; fi ce n'eft lorfqu'il fera queftion de procéder à quelque defcente, *information* (2) ou enquefte, éfquels cas le Juge récufé *ne pourra paffer outre* (3) nonobftant l'appel, & y fera procédé par

par autre des Juges ou Praticiens du Siege , non-suspect aux Parties, selon l'ordre du tableau , jusques à ce qu'autrement il en ait été ordonné sur l'appel du Jugement de la récusation, si ce n'est que l'Intimé *déclare vouloir attendre le Jugement de l'appel.* (4)

1. *Nonobstant oppositions ou appellations , &c.*] Ainsi si la récusation est jugée non-valable , le Juge récusé pourra demeurer Juge.

2. *Information.*] En matiere civile ; *secùs* en criminelle. (Voyez l'article 2 du titre 25 de l'Ordonnance de 1670.)

3. *Ne pourra passer outre.*] Voyez une exception à cette disposition, *supra*, art. 22, pag. 404.)

4. *Déclare vouloir attendre le Jugement de l'appel.*] Comme ci-après, tit. 25 , art. 5 , pag. 424, ce qui est établi afin que la Partie qui récuse n'ait pas la faculté de se choisir un Juge d'instruction ou un Rapporteur à son gré, en récusant, les uns après les autres, tous ceux qu'elle ne voudroit point avoir , au moyen de quoi elle tomberoit successivement à celui qu'elle voudroit choisir. (Voyez le procès-verbal de l'Ordonnance, page 356.)

ARTICLE XXVII.

Les *Appellations* (1) des Jugements ou Sentences intervenues sur les causes de récusations seront vuidées sommairement, sans épices & sans frais : & néantmoins s'il intervient Sentence définitive ou interlocutoire au principal, &

qu'il en soit appellé, l'appel de la Sentence ou Jugement rendu sur la récusation sera joint à l'appel de la Sentence ou Jugement intervenu au principal, *pour y estre fait droit conjointement.* (2)

1. *Les appellations.*] A plus forte raison les Jugements mêmes de récusation doivent être vuidés sommairement. (Voyez la note 2 sur l'article 24 ci-dessus, page 406.)

2. *Pour y être fait droit conjointement.*] Le Juge récusé ne peut être intimé sur l'appel de la Sentence qui juge la récusation. (Arrêt du 17 mai 1707, au Journal des Audiences, tom. 5.)

ARTICLE XXVIII.

Les Juges Présidiaux *pourront juger* (1) sans appel les récusations ès matieres dont la connoissance leur est attribuée en derniere ressort, pourveu que ce soit au nombre de cinq.

1. *Pourront juger.*] Ce qui doit s'entendre non-seulement en premiere instance, mais même par la voie d'appel dans les cas où ils peuvent en connoître par appel ; l'Ordonnance ne fait ici aucune distinction.

ARTICLE XXIX.

Celui dont les récusations auront esté déclarées impertinentes & inadmissibles, ou qui en aura esté débouté faute de preuve , ſera condamné en deux cens livres d'amende en nos Cours de Parlement, Grand-Conſeil, *& autres nos Cours* (1) ; cent livres aux Requeſtes de noſtre Hoſtel & du Palais ; cinquante livres aux Préſidiaux, Bailliages, Sénéchauſſées ; trente-cinq livres en nos Chaſtellenies, Prévoſtez, Vicomtez, Elections, Greniers à Sel, & aux Juſtices des Seigneurs , tant des Duchez, Pairies , qu'autres reſſortiſſants nuement en nos Cours ; & vingt-cinq livres aux autres Juſtices des Seigneurs : le tout applicable , ſavoir moitié à Nous, ou aux Seigneurs dans leur Juſtice , *& l'autre moitié à la Partie* (2) , ſans que les amendes puiſſent eſtre remiſes ni modérées.

1. *Et autres nos Cours.*] Il en eſt de même au Conſeil. (Voyez le Réglement touchant la procédure du Conſeil du 28 juin 1738 , partie 2 , titre II , article 4.)

2. *Et l'autre moitié à la Partie.*] C'eſt-à-dire à la Partie adverſe de celle qui a formé la récuſation.(Même Réglement du Conſeil, *ibidem*, article 4, qui ajoute que cette amende ſera acquiſe de plein droit , quand même il auroit été omis d'y prononcer.)

ARTICLE XXX.

Outre les condamnations d'amende le Juge récuſé pourra demander répara tion des faits contre lui proposez, que Nous voulons lui estre adjugée sui-vant *sa qualité & la nature des faits* (1) ; auquel cas néantmoins *il ne pourra de-meurer Juge.* (2)

1. *Suivant sa qualité & la nature des faits.*] Par Arrêt du 8 mai, 1580, le sieur de Hallot & la Dame de Hautteville ont été condamnés chacun en deux mille écus , pour avoir inju-rieusement récusé M. le Premier Président de Thou, comme ayant sollicité pour M. de Bas-sompierre. (Voyez les notes dans Néron sur l'article 14 de l'Ordonnance de 1539.)

2. *Il ne pourra demeurer Juge.*] Mais s'il ne demande point de réparation , il peut demeu-rer Juge dans le procès de la Partie qui l'a récu-sé mal à propos.

TITRE XXV.

Des prises à Partie.

LA prise à partie est l'intimation d'un Juge en son propre & privé nom, faite par l'une des Parties devant le Tribunal supérieur , à l'ef-fet de rendre compte de son Jugement ou d'un déni de Justice, & pour être condamné aux dom-mages & intérêts envers celui qui en souffre.

ARTICLE I.

Enjoignons à tous Juges (1) *de nos*

Cours, Jurisdictions & Justices, & des Seigneurs, de procéder incessamment au jugement des causes, instances & procès qui seront en estat de juger, à peine de répondre en leur nom des dépens, dommages & interests des Parties.

1. *Enjoignons à tous Juges, &c.*] Quoique les Officiaux ne soient pas nommés dans cet article, ils y sont néanmoins compris, & cette injonction les regarde comme d'autres. (Voyez le procès-verbal de l'Ordonnance, pages 359 & 184.

ARTICLE II.

Si les Juges (1) *dont il y a appel* (2) refusent ou sont négligents de juger *la cause, instance ou procès* (3) *qui sera en estat* (4), *ils seront sommez de le faire* (5) : & commandons à tous Huissiers & Sergents qui en seront requis, de leur faire les sommations nécessaires, à peine d'interdiction de leur Charge.

1. *Si les Juges.*] Sous le mot de *Juges* sont compris non-seulement ceux qui sont Juges ordinaires, mais encore les Avocats & Praticiens qui en font les fonctions en l'absence des Juges.

Quand on prend à partie un Juge de Seigneur, ce n'est point le Juge qu'on doit prendre à partie, mais le Seigneur, si le Jugement pour raison duquel on prend à partie a été rendu sur la poursuite & requisition du Procureur Fiscal.

A l'égard des Officiaux, l'article 43 de l'E-

dit du mois d'avril 1695, porte : ,, Que les
,, Archevêques ou Evêques ne pourront être
,, pris à partie ni intimés en leur propre & pri-
,, vé nom, pour raison des Ordonnances & Ju-
,, gements que lesdits Prélats ou leurs Offi-
,, ciaux auront rendus, & que leurs Promoteurs
,, auront requis dans le cas de Jurisdiction con-
,, tentieuse, si ce n'est lorsqu'il y aura une
,, calomnie apparente, & lorsqu'il n'y aura
,, aucune Partie capable de répondre des
,, dommages & intérêts, qui ait requis, ou qui
,, soutienne leurs Ordonnances & Jugements ;
,, & que lesdits Prélats ne seront tenus de dé-
,, fendre à l'intimation qu'après qu'il aura été
,, ainsi ordonné par les Cours, en connoissance
,, de cause. ''

Le même article porte : ,, Que les Arche-
,, vêques, ou Evêques, ou leurs Grands-Vi-
,, caires ne pourront être pris à partie pour les
,, Ordonnances qu'ils auront rendues dans les
,, matieres qui dépendent de la Jurisdiction vo-
,, lontaire. ''

Lorsque le Jugement a été rendu sur la poursuite d'une Partie privée, c'est le Juge même
qu'il faut intimer sur la prise à partie, ou l'Official, & non le Seigneur ou l'Evêque.

Cependant, si le Juge dont on appélle comme de déni de Justice, est un Juge de Seigneur,
c'est le Seigneur & non le Juge qu'il faut intimer sur l'appel, *Ità* Imbert en ses Institut. For.
liv. 2, chap. 5, n. 8. Ainsi jugé par Arrêt du
2 fevrier 1530. Voyez les notes *ibid.*) à la différence des Juges Royaux.

2. *Dont il y a appel.*] Car ceux qui jugent
en dernier ressort, ne peuvent être pris à partie. (Voyez *infrà* la note 2 sur l'article 4, page
416.)

3. *La cause, instance ou procès.*] Voyez l'ex-

plication de ces mots ci-deſſus, titre 6, article
1, nóte 1, pag. 67.

4. *Qui ſera en état.*] C'eſt-à-dire dont l'inftruction ſera entiérement achevée, & lorſque
les appointements ſeront exécutés, ou les délais
écoulés. (Voyez *infrà*, titre 26, article 1, note
2, page 426.)

Mais quand le procès n'eſt point en état, ces
priſes à partie ne peuvent avoir lieu. (Ainſi jugé
par Arrêt du 8 aoûft 1709, rapporté au Journal
des Audiences, tom. ς.)

ς. *Ils ſeront ſommés de le faire.*] Voyez *infrà,*
article 4.

ARTICLE III.

Les ſommations ſeront faites (1) aux
Juges en leur domicile, ou au Greffe de
leur Juriſdiction, en parlant à leur
Greffier ou aux Commis des Greffes.

1. *Les ſommations ſeront faites.*] Ces ſommations doivent être conçues en des termes
qui ne bleſſent point le reſpect dû aux Juges.

ARTICLE IV.

Après deux ſommations de huitaine
en huitaine pour les Juges reſſortiſſants
nuement en nos Cours, & de trois jours
en trois jours pour les autres Sieges, *la
Partie pourra appeller* (1) *comme de déni
de Juſtice, & faire intimer en ſon nom le
Rapporteur, s'il y en a, ſinon* [2] *celui
qui devra préſider:* leſquels Nous voulons eſtre condamnez en leurs noms

T 4

aux dépens , dommages & intérests (3)
des Parties , s'ils sont déclarez bien
intimez. (4)

1. *La Partie pourra appeller , &c.*] C'est ici
seulement une faculté qui est donnée à la Partie, qui peut appeller comme de déni de Justice ,
sans faire intimer le Juge en son nom. Mais
pour pouvoir obtenir des dommages & intérêts
contre un Juge il faut nécessairement le prendre à partie.

Quand on appelle comme de déni de Justice
d'un Official , il faut se pourvoir au Parlement
par la voie d'appel comme d'abus. (Arrêt de la
Tournelle du 27 août 1710 , rapporté au Journal des Audiences , tom. 5. (Voyez aussi le
procès-verbal de l'Ordonnance , pag. 360.)

2. *Et faire intimer en son nom le Rapporteur*
s'il y en a, sinon, &c.] Parce que c'est d'eux
qu'il dépend de faire juger le procès en le rap-
portant , ou donnant l'audience dans les causes qui ne sont pas au rôle.

Au reste cette prise à partie ne regarde que
les Juges dont il y a appel ; mais à l'égard des
Cours , Présidiaux , Elections & autres , ils ne
peuvent être pris à partie dans les cas où ils jugent en dernier ressort , & il n'y a alors que la
voie de se pourvoir au Conseil. (Ainsi jugé par
Arrêt de la Cour des Aides du 18 juillet 1691 ,
qui a jugé qu'une prise à partie incidente à une
matiere dont les Elus avoient connu en dernier
ressort , ne pouvoit être portée en la Cour Sou-
veraine du ressort ; mais au Conseil Privé. Cet
Arrêt est rapporté au cinquieme tome du Journal des Audiences.)

Cependant lorsqu'il ne s'agit que d'un refus
ou déni de Justice , l'usage est d'en porter sa

plainte à M. le Chancelier, dans le cas où ce déni de Justice est d'un Juge qui connoît en dernier ressort. Dans les autres cas de prise à partie il faut se pourvoir au Conseil.

A l'égard des autres Juges qui ne jugent pas en dernier ressort, ils peuvent être pris à partie & intimés en leur propre & privé nom devant leurs supérieurs. Les Parlements prétendent être seuls en droit de connoître de ces sortes de prises à partie ; & en effet l'Ordonnance de Blois, article 147, semble être conforme à cette prétention, du moins dans le cas de déni de renvoi, aussi-bien que l'article 4 du titre ci-dessus. L'Arrêt de la Cour du 30 juillet 1678, servant de Réglement entre les Officiers du Bailliage de Moulins, & ceux de la Châtellenie & Prévôté dudit lieu, porte : que si les Officiers de la Prévôté sont pris à partie, les prises à partie ne pourront être données qu'en la Cour, & non au Bailliage. On trouve même quelques autres Arrêts qui l'ont ainsi jugé, & entr'autres un du mois de septembre 1693, rapporté au Dictionnaire des Arrêts, au mot *prise à Partie*, n. 2, qui a jugé qu'un Juge subalterne ne peut être pris à partie devant le Juge où il ressortit, mais qu'il faut que la prise à partie soit portée au Parlement : ce qui a depuis encore été jugé par un Arrêt du 5 septembre 1671, qui fait défenses au Lieutenant-Criminel de Montmorillon de prendre connoissance des prises à partie des Juges qui relevent en ce Siege. Il faut joindre à ces autorités l'Arrêt du 4 juin 1699, qui fait défenses à toutes personnes de prendre à partie aucuns Juges sur l'appel des Jugements par eux rendus, sans en avoir auparavant obtenu la permission par un Arrêt de la Cour, à peine de nullité des procédures, & de telles amendes qu'il appartiendra ; ce qui depuis a été re-

nouvellé par un autre Arrêt du 18 août 1702
qui fait défenses à tous Juges du ressort de permettre de prendre aucun Juge à partie, sauf
aux Parties à se pourvoir en la Cour pour en
avoir la permission, conformément à l'Arrêt
ci-dessus de 1699; car au moyen de ces Réglements il est difficile de penser que dans l'Arrêt
qui permet de prendre à partie, les Parlements ne s'en réservent toujours la connoissance.

Il semble cependant qu'à toutes ces autorités, quelque respectables qu'elles soient, on
pourroit opposer l'article 11 du titre 1 de l'Ordonnance de 1670, qui porte que la correc-
tion *des Officiers Royaux*, & la connoissance des
malversations par eux commises dans les fonctions de leurs charges appartient aux Baillis
& Sénéchaux ; d'où il suit par une conséquence
nécessaire, que ces derniers peuvent avoir connoissance des prises à partie des Juges de leur
ressort ; ce qui d'ailleurs est une suite de l'ordre
public des Jurisdictions. Ce seroit sans fondement qu'on opposeroit que sous le nom d'*Officiers Royaux* on ne doit pas comprendre les
Juges : car outre que le mot d'*Officiers* renferme nécessairement celui de Juges, cet article
doit s'interpréter par les anciennes Ordonnances. Or l'Ordonnance de Philippe le Bel, du
mois de mars 1302, porte : » que les Juges
» subalternes ne peuvent connoître en aucune
» maniere contre les Officiers Royaux de fait
» qui concerne leurs offices, ni les punir ; mais
» qu'ils doivent se plaindre au plus prochain
» Bailli Royal qui fera justice ; « ainsi qu'il a
été jugé depuis par Arrêt du 8 mars 1563. Le
grand Coutumier, pag. 78 & 79, le dit expressément, & porte que les Baillis peuvent corri-
ger les excès des Prévôts ; ce qui est confor-

me à la disposition de l'article 21 de l'Edit de
Crémieu, qui non-seulement donne ce pouvoir
aux Baillis & Sénéchaux, mais leur enjoint ex-
preſſément de punir les Prévôts & de les mulc-
ter lorſqu'ils négligent de procéder contre les
délinquants. C'eſt auſſi en conſéquence de cette
regle que les Prévôts ſont appellés aujourd'hui
aux aſſiſes des Baillis, & qu'ils ſont condamnés
en l'amende lorſqu'ils négligent d'y comparoître. D'où il réſulte que les Baillis & Sénéchaux
Royaux ayant la connoiſſance des malverſations
commiſes par les Juges & Officiers Royaux, &
à plus forte raiſon de celles commiſes par les Juges ſubalternes qui reſſortiſſent devant eux, ils
doivent par la même raiſon connoître des priſes
à partie de ces mêmes Officiers; & cela doit ſouf-
frir d'autant moins de difficulté qu'ils le peuvent dans le cas où l'on prend la voie criminelle, ſans qu'il ſoit même beſoin alors de prendre
un Arrêt de la Cour.

Lorſqu'une priſe à partie eſt intentée contre
un Juge pour raiſon d'un déni de renvoi, ou
ſur l'appel d'une Sentence rendue en matiere
criminelle où il échet peine afflictive, alors l'appel doit néceſſairement ſe porter au Parlement.
Car comme les appellations des Sentences rendues dans ces deux cas doivent ſe porter nuement aux Parlements, ſuivant l'article 21 du titre
2 de la nouvelle Ordonnance du mois d'août
1737, concernant les Evocations & Réglements
de Juges, & ſuivant l'article 1 du titre 21 de
l'Ordonnance de 1670, c'eſt une ſuite néceſſaire
que les priſes à partie qui s'intentent dans ces
deux cas doivent ſe porter aux mêmes Cours,
& c'eſt à quoi ſont conformes l'article 47 de
l'Ordonnance de Blois, & l'Arrêt de la Cour
du 5 ſeptembre 1671 ci-deſſus cité.

Les priſes à partie contre les Prévôts des Ma-

T 6

réchaux doivent être portées aux Sieges Présidiaux. C'est la disposition précise de la Déclaration du Roi du 23 septembre 1678, qui ordonne » que les Accusés contre lesquels les
» Prévôts des Maréchaux auront reçu plain-
» te, informé & décrété, ne pourront se pour-
» voir avant le Jugement de compétence, sous
» prétexte de prise à partie ou autrement, con-
» tre lesdits Prévôts, soit pour avoir instru-
» menté hors leur ressort, ou fait chartrès pri-
» vées, que pardevant les Juges du Présidial
» qui doit juger la compétence desdits Prévôts,
» auquel Présidial ils pourront proposer ces
» deux cas comme moyens de récusation, pour
» y être jugés conformément à l'article 16 du
» titre 2 de l'Ordonnance de 1670. «

Dans les cas où l'on doit se pourvoir en la
Cour sur la prise à partie pour obtenir Arrêt
qui le permette, cet Arrêt s'obtient sur requête
& sur les conclusions du Procureur-Général.
Mais il ne suffiroit pas alors d'obtenir en Chancellerie des Lettres où la clause d'intimation
& de prise à partie seroit insérée. Il y a à
ce sujet un Arrêt de Réglement rendu en la
Cour du 4 mai 1693, rapporté au Journal des
Audiences, tom. 4, qui défend aux Procureurs
de la Cour & autres d'insérer cette clause dans
les reliefs d'appel qu'ils obtiendront dans la
Chancellerie du Parlement, à peine de nullité.
Cet Arrêt ajoute qu'ils doivent alors se pourvoir par requête & obtenir un Arrêt qui leur
permette de prendre les Juges à partie.

Au reste, quoiqu'une Partie ait obtenu un
Arrêt qui lui permette de prendre un Juge à
partie, elle n'en est souvent pas plus avancée, &
il arrive tous les jours qu'avec cette permission
elle succombe.

3. *Aux dépens, dommages & intérêts.*] Tels

qu'ils réfulteront de la retardation du jugement du procès. (Voyez la Loi 15 , *ff. de Judiciis.*) On peut auffi préfenter requête pour évoquer & faire juger le principal par le même moyen.

4. *S'ils font déclarés bien intimés.*] Quoique l'Ordonnance ne parle dans ce titre que du cas de déni de juftice , pour lequel on peut prendre un Juge à Partie , comme étant celui qui peut y donner lieu plus fréquemment, il y a néanmoins encore plufieurs autres cas pour lefquels ces prifes à partie peuvent avoir lieu. Cela arrive en général toutes les fois qu'il y a du dol, de la fraude , ou de la concuffion de la part du Juge ; (Ordonnance du mois de décembre 1540, rapportée par Fontanon en fon Recueil d'Ordonnances , tom. 1, liv. 1 , titre 5 ; Ordonnance de Blois , article 147 :) ce qu'on a coutume ordinairement d'expliquer par ces mots: *fi per fraudem , gratiam , inimicitias , aut fordes , aut dolo malo. L. 15 , §. Judex , ff. de Judiciis , & L. 40 , §. 1 , ff. eod. titulo.*

Sous le mot de *dol* ou *fraude* on comprend 1° L'abus d'autorité ; comme lorfque le Juge excede fon pouvoir en connoiffant des affaires qui ne font point de fa compétence. (*Suprà*, tit. 6 , art. 1 , & tit. 8 , art. 8 , &c. Voyez auffi l'Ordonnance de 1670 , tit. 1 , art. 4 & 16 , & tit. 2 , art. 1.)

Ou en arrêtant le cours de la Juftice , foit par la voie du déni , ainfi qu'il vient d'être dit, foit en empêchant l'exécution des Arrêts par des défenfes ou Jugements contraires. (*Infrà*, tit. 27 , art. 6. Voyez auffi l'Ordonnance de Blois , art. 147.)

2° Si le Juge rend fon Jugement par paffion , ou par haine , ou par crédit. (L. 15 , §. 1 , *ff. de Judiciis.*)

Ou s'il s'eſt laiſſé corrompre par faveur ou par argent. (*L. eadem* , §. 1 , *ff. de Judiciis.* Voyez *ſuprà* , tit. 21 , art. 15 , pag. 308.)

Sous le mot de *concuſſion* on comprend toute taxe injuſte , & tous droits illégitimes que le Juge peut percevoir dans les fonctions de ſon office ; comme ſi d'autres Juges que ceux des Cours vouloient juger des procès par des Commiſſaires. (Ordonnance de Blois , art. 135 ; Edit du mois de mars 1673 , art. 20.)

S'ils ſe taxent des vacations par excès. (Ordonnance de Rouſſillon , art. 31.)

A quoi on peut ajouter les autres cas dont il eſt parlé en la préſente Ordonnance , *ſuprà* , tit. 6 , art. 2 & 3. , tit. 17 , art. 10 , tit. 21. , art. 1. , & en l'Ordonnance criminelle de 1670 , tit. 14 , art. 16.

Hors les trois cas ci-deſſus on n'admet point à prendre les Juges à partie. (Voyez Mornac ſur la Loi 15 , §. 1 , *ff. de Judiciis.*)

L'erreur même de *fait* ou de *droit* , & la contravention aux Ordonnances dans des cas qui ne ſont point renfermés dans les trois précédents , ne ſeroient pas un moyen de priſe à partie , à moins que cette contravention ne ſût affectée & inexcuſable ; & c'eſt ainſi qu'on doit entendre l'art. 8 du tit. 1 ci - deſſus , pag. 6. (Voyez l'Ordonnance de Blois , art. 147.)

Les nullités que les Juges d'inſtruction commettent dans l'expédition des procès civils ou criminels ne ſont pas non plus un cas de priſe à partie : le Juge ou Commiſſaire en eſt quitte alors pour recommencer la procédure à ſes dépens ; (voyez *ſuprà* , tit. 22. , art. 36 , & Ordonnance de 1650 , tit. 15 , art. 24 :) ce qui s'ordonne le plus ſouvent d'office & ſans inſtruction , ou ſur la ſimple requiſition des Parties intéreſſées.

Mais si la faute ou erreur de *fait* ou de *droit* commise par le Juge étoit grossiere & considérable, elle pourroit donner lieu à la prise à partie: *quia lata culpa dolo æquiparatur.* L. 226, ff. *de verbor. significatione.*

Ainsi en matiere criminelle un Juge qui décréteroit de prise-de-corps un domicilié pour raison d'un crime qui ne mériteroit aucune peine afflictive ni infamante, seroit bien pris à partie. (Voyez l'Ordonnance de 1670, tit. 10, art. 19.)

Il en est de même d'un Juge qui décréteroit quelqu'un, soit de prise-de-corps, soit d'ajournement personnel, sans une preuve suffisante, sur-tout si c'étoit un Officier, qui par le moyen de ce décret se trouvât interdit de ses fonctions; car alors il seroit juste que celui-ci obtînt par la voie de la prise à partie la réparation du tort & de l'injure qu'il a souffert par l'emprisonnement & l'interdiction.

C'est par la même raison que les Procureurs du Roi & Fiscaux sont bien pris à partie dans le cas d'accusation calomnieuse. (Arrêt du 11 octobre 1556, rapporté par Papon, liv. 19, tit. 8, n. 9, ce qui résulte aussi de la disposition de l'art. 7 du tit. 3 de l'Ordonnance de 1670.)

Voyez pour les cas où les Juges sont tenus des dommages & intérêts des Parties, outre ceux dont il vient d'être fait mention :

1° La présente Ordonnance, tit. 6, art. 2 & 3; tit. 11, art. 15; tit. 17, art. 10; tit. 21, art. 1 & 19; & tit. 35, art. 42.

2° L'Ordonnance de 1670, tit. 2, art. 9, 13, 18, 19, 20 & 21; tit. 6, art. 9, 11 & 12; tit. 10, art. 16; tit. 12, art. 2 & 4; tit. 13, art. 34; tit. 14, art. 13 & 16; tit. 16, art. 23; tit. 17, art. 11 & 27; tit. 18, art. 6 & 9; & tit. 25, art. 14.

Sur quoi il faut obferver que ce que le Juge
a reçu contre l'équité peut être répété contre
fes héritiers. (Voyèz Coquille , queftion. 8.
Ainfi jugé par un Arrêt notable de la Tournelle du 30 janvier 1683.)

ARTICLE V.

Le Juge qui aura efté intimé *ne pourra*
eftre Juge du différent (1) , à peine de
nullité , & de tous dépens , dommages
& intérefts des Parties , *fi ce n'eft qu'il*
ait efté follement intimé (2), ou que l'une
& l'autre des Parties *confentent qu'il de-*
meure Juge (3) ; & fera procédé au Jugement par autre des Juges & *Praticiens*
du Siege (4) non-fufpects, fuivant l'ordre
du tableau ; fi mieux n'aime l'autre
Partie attendre *que l'intimation foit jugée*
(5)

1. *Ne pourra être Juge du différent.*] C'eft-à-
dire de la caufe ou du procès pour raifon
duquel il a été pris à partie , afin que le Juge
ne puiffe alors être préfumé avoir opiné par
paffion, dont un Juge ne doit pas même être
foupçonné.

2. *Si ce n'eft qu'il ait été follement intimé.*]
Dans ce cas la Partie qui a follement intimé le
Juge eft condamnée non feulement aux dépens , dommages & intérêts envers le Juge ,
(Procès-verbal de l'Ordonnance, pag. 363 ,)
mais encore en l'amende de deux cens livres ,
applicable moitié au Roi , & moitié au Juge ;
pour la feconde fois , en une amende double ;

& pour la troisiéme, en une peine corporelle
outre l'amende. (Ordonnance du mois de décembre 1540, art. 2, rapportée par Fontanon
en son Receuil d'Ordonnances, tom. 1, liv. 2,
tit. 5.) Voyez ci-deſſus, tit. 24, art. 29 & 30,
la peine ordonnée contre ceux qui récuſent mal-
à-propos les Juges.

    3. *Conſentent qu'il demeure Juge.*] Comme
ci-deſſus, tit. 24, art. 26, avec les notes, p.
408. Il ſemble que ce conſentement doit être
par écrit, & qu'il ne ſuffit pas qu'il ſoit verbal.
Argument tiré de l'art. 1 du tit. 24 ci-deſſus.
(Voyez cet article, pag. 383.)

    4. *Et Praticiens du Siege.*] Voyez *ſuprà*,
tit. 24, art. 25, not. 3, pag. 408.

    5. *Que l'intimation ſoit jugée.*] Comme ci-
deſſus, tit. 24, art. 26, pag. 408.

    Car la priſe à partie, de même que la récuſa-
tion, ne ſuſpend pas le Jugement, ni même
l'inſtruction de la cauſe au fond, ſi ce n'eſt à
l'égard du Juge pris à partie. (Voyez ce qui a
été dit touchant l'effet des récuſations, ci-deſſus
tit. 24, art. 22, not. 1 & 2, pag. 405 & 406,
& au même titre, art. 26, aux notes, pag. 409,
qui doit recevoir ici ſon application.)

TITRE XXVI.

De la forme de procéder aux Juge-ments, & des prononciations.

ARTICLE I.

LE jugement *de l'instance ou procès* [1] *qui sera en estat* [2] de juger, *ne sera différé par la mort des Parties* [3] *ni de leurs Procureurs.* [4]

1. *De l'instance ou procès.*] Il en est de même des causes qui sont appointées sur le Bureau pour en être délibéré.

2. *Qui sera en état.*] Un procès ou instance n'est point entiérement en état, quand il y manque une seule signification d'écritures. (Voy. le procès-verbal de l'Ordonnance, p. 364.). Il faut pour qu'il soit en état que les forclusions soient acquises, que toute l'instruction soit faite, & qu'il ne soit plus question que de juger.

Dans les causes verbales & non appointées, la mort des Parties ne peut aussi empêcher le jugement de l'affaire, (si d'ailleurs elle est en état,) lorsque les héritiers ou ayant cause du décédé ont constitué Procureur ; & il suffit en ce cas qu'ils fassent plaider la cause, sans être obligés de faire aucune procédure. (Voyez *infrà*, art. 2, not. 4.)

3. *Ne fera différé par la mort ,* &c.] Parce qu'alors les Parties n'ont plus befoin de Défenfeur , dès que le procès eft en état.

4. *Ni de leurs Procureurs.*] Il en eft de même quand le Procureur a quitté ou réfigné fon office , ou qu'il vient à être interdit.

ARTICLE II.

Si la caufe , inftance ou procès [1] n'eftoient en eftat, les procédures faites, & les jugements intervenus *depuis le déceds de l'une des Parties* [2] ou du Procureur , ou quand le Procureur ne peut plus poftuler , foit qu'il ait réfigné, *ou autrement* [3] , feront nulles , *s'il n'y a reprife* [4] *ou conftitution de nouveau Procureur.* [5]

1. *Si la caufe , inftance ou procès.*] Voyez l'explication de ces mots ci-deffus en l'article 1 du titre 6 , aux notes, pag. 67.

2. *Depuis le décès de l'une des Parties.*] Il en eft de même du changement d'état, qui fe fait lorfque l'une des Parties eft fille ou veuve & qu'elle vient à fe marier.

Mais fi une Partie qui plaide en matiere réelle pour raifon d'un héritage dont elle eft propriétaire , vient à aliéner cet héritage , les procédures qui continuent d'être faites contre cette Partie ne laiffent pas d'être valables , jufqu'à ce que le nouvel acquéreur ait paru en caufe ; auquel cas il peut fe faire fubroger aux droits de fon vendeur ou cédant , & continuer la procédure fur une fimple requête verbale , fans être obligé d'appeller pour cela les Parties en Juftice.

(Argument tiré des articles 15 & 16 du titre 15 ci-deſſus.) Le vendeur ou cédant ne peut néanmoins en ce cas demander à être mis hors de cauſe par rapport aux dépens faits de ſon temps, auxquels il pourra être condamné, s'il vient à être jugé en définitive qu'il avoit formé une mauvaiſe conteſtation. Il peut cependant demander, en reſtant en cauſe, qu'il ne lui ſoit rien ſignifié, en offrant de payer les dépens faits de ſon temps, s'il y a lieu, & au cas que l'acquéreur ou ceſſionnaire de l'héritage vienne à perdre ſa cauſe. (Voyez *ſuprà* la note 1 ſur l'article 10 du titre 8, pag. 98.)

3. *Ou autrement.*] Comme s'il eſt interdit. Mais il n'en eſt pas de même dans le cas où le Procureur vient à être révoqué : car cette révocation n'a ſon effet que lorſque la Partie qui l'a révoqué en conſtitue un autre ; ce qui a été établi afin qu'il ne dépendît pas d'une Partie d'éloigner par ces ſortes de révocations le jugement du procès. (Ordonnance d'Abbeville, article 182, Arrêt du 13 décembre 1664, rapporté par Boniface, tom. 1 liv. 1, titre 19, n. 8.)

4. *S'il n'y a repriſe.*] C'eſt-à-dire repriſe par les héritiers, donataires ou légataires univerſels, ou par le mari de la femme qui s'eſt mariée, ou par la femme devenue veuve, & commune en biens, lorſqu'elle n'étoit point en cauſe auparavant.

Cette repriſe ſe fait au Greffe par une déclaration faite par le Procureur des Parties qui reprennent, qu'il reprend l'Inſtance ou procès au nom de ces Parties au lieu du défunt, &c. & offre de procéder ſuivant les anciens erremens. Cette déclaration doit être ſignifiée à la Partie adverſe ; & lorſqu'elle ſe fait volontairement, il n'eſt pas beſoin d'obtenir un Jugement qui tienne l'Inſtance pour repriſe.

Il faut même obferver qu'il n'eft pas abfolument néceffaire que ces fortes de reprifes fe faffent au Greffe, & qu'il fuffit que la Partie qui veut reprendre le déclare aux autres Parties de l'inftance par un fimple acte, lequel vaut alors reprife ; après quoi cette Partie peut procéder fur cette inftance fuivant les derniers errements. (Voyez le nouveau Réglement du Confeil du 28 juin 1738, touchant la procédure du Confeil, part. 2, titre 7, article 22.)

Lorfque le demandeur en la caufe vient à décéder avant que le défendeur ait comparu fur l'affignation qui lui a été donnée, les héritiers, fucceffeurs ou ayant-caufe de ce demandeur peuvent prendre un Jugement par défaut contre ce défendeur, en faifant préalablement au Greffe un acte de reprife de la demande formée par celui qu'ils repréfentent. (Même Réglement du Confeil, *ibidem*, article 23.)

Et fi toutes les Parties qui fe font préfentées en l'inftance étoient décédées, ceux qui veulent la reprendre font cenfés l'avoir reprife fans aucun acte ni procédure, en obtenant un Jugement pour obliger les héritiers des autres Parties de l'inftance à la reprendre, ou en les faifant affigner à cet effet. (Voyez *ibidem*, titre 7, article 24.)

En cas que la Partie adverfe eftime qu'il n'y a pas lieu à la reprife d'inftance de la part des Parties qui ont repris, elle peut former oppofition à l'acte de reprife, & porter la caufe à l'audience, ainfi qu'il fe pratique à l'égard de tous les autres incidents qui regardent l'inftruction.

Si la veuve ou héritiers, ou autres Parties qui doivent reprendre, ne le font point, il faut les affigner à cette fin ; mais on ne peut fuivre l'ancienne inftance, à moins qu'elle n'ait été reprife volontairement, ou qu'il ait été ordonné qu'elle demeurera pour reprise par la veuve ou héritiers, en vertu d'un jugement rendu à cet effet. On instruit sur cette assignation comme sur toutes les autres demandes, & dans les mêmes délais.

Il faut néanmoins observer que si la Partie décédée avoit signifié des défenses ou produit avant son décès, on ne pourra alors prendre contre les Parties assignées en reprise d'instance aucun défaut faute de défendre, ni aucun Jugement par forclusion faute d'avoir produit, parce que la Partie décédée ayant satisfait à cette formalité, il seroit inutile de le faire de nouveau.

Il faut aussi observer qu'il suffit par l'exploit d'assignation de donner copie du dernier acte de la procédure. Cette copie est nécessaire pour savoir si l'instance est périe ou non.

Au surplus il n'est pas nécessaire, de même que dans le cas où l'on reprend volontairement, que la reprise qui se fait sur cette assignation se fasse au Greffe ; mais si les Parties assignées avoient procédé volontairement, l'instance seroit tenue pour reprise, en vertu du premier acte que ces Parties auroient signifié. (Voyez le nouveau Réglement du Conseil de 1738, part. 2, titre 7, article 21.)

Lorsque les héritiers sont mineurs, & n'ont point de tuteur, il faut commencer par leur en faire donner un par le Juge, & ensuite agir contre le tuteur pour la reprise d'instance en la maniere ordinaire.

Si la veuve ou les héritiers demandent délai pour délibérer, il faudra observer ce qui est porté au titre 7 ci-dessus, article 2 & suivants. (Voyez ces articles, avec les notes, pag. 87.)

S'il n'y a ni héritiers ni successeurs qui représentent le défunt, on fait créer un curateur à sa succession vacante, avec lequel l'instance est tenue pour reprise.

5. *Ou conftitution de nouveau Procureur.*] La
Partie dont le Procureur ne peut plus poftuler,
peut en conftituer un nouveau à la place du
premier ; mais lorfqu'elle ne le fait point, la
Partie adverfe doit l'affigner afin de faire cette
conftitution, & fuivre cette affignation comme
toutes les autres. Si la Partie affignée fait défaut, il faudra, dans le cas où il s'agit d'une
caufe non fommaire, le lever & faire juger ;
& pour le profit, les conclufions du demandeur en conftitution de nouveau Procureur lui
feront adjugées, fi elles font juftes & bien vérifiées. (Voyez ci-deffus, titre 3, article 5,
pag. 46.) Mais s'il s'agit d'une affaire fommaire, il faudra fuivre ce qui eft marqué en l'article 7 du titre 17 ci-deffus, pag. 233.

Lorfqu'on fait affigner en conftitution de nouveau Procureur, il ne doit point être donné copie du dernier errement de la procédure, à la
différence de ce qui s'obferve dans les affignations en reprife d'Inftance.

Dans les Jurifdictions & caufes où l'on peut
fe paffer du miniftere des Procureurs, il n'eft pas
néceffaire que la Partie qui avoit conftitué un
Procureur (qui vient à décéder ou à réfigner)
en conftitue un nouveau, fi elle veut ceffer de
fe fervir du miniftere de ces Officiers. Il fuffit
alors que cette Partie fe préfente elle-même fur
cette affignation, & élife domicile dans le lieu
de la Jurifdiction, dans le cas où elle eft de-
mandereffe. (Voyez ce qui a été dit à ce fujet,
titre 17, article 7 ci-deffus, avec les notes,
pag. 233.) Elle peut même fe préfenter & faire
cette élection de domicile fans attendre qu'elle
foit affignée.

L'action en reprife d'Inftance, ou en conftitution de nouveau Procureur, fe prefcrit par
trente ans, comme toutes les autres actions.

Outre le changement qui peut arriver dans l'inftance par le décès de la Partie, on par celui du Procureur, il peut auffi en arriver dans les procès par écrit de la part du Rapporteur, quand le procès eft diftribué.

Lorfque cela arrive, & que le Rapporteur vient à décéder, ou a réfigner font office, ou à fe déporter de la connoiffance de l'affaire, il faut faire diftribuer le procès de nouveau, & que la Partie qui veut aller en avant en fignifie l'acte au Procureur adverfe.

L'article 5 du titre 14, part. 2, du nouveau Réglement touchant la procédure du Confeil du 28 juin 1738, porte: » Que dans le cas où il » y aura changement de Rapporteur, les Avo- » cats des Parties feront tenus de faire les dili- » gences néceffaires pour obliger les Clercs des » Rapporteurs ou leurs héritiers à remettre le » procès au Greffe, faute de quoi, eux, leurs » héritiers ou ayant-caufe demeureront garants » & refponfables en leur propre & privé nom » envers les Parties pendant trente ans de la » perte defdites pieces, & des dommages & » intérêts qui en pourroient réfulter. «

Cet article peut recevoir fon application à l'égard des Procureurs des Cours, Bailliages & autres Juftices.

ARTICLE III.

Le Procureur qui faura le décéds (1) *de fa Partie* (2), *fera tenu* (3) de le faire fignifier à l'autre, *& feront les pourfuites valables* (4) jufques au jour *de la fignification du décéds.* (5)

1. *Qui faura le décès.*] Il en eft de même fi la Partie avoit changé d'état, comme une fille
ou

ou veuve qui viendroit à fe marier, &c. (Voyez la note 2 fur l'article précédent, page 427.)

2. *De fa Partie.*] La mort ou le changement d'état du Procureur ne pouvant être ignorés dans la Jurifdiction, n'ont pas befoin d'être juftifiés au Procureur adverfe.

3. *Sera tenu.*] Mais il faut des preuves par écrit comme il favoit le décès de fa Partie, & en avoit été averti.

4. *Et feront les pourfuites valables.*] Quid, s'il intervient alors Sentence, fera-t-elle valable, tant que le décès de la Partie n'a point été fignifié? Il femble qu'on doit dire que non, parce que c'eft un Jugement rendu *contra non exiftentem*; & l'on prétend qu'il a été ainfi jugé par un Arrêt de la Cour des Aides.

5. *De la fignification du décès.*] Mais depuis la fignification du décès toutes les procédures font nulles jufqu'à ce qu'il y ait reprife d'inftance par le mari, la veuve commune en biens, ou par les héritiers.

ARTICLE IV.

Si celui à qui la fignification du décéds a efté faite, foutient que la Partie n'eft décédée, il pourra continuer fa procédure; mais fi le décéds fe trouve véritable, tout ce qui aura efté fait depuis la fignification *fera nul & de nul effet* (1), fans que les frais puiffent entrer en taxe, ni mefme eftre employez par le Procureur & fa Partie dans fon mémoire de frais & falaires, fi ce n'eft qu'elle euft donné un pouvoir fpécial;

& par écrit, de continuer la procédure nonobstant la signification du décés.

1. *Sera nul & de nul effet.*] Comme fait au préjudice du décès de la Partie & de la signification qui en a été faite.

ARTICLE V.

Celui qui aura présidé (1) verra à l'issue de l'audience, ou dans le mesme jour, ce que le Greffier aura rédigé, *signera le plumitif* (2), & *paraphera* (3) chacune Sentence, Jugement ou Arrest.

1. *Celui qui aura présidé.*] Même celui qui a présidé à une cause particuliere en cas de parenté, ou autre empêchement de celui qui préside ordinairement.

2. *Signera le plumitif.*] L'Ordonnance entend ici par plumitif le registre sur lequel le Greffier rédige la Sentence, quoique dans la plupart des Sieges ce terme soit employé pour signifier le registre sur lequel les Greffiers écrivent les Jugements par abrégé & pour la premiere fois, à mesure qu'ils sont prononcés, avant qu'ils soient transcrits & mis au net sur le registre ordinaire des Sentences, qui est celui dans lequel le Juge vise & paraphe chaque Sentence.

3. *Et paraphera.*] Et au cas que le Greffier ait omis quelque chose, ou rédigé le Jugement autrement qu'il n'a été prononcé, le Juge avant de le viser aura soin de le faire réformer, d'approuver les ratures, & de parapher les renvois.

Lorsque les Jugements n'ont pas été ainsi visés, le Greffier n'en peut délivrer d'expédi-

tion. (Ordonnance du mois de juillet 1493,
article 6.)

Il faut auſſi obſerver que les Greffiers ſont
tenus d'écrire à la fin des Jugements d'audience
qu'ils expédient les noms des Juges qui y
ont aſſiſté, ſoit que le Jugement ait été rendu
préſidialement & en dernier reſſort, ou à la
charge de l'appel, à peine de faux, nullité, &
de tous dépens, dommages & intérêts, dont
ils demeureront reſponſables envers les Parties.
(Arrêt de la Cour du 10 juillet 1665, article
27. Edit des Préſidiaux, article 6.)

ARTICLE VI.

Toutes Sentences, Jugements ou
Arreſts ſur productions des Parties,
qui condamneront à des intéreſts ou
à des arrérages en contiendront *les liquidations ou calcul.* (1)

1. *Les liquidations ou calcul.*] Mais ſi la Sentence eſt rendue à l'audience, il ſuffit que le
Juge en prononçant condamne le Défendeur
au paiement des intérêts par lui dûs, à compter du jour de la demande.

A l'égard des dépens, voyez ce qui eſt marqué dans les articles 32 & 33 du titre 31 ci-
après.

ARTICLE VII.

Abrogeons en nos Cours, & dans
toutes Juriſdictions, *les formalités des
prononciations des Arreſts & Jugements* (1),
& des ſignifications pour raiſon de ce,

fans que les frais puiffent entrer en taxe , ni dans les mémoires de frais & falaires des Procureurs.

1. *Les formalités des prononciations des Arrêts & Jugements.*] Il y a encore des Sieges où l'on fait cette prononciation , ou du moins dans lefquels on fait mention au bas des Sentences qu'elles ont été prononcées aux Parties, quoiqu'en effet elles ne l'aient point été ; c'eft un double abus.

ARTICLE VIII.

Les Sentences , Jugements & Arrefts (1) *feront datez* (2) *du jour qu'ils auront efté arreftez* (3) *,* fans qu'ils puiffent avoir d'autre date , *& fera le jour de l'Arreft* (4) écrit de la main du Rapporteur *enfuite du* dictum *ou difpofitif* (5) *, avant que de le mettre au Greffe* (6) *,* à peine des dépends , dommages & intérefts des Parties.

1. *Les Sentences , Jugements & Arrêts.*] Tant ceux rendus en l'audience qu'en procès par écrit.

2. *Seront datés.*] Autrement ils ne peuvent faire foi.

3. *Du jour qu'ils auront été arrêtés.*] S'ils font rendus fur inftance & procès par écrit ; & du jour de la prononciation , s'ils font rendus à l'audience.

4. *Et fera le jour de l'Arrêt , &c.*] C'eft-à-dire que dans les Sentences & autres Ju-

gements rendus en procès par écrit , le jour
auquel ils ont été arrêtés & rendus doit être
écrit de la main du Rapporteur ensuite du *dic-*
tum , &c.

5. *Ensuite du* dictum *ou dispositif.*] Ce *dic-*
tum doit être écrit de la main du Rapporteur,
qui doit mettre en marge les noms de ceux qui
ont assisté au Jugement. (Ordonnance de Moulins , article 63. Ordonnance de 1619 , art. 84.)

6. *Avant que de le mettre au Greffe.*] Lorsque
ce *dictum* a été remis au Greffe, le Greffier
dresse la minute du Jugement sur ce *dictum* , &
sur le vu du Rapporteur, si ce vu a été fait par
lui ; & ensuite cette minute doit être signée
de tous les Juges qui ont été présents au Jugement , s'il s'agit d'une Sentence , même rendue
présidialement. (Arrêt du premier septembre
1629 , rapporté par Filleau, tome I, page 151
& autres. Edit d'ampliation des Présidiaux du
mois de mars 1551, article 46.) Mais s'il s'agit
d'un Arrêt, il suffit qu'il soit signé du Président
& du Rapporteur. (Ordonnance de Moulins,
article 65.) Les Greffiers ne peuvent délivrer
d'expéditions dés Jugements , à moins qu'ils
n'aient été ainsi signés , à peine de priva-
tion de leur état. (Ordonnance de Moulins,
article 64. Voyez la Rocheflavin , Traité des
Parlements , liv. 2 , chap. 8 & 9 , articles 67 &
68.)

TITRE XXVII.

De l'exécution des Jugements.

ARTICLE I.

Ceux qui auront esté condamnez par Arrest ou Jugement *passé en force de chose jugée* (1), à délaisser la possession d'un héritage, *seront tenus de ce faire* (2) quinzaine après la signification de l'Arrest ou Jugement faite à personne ou domicile, à peine de deux cens livres d'amende, moitié envers Nous & moitié envers la Partie, qui ne pourra estre remise ni modérée.

1. *Passé en force de chose jugée.*] Voyez l'explication de ces mots *infrà*, article 5.

Il sembleroit, aux termes de cet article, que l'obligation de délaisser n'a pas lieu à l'égard de ceux qui n'ont été condamnés que par provision à faire ces sortes de délais, *v. g.* en matiere de complainte, &c ; cependant ce sont les mêmes raisons : mais ce qui fait que l'Ordonnance n'en parle point ici, c'est qu'elle s'est suffisamment expliquée à cet égard au titre des complaintes, article 7. Et à l'égard des autres cas où l'on est condamné par provision à délaisser la possession d'un héritage, elle s'en est aussi

fuffifamment expliqué au titre des Matieres
fommaires, article 15. (Voyez auffi le procès-
verbal de l'Ordonnance, pag. 419, article 9.)

2. *Seront tenus de ce faire.*] A peine d'y être
condamnés par corps. (*Infrà*, article 3.)

ARTICLE II.

Les Arrefts ou Sentences ne pourront
eftre fignifiez à Partie, s'ils n'ont efté
préalablement fignifiez (1) *à fon Procureur* (2), en cas qu'il y ait Procureur
conftitué.

1. *Préalablement fignifiés.*] Les Jugements
qui ont été rendus contradictoirement à l'Audience entre les Parties n'ont pas befoin d'être
fignifiés, même à Procureur, & ils ont tout
leur effet dès l'inftant qu'ils ont été prononcés,
à moins qu'ils ne gifent en exécution, c'eft-à-
dire à moins qu'il ne s'agiffe de faire quelque
pourfuite en conféquence, & qu'on veuille
pourfuivre cette exécution contre la Partie condamnée. Mais à l'égard des Jugements rendus
par défaut à l'audience, même ceux rendus fur
productions refpectives des Parties en procès
par écrit, ils n'ont effet que du jour qu'ils ont
été fignifiés à domicile de Procureur, en cas
que la Partie en ait conftitué un, finon au domicile de Partie. (*Infrà*, titre 35, article 11.)

Au refte on ne peut fignifier aucun Jugement
qu'il n'ait été expédié par le Greffier en forme,
ou du moins par extrait. (Voyez les Réglements touchant les Greffes, & en particulier
celui du 4 juin 1615, rendu pour le Bailliage
d'Orléans, articles 9, 10, 11, 12, 13 & 14, rap-

V 4

porté dans le fecond tome de Néron, page 548 de l'édition de 1720.)

2. *Signifiés à fon Procureur.*] A peine de nullité de l'affignation, & de toutes les procédures & exécutions qui pourroient être faites en conféquence. (Voyez le nouveau Réglement du Conseil du 28 juin 1738, partie 2, tom. 13, article 9.)

Cette difposition a été établie afin que le Procureur puiffe mieux veiller à l'intérêt de fa Partie, comme étant plus en état de la défendre qu'elle-même.

Si le Procureur vient à décéder ou à réfigner, &c. avant que le Jugement lui ait été fignifié, en ce cas il faudra fignifier le Jugement au domicile de la Partie ; (voyez le même Réglement du Conseil, *ibidem*, article 9 :) ce qui a pareillement lieu dans le cas où la Partie n'auroit pas conftitué en tout de Procureur.

ARTICLE III.

Si quinzaine après la premiere fommation les Parties n'obéiffent à l'Arreft ou Jugement, *ils pourront eftre condamnez par corps* (1) à délaiffer la poffeffion de l'héritage, & en tous les dommages & interefts de la Partie.

1. *Ils pourront être condamnés par corps.*] La contrainte par corps & l'amende de 200 liv. dont il eft parlé en l'article ci-deffus, font deux peines différentes, & qui ne s'excluent point. L'amende eft pour obliger le détenteur de l'héritage de délaiffer dans la quinzaine du jour de la fignification du Jugement, & de la fommation

qui lui eſt faite de délaiſſer. Mais la contrainte par corps ne s'ordonne que contre ceux qui perſiſtent dans leur contumace après la quin-zaine expirée.

ARTICLE IV.

Si l'héritage eſt éloigné de plus de dix lieues du domicile de la Partie, il ſera adjouté au délai ci-deſſus *un jour pour dix lieues.* (1)

1. *Un jour pour dix lieues.*] Voyez la note 5 ſur l'article 3 du titre 3 ci-deſſus, page 44.

ARTICLE V.

Les Sentences & Jugemens qui doi-vent paſſer en force de choſe jugée, ſont ceux rendus en dernier reſſort, & dont il n'y a appel, ou dont l'appel n'eſt pas recevable, ſoit que les Parties *y euſſent formellement acquieſcé* (1), *ou qu'el-les n'en euſſent interjeté appel dans le temps* (2), *ou que l'appel ait été déclaré péri.* (3)

1. *Y euſſent formellement acquieſcé.*] Il n'eſt pas beſoin pour cela d'un acquieſcement for-mel ; il ſuffit qu'il puiſſe ſe préſumer par la conduite de la Partie, comme ſi cette Partie demande du temps pour payer, ou pour exé-cuter la Sentence de condamnation, même après l'appel qu'elle auroit interjeté, ſi ce n'eſt dans le cas où la Sentence ſeroit exécutoire par

provifion, & afin d'éviter des contraintes, mais en proteftant. (Voyez la Loi 5, *Cod. de re judic.*)

Mais en matiere criminelle, les procédures faites avec les Accufés volontairement, & fans proteftation depuis leur appel, ne peuvent leur être oppofées comme fins de non-recevoir. (Ordonnance de 1670, titre 25, article 3.)

2. *Ou qu'elles n'en euffent interjeté appel dans le temps.*] Voyez *infrà*, article 12 & fuivants, jufques & compris l'article 17.

3. *Ou que l'Appel ait été déclaré péri.*] Car la péremption en caufe d'appel emporte de plein droit la confirmation de la Sentence dont eft appel; (Arrêt de réglement du 2 août 1692, touchant les peremptions, article 2:) ce qui a lieu même à l'égard des appels interjetés par-devant les Baillis & Sénéchaux, & autres Juges d'appel. (Ainfi jugé par deux Arrêts des premier fevrier 1605 & 18 juillet 1615, rapportés par Bouchel en fa Bibliotheque du Droit Français, au mot *péremption. Ità etiam* Louet, lettre P, fommaire 15 ce qui réfulte auffi de l'article 2; du Réglement de 1692, qui ne fait aucune diftinction à cet égard.)

Les inftances tombent en péremption, quoiqu'elles ne foient pas conteftées, ainfi que les affignations, quoique non fuivies de conftitution de Procureur, ni de préfentations par aucune des Parties. C'eft la difpofition précife de l'article premier de l'Arrêt de réglement de la Cour du 2 août 1692, dont on vient de parler; ce qui a lieu non-feulement pour les inftances en caufe principale, mais encore pour les inftances d'appel. (Ainfi jugé par Arrêt du 5 juin 1703. Voyez cet Arrêt, & le fait fur lequel il eft intervenu, au Recueil des Réglemens de Juftice, tom. 2, pag. 105 & 107 de l'édition de 1719.)

Mais la péremption ne peut avoir lieu sur une Sentence rendue par défaut, lorsqu'elle n'a pas été signifiée. (Ainsi jugé par Arrêt de la Grand'Chambre du 22 décembre 1716, sur les conclusions de M. Chauvelin.)

Cette péremption, tant en cause principale que d'appel, court même contre les mineurs, sauf leur recours contre leurs tuteurs. (Arrêts des 25 juin 1571, 19 janvier & 2 mars 1574, & du mois d'août 1608, rapportés par Bouchel en sa Bibliotheque du Droit Français, au mot *Péremption*. Carondas en ses Réponses, liv. 6, rep. 20. Papon en ses Arrêts, liv. 8, titre 16, aux additions, n. 3. Autre Arrêt de Réglement du 5 juin 1703.) Elle court aussi contre l'Eglise, à moins qu'il ne s'agisse de la perte du fonds d'un bien d'Eglise. (Ainsi jugé par Arrêts des 13 avril 1518 & 23 décembre 1630, rapportés par Brodeau sur Louet, lettre P, sommaire 14.)

Les mineurs ne peuvent même se faire relever contre cette péremption; (voyez Papon en ses Arrêts, liv. 12, titre 13, n. 20, & Carondas en ses Réponses, liv. 6, rep. 20 :) ce qui est une suite de la disposition portée en l'article 120 de l'Ordonnance de 1539.

Mais elle n'a pas lieu contre le Roi. (Le Bret, de la Souveraineté, liv. 3, chap. 18, sur la fin, pag. 217.)

La péremption ne s'acquiert pas de plein droit par discontinuation de procédures pendant trois ans; mais il faut une Sentence ou Jugement qui déclare l'instance ou l'appel péri. (Brodeau sur Louet, lettre P, chap. 14. Arrêt de Réglement du 2 août 1692, article 4.) L'assignation pour voir déclarer cette péremption acquise est valablement donnée au domicile du Procureur de la Partie adverse.

Lorsque le demandeur ou appellant, depuis la péremption acquise par le laps de trois ans, est décédé, le défendeur ou intimé doit assigner les héritiers de ce demandeur ou appellant, pour voir dire que l'instance ou l'appel demeurera péri faute de poursuite pendant trois années.

Mais tant qu'il n'y a point eu de Jugement qui ait déclaré l'instance périe, la péremption n'a pas lieu dans les affaires qui y sont sujettes, si la Partie qui a acquis la péremption reprend l'instance, si elle forme quelque demande, fournit des défenses, ou si elle fait quelqu'autre procédure, & s'il intervient quelque appointement ou Jugement interlocutoire ou définitif, pourvu que ces procédures soient connues de la Partie, & faites par son ordre. (Même Arrêt de Réglement du 2 août 1692, article 4.)

Au reste il faut observer que la mort des Parties, ou le changement d'état de leurs Procureurs, ou de l'un d'eux, interrompt la péremption jusqu'à ce que l'instance ait été reprise, ou qu'il y ait un nouveau Procureur constitué, parce que la mort des Parties empêche les Procureurs de pouvoir agir ; & il en est de même lorsque les Parties n'ont plus de Procureurs pour les défendre ; *suprà*, titre 26, article 2, pag. 427 : (ce qui est une suite de la maxime que *contra non valentem agere non currit præscriptio*. Voyez Papon en ses Arrêts, liv. 8, titre 16, n. 1 & 2.)

La mort du Rapporteur interrompt aussi la péremption dans les procès par écrit, à moins que le procès n'ait été distribué de nouveau, parce que la Partie qui voudroit alors opposer la péremption doit s'imputer de n'avoir pas fait nommer un autre Rapporteur, & fait procéder

à la diſtribution. Il faut même pour que la péremption puiſſe avoir lieu dans le cas où le procès a été diſtribué de nouveau, que la Partie
qui a fait faire cette nouvelle diſtribution ait
fait ſignifier à l'autre Partie que le procès a été
diſtribué à un nouveau Rapporteur.

Dans les Cours Souveraines, quand une inſtance eſt appointée, elle ne tombe plus en péremption ; (Arrêt de réglement du 2 août
1692, ci-deſſus cité, article 2 :) ce qui a pareillement lieu pour les cauſes qui ont été miſes
au rôle dans ces Cours. (Voyez Papon, liv. 12,
tit. 3, n. 18. Chenu, centur. 1, queſt. 90 &
94. Carondas en ſes Réponſes, liv. 4, rép. 35,
& liv. 7, rép. 138 ; & il a été ainſi jugé par Arrêt du 19 avril 1719.)

Il en eſt de même à l'égard des Préſidiaux ,
dans les cas où ils jugent en dernier reſſort. (Arrêt du 30 janvier 1573, rapporté par Guenois
ſur Imbert, liv. 2, chap. 2, n. 5.) Tel eſt auſſi
l'uſage conſtant des Préſidiaux ; ce qui réſulte
d'ailleurs de la diſpoſition de l'art. 2 du tit. 25
ci-deſſus, pag. 413.

A l'égard des Requêtes du Palais, quoiqu'elles ſoient du Corps du Parlement, néanmoins
les procès qui y ſont appointés s'y périment
comme dans les autres Juſtices qui ne jugent pas
en dernier reſſort. (Ainſi jugé par Arrêt du 23
mai 1586, rapporté par Brodeau ſur Louet,
lettre P, ſommaire 18.)

Après trente ans tout eſt péri & preſcrit, même dans les Cours. (Voyez Brodeau ſur Louet,
lettre P, chap. 16, n. 6.)

ARTICLE VI.

Tous Arreſts ſeront exécutés dans toute l'étendue de noſtre Royaume en vertu

d'un *pareatis* du Grand Sceau, fans qu'il foit befoin d'en demander aucune permiffion à nos Cours de Parlement, Baillifs, Sénéchaux & autres Juges dans le reffort ou détroit defquels on les voudra faire exécuter. Et au cas que quelques-unes de nos Cours ou Sieges en empefchent l'exécution, & qu'ils rendent quelques Arrefts, Jugements ou Ordonnances portant défenfes ou furféance de les exécuter : *Voulons que le Rapporteur & celui qui aura préfidé* [1] foient tenus folidairement des condamnations portées par les Arrefts dont ils auront retardé ou empefché l'exécution, & des dommages & intérefts de la Partie, & qu'ils foient folidairement condamnez en deux cens livres d'amende envers Nous : de laquelle contravention Nous réfervons la connoiffance à Nous & à noftre Confeil. *Sera néantmoins permis aux Parties & exécuteurs des Arrefts* [2] hors l'étendue des Parlements & Cours où ils auront efté rendus, de prendre un *pareatis* en la Chancellerie du Parlement où ils devront eftre exécutez, que les Gardes des Sceaux feront tenus de fceller, à peine d'interdiction, fans entrer en connoiffance de caufe. Pourront mefme les Parties prendre une permiffion du Juge des lieux au bas d'une requeste, sans estre tenus de prendre en ce cas *paréatis* au grand Sceau & petites Chancelleries. Mandons à nos Gouverneurs & Lieutenants-Généraux de tenir la main à l'exécution de la présente Ordonnance, sur la simple représentation d'un *paréatis*, ou de la permission du Juge des lieux.

1. *Voulons que le Rapporteur & celui qui aura présidé.*] L'Ordonnance ne parle ici que du Rapporteur & du Président, parce qu'il n'y a qu'eux qui signent les Arrêts dans les Cours. Mais dans les autres Jurisdictions il semble qu'on peut prendre à partie tous les Juges qui ont signé ces sortes de défenses.

2. *Sera néanmoins permis aux Parties & exécuteurs des Arrêts, &c.*] A plus forte raison cela doit-il avoir lieu à l'égard des Sentences ; d'où il suit qu'on ne peut les mettre à exécution hors l'étendue de leur ressort sans prendre un *paréatis* du Juge des lieux, contre la disposition des anciennes Ordonnances, & notamment de l'art. 172 de l'Ordonnance de Blois.

Il y a cependant quelques Jurisdictions dont les Sentences s'exécutent même par tout le Royaume, sans qu'il soit besoin de demander un *paréatis* au Juge du lieu où se fait l'exécution. Telles sont les Sentences émanées des Juges-Consuls. (Edit de novembre 1563, art. 8. Déclaration du 28 avril 1565. Arrêt de 1670.)

Il en est de même des Sentences des Juges-Conservateurs des privileges des foires de Lyon. (Edit du mois de juillet 1669.)

Telles sont aussi les Sentences des Officiaux & autres Juges d'Eglise. (Edit du mois d'avril 1695, art. 44.)

Les décrets en matiere criminelle, de quelque Juge qu'ils foient émanés , s'exécutent par
tout le Royaume, fans qu'il foit befoin de *pareatis*. (Ordonnance de 1670, tit. 10, art. 12.)

A l'égard des contrats paffés fous le Scel
Royal, ils font exécutoires par tout le Royaume, fans qu'il foit néceffaire de demander un
paréatis au Juge du lieu où on veut les mettre à
exécution ; (Ordonnance de 1539, art. 95 :) ce
qui eft fondé fur ce que cette exécution fe fait
alors en vertu du confentement & de la foumiffion des Parties, & non en vertu d'une Sentence rendue par un Juge qui n'a point d'autorité hors fon territoire.

Il en eft de même des Sentences arbitrales ;
lorfque les Parties y ont acquiefcé pardevant
Notaires , parce qu'alors cet acquiefcement
donne à la Sentence l'effet d'une tranfaction.

Mais à l'égard des contrats reçus par les Notaires des Seigneurs, ils ne peuvent s'exécuter
hors le reffort de leurs Juftices, fans demander
permiffion au Juge du lieu où on veut les mettre à exécution. (Loifeau, Traité des Offices,
liv. 1 , chap. 6, n. 108.)

Au refte, toutes ces Sentences & contrats
ceffent d'être exécutoires par la mort ou changement d'état des obligés & condamnés, & il
faut, pour pouvoir les mettre à exécution, faire
affigner la veuve ou les héritiers , & faire déclarer ces Sentences exécutoires contr'eux.

ARTICLE VII.

Le procès fera extraordinairement fait
& parfait à ceux qui *par violence ou voie
de fait* (1) auront empefché directement
ou indirectement l'exécution des Ar-

refts ou Jugements, & feront condamnez folidairement aux dommages & intérefts de la Partie, & refponfables des
condamnations portées par les Arrefts
& Jugements, *& en deux cens livres d'a-*
mende (2), moitié envers Nous, & moitié envers la Partie, qui ne pourra eftre remife ni modérée; à quoi nos Procureurs-Généraux & nos Procureurs
fur les lieux tiendront la main.

1. *Par violence ou voie de fait.*] La *violence*
proprement dite, eft celle qui fe commet avec
armes ou attroupement. La *voie de fait* eft celle
qui n'eft point accompagnée de ces deux circonftances, & qui fe fait fans autorité de Juftice.

2. *Et en deux cens livres d'amende.*] Sans préjudice des peines afflictives ou infamantes, s'il
y a lieu d'en prononcer.

ARTICLE VIII.

Les héritages & autres immeubles de
ceux qui auront efté condamnez par
provifion à quelque fomme pécuniaire
ou efpece (1), *pourront eftre faifis réelle-*
ment (2), mais ne pourront eftre vendus & adjugez qu'après la condamnation définitive.

1. *Ou efpece.*] Comme à payer une certaine
quantité de grains, &c.

2. *Pourront être faifis réellement.*] Même le

bail judiciaire fait , & la poursuite suivie jusqu'à
la vente & adjudication exclusivement.

ARTICLE IX.

Celui qui aura esté condamné (1) de laisser la possession d'un héritage en lui
remboursant quelques sommes , especes , *impenses* (2) ou méliorations , ne
pourra estre contraint de quitter l'héritage qu'après avoir esté remboursé ; &
à cet effet sera tenu de faire liquider les especes , impenses & méliorations dans
un seul délai qui lui sera donné par l'Arrest ou Jugement , sinon l'autre Partie
sera mise en possession des lieux , en donnant caution de les payer après
qu'elles auront esté liquidées.

1. *Celui qui aura été condamné.*] Soit par un Jugement passé en force de chose jugée , soit
par une Sentence provisoire.

2. *Impenses.*] Impenses se dit en général des dépenses , soit nécessaires & utiles , soit des voluptueuses.

ARTICLE X.

Les tiers-opposants (1) à l'exécution des Arrests qui auront esté déboutez de
leurs oppositions , seront condamnez *en cent cinquante livres d'amende* (2) , &
ceux qui seront déboutez des oppositions *à l'exécution des Sentences* (3) , en

foixante-quinze livres ; le tout applicable, moitié vers Nous, & moitié envers la Partie.

1. *Les tiers-oppofants.*] Tiers-oppofants font ceux qui n'ont été ni Parties au procès, ni compris dans le Jugement auquel ils forment oppofition.

2. *En cent cinquante livres d'amende.*] Soit que les tierces oppofitions aient été formées pour empêcher l'exécution des Jugements rendus contre des perfonnes qui feroient en poffeffion des chofes adjugées, ou contre d'autres perfonnes qui ne les poffféderoient pas.

Il n'y a point d'amende contre ceux qui forment des oppofitions à l'exécution des Jugemens où ils n'ont point été Parties ni duement appellés, dont il eft parlé ci-après en l'art. 2 du titre 35 ; ce n'eft que contre les tiers-oppofants que cette amende eft prononcée.

3. *A l'exécution des Sentences.*] Soit qu'il s'agiffe de Sentences rendues en dernier reffort, ou paffées en force de chofe jugée, dont il n'y ait point d'appel, ou qui s'exécutent par provifion, nonobftant l'appel.

L'oppofition formée par un tiers à l'exécution d'un Arrêt ou d'un Jugement dont il n'y a point d'appel, ou qui s'exécutent par provifion, nonobftant l'appel, n'empêche pas que le Jugement ne s'exécute contre le condamné. C'eft la difpofition de l'art. 51 de l'Ordonnance de Moulins, qui porte : » Que fi à un Jugement portant con-
» damnation de délaiffer un héritage il furvient
» des oppofitions formées par des tierces perfon-
» nes, néanmoins celui qui a obtenu le Juge-
» ment fera mis en poffeffion en laquelle étoit
» le condamné, fans préjudice des droits def-
» dits Oppofants. «

Voyez auffi l'article qui fuit

Il en eſt de même dans le cas où le Jugement condamneroit à délaiſſer la poſſeſſion d'une choſe mobiliaire.

Mais s'il s'agiſſoit d'une condamnation à quelque ſomme, l'intervention d'un tiers n'empêcheroit pas à la vérité la ſaiſie ou garniſon de main ; elle empêcheroit cependant de paſſer à la vente des effets ſaiſis en vertu de la Sentence ou Arrêt de condamnation , juſqu'à ce que cette oppoſition eût été terminée.

ARTICLE XI.

Les Arreſts & Jugements paſſez en force de choſe jugée , portant condamnation de délaiſſer la poſſeſſion d'un héritage , ſeront exécutez *contre le poſſeſſeur condamné* [1] , nonobſtant les oppoſitions des tierces perſonnes , & ſans préjudice de leurs droits.

1. *Contre le poſſeſſeur condamné.*] Voyez la note 2 ſur l'article précédent.

ARTICLE XII.

Si aucun eſt condamné [1] par Sentence, *& qu'elle ait été ſignifiée* [2] avec toutes les formalitez ordonnées pour les ajournemens , *& qu'après trois ans écoulez* [3] depuis la ſignification , celui qui a obtenu la Sentence l'ait ſommé avec pareille ſolemnité d'en interjeter appel , celui qui eſt condamné ne ſera plus recevable à en appeller ſix mois après la

fommation ; mais la Sentence paffera
en force de chofe jugée : ce qui aura
lieu pour les domaines de l'Eglife, Hofpitaux, Colleges, Univerfitez & Maladeries, fi ce n'eft que le premier délai
fera de fix ans au lieu de trois.

1. *Si aucun eft condamné.*] Cet article ne s'entend pas des mineurs. (Voyez *infrà*, article 16.)

2. *Et qu'elle ait été fignifiée.* [C'eft-à-dire fignifiée à domicile ; ce qui réfulte de ces termes :
*avec les formalités prefcrites pour les ajourne-
ments*, ainfi que de la difpofition des articles
13 & 15 ci-après.

Si cette fignification étoit faite à un domicile élu, elle n'opéreroit pas la fin de non-recevoir. (Voyez *infrà*, art. 17, not. 2, pag. 457.]

Lorfque les Sentences n'ont été fignifiées
qu'aux Procureurs, elles ne paffent en force de
chofe jugée qu'après dix ou vingt ans. (Voyez
infrà, article 17, avec les notes.)

3. *Et qu'après trois ans écoulés.*] Voyez ci-
après l'article 14 qui renferme un cas d'exception à la difpofition portée en cet article.

ARTICLE XIII.

Si le titulaire d'un bénéfice contre
lequel la Sentence a efté rendue décé-
de *pendant les fix années* (1), fon fuc-
ceffeur paifible aura une année entiere,
& ce qui reftera des fix pour interjeter
appel, après lequel temps celui qui aura
obtenu la Sentence fera tenu de la lui
faire fignifier, avec fommation d'en in-

terjeter appel, & dans les six mois pourra le successeur en appeller, nonobstant
que pareille sommation ait été faite à
son prédécesseur , & qu'il fust décédé
dans les six mois.

1. *Pendant les six années.*] A lui accordées
pour pouvoir appeller depuis la sommation qui
lui en est faite. (Voyez l'article précédent.)

ARTICLE XIV.

Les délais ci-dessus serontobservez
tant entre présents qu'absents, fors & excepté contre ceux qui seront absents
hors le Royaume , *pour notre service &
par nos ordres.* (I)

1. *Pour notre service & par nos ordres.*] Comme les Ambassadeurs & Envoyés dans les Cours
étrangeres , ou pour quelque négociation.

ARTICLE XV.

Si celui qui sera condamné decede
pendant ces trois années , ses héritiers
oulégataires universels majeurs auront,
outre le temps qui en restoit à écouler,
une année entiere (I), après laquelle celui
qui aura obtenu la Sentence sera obligé de la leur faire signifier, avec sommation d'en interjeter appel si bon leur semble, nonobstant que pareille sommation

euſt eſté faite au défunt : & dans les ſix mois, à compter du jour de la nouvelle ſommation, ils pourront interjeter appel, ſans qu'après ce terme ils y puiſſent eſtre receus, & la Sentence paſſera contr'eux en force de choſe jugée : ce qui ſera auſſi obſervé à l'égard des donataires, légataires particuliers & tiers-détenteurs.

1. *Une année entiere.*] Car il eſt juſte que la condamnation n'étant pas perſonnellement prononcée contr'eux, ils aient un nouveau délai, outre celui qui étoit accordé à leur auteur, ſurtout ſi cet auteur venoit à décéder à la fin des trois années.

ARTICLE XVI.

La fin de non-recevoir *n'aura lieu contre les mineurs* (1) pendant le temps de leur minorité, & juſqu'à ce qu'ils aient vingt-cinq ans accomplis, après leſquels les délais commenceront à courir.

1. *N'aura lieu contre les mineurs.*] Parce que ſuivant la diſpoſition du Droit, *contra non valentem agere non currit præſcriptio.*

ARTICLE XVII.

Au défaut des ſommations ci-deſſus les Sentences n'auront force de choſes jugées *qu'après dix ans* (1), à compter

du jour *de leur signification* (2), & qu'a-
près vingt années à l'égard des domaines
de l'Eglise, Hospitaux, Colleges, Uni-
versitez & *Maladeries* (3), à compter
aussi du jour de la signification des Sentences, lesquelles dix & vingt années
courront, tant entre présents qu'absents.

1. *Qu'après dix ans.*] Ces termes sont trop
précis pour vouloir en changer la disposition,
en étendant jusqu'à trente ans la faculté d'appeller.

Suivant l'Ordonnance des Eaux & Forêts du
mois d'août 1669, titre des appellations, article 2, les appellations des Grueries aux Maîtrises
doivent être relevées & poursuivies dans la quinzaine de la condamnation, sinon la Sentence
doit s'exécuter par provision ; & si on laisse
écouler le mois sans appeller, ou sans poursuite, alors la Sentence de la Gruerie passera en
force de chose jugée en dernier ressort.

Et suivant l'article 4 du même titre, les appellations des Maîtrises aux Sieges des Tables
de Marbre doivent être interjetées dans le mois
de la Sentence prononcée ou signifiée à la Partie, & mise en état de juger dans les trois mois
de la prononciation ou signification, sinon la
condamnation doit être exécutée en dernier ressort, soit qu'il y ait appel ou non.

Il faut aussi observer que lorsqu'il s'agit des
droits dus au Roi, les redevables qui ont été
condamnés au paiement de quelque somme,
soit par Sentences des Elections, Greniers à Sel
ou Traites Foraines, &c. pour un fait purement
civil, sont tenus de relever leur appel dans les
trois mois du jour de la signification de la Sentence à leur personne ou à leur domicile, sinon
ledit

ledit temps paſſé l'appel n'eſt plus recevable, & la Sentence doit paſſer en force de choſe jugée; & lorſqu'ils ont relévé leur appel dans les trois mois, ils ſont tenus de le mettre en état de juger dans les neuf mois ſuivants, ſinon, le temps paſſé, la Sentence demeure confirmée de plein droit, avec amende & dépens. (Ordonnance des Fermes du mois de juillet 1681, titre commun des Fermes, articles 47 & 48.)

2. *De leur ſignification.*] Cette ſignification doit être faite au vrai domicile de la Partie: car ſi elle avoit été faite au domicile du Procureur, ou à un domicile élu par un acte paſſé entre les Parties, elle ne pourroit opérer la fin de non-recevoir qu'après trente ans. Mais ce terme de trente ans eſt fatal, & quand il eſt écoulé on ne peut plus appeller; l'appel eſt preſcrit, quand même il s'agiroit d'une action hypothécaire.

3. *Et maladeries.*] Les mineurs ne ſont point compris dans cet article; la fin de non-recevoir ne court contr'eux qu'après leur majorité. (Voyez l'article 16.)

ARTICLE XVIII.

Voulons que les ſommes pour condamnations, taxes, ſalaires, redevances & autres droits, ſoient, exprimées à l'avenir dans les Jugements, conventions & autres actes, par deniers, ſols & livres, *& non par pariſis ou tournois* (1); & encore que les actes portent le pariſis, la ſomme n'en ſera pas augmentée, ſans néantmoins rien innover pour le paſſé.

1. *Et non par pariſis ou tournois.*] La livre

tournois vaut vingt fols ; la livre parifis en va-
loit vingt-cinq.

TITRE XXVIII.

Des Réceptions de Caution.

ARTICLE I.

TOus Jugements qui ordonneront
de bailler caution, *feront mention
du Juge* [1] devant lequel les Parties
fe pourvoiront *pour la réception de la
caution.* [2]

1. *Feront mention du Juge.*] Cela ne s'obferve
point dans les Bailliages, Prévôtés, Juftices de
Seigneurs, Préfidiaux, &c ; car dans ces Juftices la réception de caution appartient de plein
droit au Juge qui a l'inftruction des caufes ; favoir dans les Bailliages & Sieges Préfidiaux au
Lieutenant-Général, ou à celui qui le repré-
fente ; dans les Prévôtés & Juftices fubalternes
au Prévôt ou Bailli, & ainfi des autres ; ce qui
ne s'entend cependant que des caufes d'audience : car dans les procès de rapport, la réception de caution appartient aux Rapporteurs.
(Arrêt du Confeil du 31 août 1689, rendu pour
le Préfidial d'Orléans, article 9.)

2. *Pour la réception de la caution.*] Car une
Sentence de provifion, ou exécutoire par provifion, ne peut être mife à exécution fans que

la caution ait été auparavant préfentée & reçue, quand même cette caution ne feroit point requife par la Partie condamnée ; autrement l'exécution feroit déclarée injurieufe. (Ainfi jugé par Arrêt du 12 juillet 1519. Voyez Imbert, liv. 1, ch. 71, n. 2, aux notes.) Voyez cependant une diftinction faite à ce fujet, ci-deffus titre 17, article 17, note 5, page 254.

Quand la fomme pour laquelle la condamnation a été prononcée par provifion eft fort modique, & que celui au profit duquel elle a été prononcée eft notoirement folvable, le Juge peut ordonner qu'il touchera cette fomme à fa caution juratoire, en faifant par lui fes foumiffions au Greffe ; & fi c'eft une communauté, foit Laïque ou Eccléfiaftique, on ordonne quelle touchera la fomme à la caution de fon temporel.

Pour l'exécution provifoire des Sentences rendues dans les Préfidiaux, au fecond chef de l'Edit, il fuffit auffi que celui au profit duquel la condamnation a été prononcée fe conftitue lui-même caution. (Edit des Préfidiaux du mois de janvier 1551, article 4.)

ARTICLE II.

La caution fera préfentée par acte fignifié à la Partie ou au Procureur, & *fera fa foumiffion au Greffe* (1), fi elle n'eft point conteftée.

1. *Et fera fa foumiffion au Greffe.*] C'eft la foumiffion ainfi faite au Greffe qui établit la contrainte par corps contre celui qui eft reçu caution en Juftice.

Cette foumiffion fe fait par un acte, par le

quel celui qui se rend caution s'oblige , sous les peines ordinaires , de restituer la somme portée par la condamnation provisoire , au cas que par la suite la restitution en soit ordonnée. Cette soumission emporte de droit la contrainte par corps contre celui qui s'oblige de cette maniere. Il n'y a point de serment pour ces sortes de soumissions ; mais quand la caution est prononcée à la caution juratoire de celui qui a obtenu , alors il doit prêter serment , & ce serment doit être reçu par le Juge qui a l'instruction , s'il s'agit de l'exécution d'une cause d'audience , ou par le Rapporteur , si l'affaire a été jugée en procès par écrit. Il faut aussi que cette soumission soit signifiée au Procureur de la Partie adverse.

ARTICLE III.

Si la caution est contestée (1) , *sera donné copie de la déclaration de ses biens* (2) , & les pieces justificatives *seront communiquées sur le récépissé du Procureur* (3) ; & sur la premiere assignation à comparoir pardevant le Commissaire , sera procédé sur le champ *à la réception ou rejet de la caution* (4) : & seront les Ordonnances du Commissaire exécutées nonobstant oppositions ou appellations , & *sans y préjudicier.* (5) Défendons à tous Juges de donner aucuns appointements à mettre en droit , ou de contrariété , sur leur solvabilité ou insolvabilité.

1. *Si la caution est contestée.*] Car la caution présentée doit être solvable. Pour qu'une cau-

tion foit folvable il faut 1º qu'elle poffede des
immeubles ; 1º Elle doit être contraignable par
la voie ordinaire des cautions judiciaires, c'eft-
à-dire par corps : ainfi les femmes, & les Eccléfiaftiques conftitués dans les Ordres facrés
ne peuvent être reçus cautions judiciaires. La
caution doit auffi être réfidente fur le lieu ; &
fi elle n'a pas ces qualités, elle peut être valablement conteftée.

2. *Sera donné copie de la déclaration de fes
biens.*] Dans les Jurifdictions Confulaires, fi
celui qui fe préfente pour caution eft un Marchand ou Négociant notoirement folvable, on
ne l'oblige point de donner la déclaration de fes
biens, tant meubles qu'immeubles. (Ainfi réglé
pour la Confervation de Lyon par un Arrêt du
Confeil du 3 août 1668, article 9.)

3. *Seront communiquées fur le récépiffé du Procureur.*] Si le Procureur refufoit de prendre
cette communication à l'amiable, il faudra la
lui offrir par un acte.

4. *A la réception ou rejet de la caution.*] La
caution feroit valablement rejettée, fi par la
déclaration de fes biens & par la communication de fes pieces juftificatives, il n'étoit pas
fuffifamment juftifié qu'elle fût folvable pour
répondre de la fomme dont elle veut être caution.

Celui qui ne poffede que des meubles n'eft
pas regardé comme caution fuffifante, fi ce n'eft
dans quelque cas & par des confidérations particulieres. Ce ne feroit pas non plus offrir une
caution valable de préfenter pour caution une
femme, ou un Eccléfiaftique, ou un mineur,
parce que ces perfonnes ne peuvent être contraintes par corps. (Voyez *infrà*, titre 34, article 8, & la note fur l'article 9 du même titre.)

Mais lorfque la caution eft valable, & que la

Partie condamnée en empêche mal-à-propos la réception, l'autre Partie doit l'assigner devant le Juge ou le Rapporteur, pour faire ordonner que cette caution sera reçue nonobstant l'opposition de cette Partie condamnée.

Quelquefois le Juge ou Commissaire, au lieu de rejetter la caution, ordonne qu'elle sera renforcée, ou que la Partie sera tenue de justifier ses qualités par d'autres titres que ceux qui ont été communiqués. Le procès-verbal qu'il dresse à cet effet doit contenir les dires & contestations des Parties. Souvent le Juge ou Commissaire met au bas de ce procès-verbal son ordonnance de référé ; c'est-à-dire qu'il en sera référé au Siege pour juger si la caution sera reçue ou rejettée.

On ne présente point de certificateur, si le Juge ne l'ordonne.

5. *Et sans y préjudicier.*] Car on peut toujours se pourvoir par la voie d'appel ou d'opposition au Siege contre les Ordonnances des Commissaires.

ARTICLE IV.

La caution estant receüe, & l'acte signifié à la Partie ou au Procureur, *elle fera sa soumission au Greffe.* (1)

1. *Elle fera sa soumission au Greffe.*] Voyez ci-dessus, article 2, aux notes, page 459, quel est l'effet de cette soumission, & comment elle doit se faire.

TITRE XXIX.

De la reddition des Comptes.

ARTICLE I.

LEs tuteurs, *protuteurs* (1), cura-teurs, *fermiers judiciaires* (2), fe-queftres, gardiens & autres qui auront adminiftré le bien d'autrui, feront te-nus de rendre compte auffi-tôt que leur geftion fera finie ; & *feront toujours répu-tez comptables* (3), encore que le compte foit clos & arrefté, jufqu'à ce qu'ils ayent payé le reliquat, s'il en eft deu, & remis toutes les pieces juftificatives.

1. *Protuteurs*] Comme font ceux qui fans titre légitime ont adminiftré les biens d'un pu-pille. *L.* 1. §. 1. *ff. de eo qui pro tutore*, &c.

2. *Fermiers judiciaires.*] Depuis qu'il y a des Commiffaires aux faifies-réelles en titre d'office, les fermiers judiciaires des biens faifis réellement ne font plus comptables. Ils paient feulement le prix de leurs baux aux Commiffaires aux faifies-réelles, & ce font ces Commiffaires qui rendent compte de leur régie aux créanciers & à la Partie faifie.

3. *Seront toujours réputés comptables.*] Et par conféquent ils feront fujets aux actions ordinai-

res des comptes. Ainſi s'il s'agit d'un compte
de tutele, le tuteur pourra être contraint par
corps au paiement du reliquat de ſon mineur,
quoique ce mineur ſoit devenu majeur, & ainſi
des autres adminiſtrateurs.

ARTICLE II.

Le Comptable pourra eſtre pourſuivi
de rendre compte pardevant le Juge
qui l'aura commis ; & s'il n'a pas eſté
nommé par autorité de Juſtice, il ſera
pourſuivi *pardevant le Juge de ſon domi-*
cile (1), ſans que ſous prétexte de ſaiſie
ou intervention de créanciers privilé-
giez de l'une ou de l'autre des Parties,
les comptes puiſſent eſtre évoquez (2) ou ren-
voyez en autre Juriſdiction.

1. *Pardevant le Juge de ſon domicile.*] Dans
le cas même ou le comptable a été nommé par
autorité de Juſtice, il peut être valablement
pourſuivi pardevant le Juge de ſon domicile.
Lorſqu'une des Parties eſt privilégiée, ſoit le
comptable, ſoit celui à qui le compte doit être
rendu, elle peut porter ou évoquer l'affaire
devant le Juge de ſon privilege : car cette action
en reddition de compte eſt une action perſonnelle, qui par conſéquent eſt ſujette au privilege comme toutes les autres actions perſon-
nelles, (Ordonance du mois d'août 1669, titre
des *Committimus*, article 1) & qui n'eſt pas
miſe au nombre des exceptions marquées dans
les articles 24 ou 25 du même titre.

2. *Les comptes puiſſent être évoqués.*] Sauf
aux créanciers privilégiés qui veulent interve-

nir à se pourvoir contre leurs débiteurs pardevant le Juge de leur privilege pour raison de leur créance ; mais s'ils interviennent dans l'instance de compte , ils doivent nécessairement procéder en la Jurisdiction où se poursuit la demande en reddition de compte. (Voyez l'article 17 du titre des Evocations de l'Ordonnance du mois d'août 1669.)

ARTICLE III.

Le Défendeur à la demande en reddition de compte *sera tenu de comparoir* (1) à la premiere assignation ; sinon sera donné défaut contre lui , & pour le profit condamné à rendre compte ; & s'il ne compare , & qu'au jour qui lui aura esté signifié par un simple acte de venir plaider , *aucun Avocat ou Procureur* (2) *ne se présente* (3) *en l'audience pour défendre* (4) , sera condamné sur le champ à rendre compte sans autre délai ni procédure.

1. *Sera tenu de comparoir.*] C'est-à-dire de se présenter , ou de constituer Procureur dans les délais marqués ci-dessus. (Voyez titre 5 , article 3 , pag. 58.)

2. *Aucun Avocat ou Procureur.*] Ou la Partie elle-même , dans les Jurisdictions où le ministere des Procureurs n'est pas nécessaire. (Voyez *suprà*, titre 14 , articles 14 & 15.)

3. *Ne se présente.*] Si le Défendeur comparoir au jour indiqué , ou quelqu'un pour lui , la cause sera plaidée , & on la juge à l'audience , au cas

qu'elle puisse y être jugée définitivement.

4. *En l'audience pour défendre.*] Et par conséquent dans ces sortes de demandes il n'est pas nécessaire de signifier des défenses par écrit, ainsi qu'on y est obligé dans toutes les affaires qui ne sont pas sommaires. (Voyez *suprà* , titre 3 , article 5 , avec les notes , pag. 46.)

ARTICLE IV.

En cas que la cause estant plaidée ne se puisse juger définitivement en l'audience, les Parties seront *appointées à mettre* (1) dans trois jours , sans autre procédure.

1. *Appointées à mettre.*] Et non en droit , parce que la question de savoir si une personne doit rendre compte ou non , est une question qui peut se décider en l'audience , ou tout au plus sur un appointement à mettre.

ARTICLE V.

Tout Jugement portant condamnation de rendre compte , *commettra celui qui devra recevoir* (1) la présentation & affirmation du compte ; & s'il est rendu *sur un appointement à mettre* (2) , ou sur un procès par écrit, *le Rapporteur ne pourra estre commis* (3) pour le compte , mais en sera commis un autre par celui à qui la distribution appartiendra.

1. *Commettra celui qui devra recevoir, &c.*]

Dans les Bailliages, Sénéchauffées, Prévôtés, & autres Jurifdictions, à la réferve des Cours, il n'eft pas néceffaire que le Jugement faffe mention de celui qui doit recevoir la préfentation & affirmation du compte ; cette fonction appartient de plein droit au Juge qui a l'inftruction, ou qui fait les fonctions de Commiffaire-Enquêteur, (Edit de mai 1583, article 9, Déclaration du 27 décembre 1693) à moins que le compte n'ait été ordonné à fon rapport, comme il eft porté en la fin de cet article.

Mais s'il y a plufieurs Commiffaires-Enquêteurs dans le Siege, comme au Châtelet de Paris, à Lyon, &c, il faudra que celui qui doit recevoir le compte foit nommé par le Jugement qui condamne à le rendre.

Lorfqu'il arrive du contentieux fur ces comptes, les Commiffaires n'en peuvent connoître, & l'affaire doit être portée au Siege devant les Juges. (Même Edit de mai 1583, article 9.)

2. *Sur un appointement à mettre, &c.*] Savoir fur un appointement à mettre dans le cas de l'article précédent, & fur un procès par écrit, lorfque dans une inftance appointée en droit une Partie eft condamnée incidemment à rendre compte.

3. *Le Rapporteur ne pourra être commis.*] Afin qu'il ne foit pas difpofé à favorifer une demande dont il pourroit lui revenir quelque utilité, & auffi afin qu'il y ait plus de Juges qui foient inftruits de l'affaire, ou qu'elle foit mieux éclaircie en paffant par différentes mains.

Au furplus il faut obferver que dans les procès même de rapport ce font les Commiffaires-Enquêteurs qui reçoivent ces comptes, à moins que le compte n'ait été ordonné à leur rapport. (Arrêt du Confeil du 31 août 1689, fervant de Réglement pour le Préfidial d'Orléans, art. 9.)

X 6.

ARTICLE VI.

La préface du compte (1) ne pourra excéder six rôles, le surplus ne passera en taxe ; & ne seront transcrites dans les comptes autres pieces que la commission du rendant, l'acte de tutele ; & l'extrait de la Sentence ou Arrest qui condamne à rendre compte.

1. *La préface du compte.*] La préface d'un compte est une exposition du fait, qui se met au commencement du compte, pour expliquer les circonstances nécessaires à l'intelligence de ce compte, & pour mettre le Juge en état d'en connoître l'objet ; comme la commission ou l'acte de tutele du rendant, & autres actes dont il est parlé dans cet article.

ARTICLE VII.

Le rendant sera tenu d'insérer dans le dernier article du compte la somme à quoi se monte la recepte, celle de la dépense & reprise, distinctement l'une de l'autre ; & si la recepte se trouve plus forte que la dépense & *reprise* (1), l'oyant pourra *prendre exécutoire de l'excédent* (2), qui lui sera délivré sur l'extrait du dernier article du compte, *sans préjudice des débats formez* (3) ou à former contre la recepte, dépense & reprise, & des soutenements au contraire.

1. *Et reprise.*] La *reprise* est ce que le rendant compte étoit chargé de recevoir, & qu'il n'a pas cependant reçu, soit parce qu'il n'a pu être payé malgré ses diligences, soit parce que le débiteur étoit notoirement insolvable.

2. *Prendre exécutoire de l'excédent.*] Cet exécutoire se donne par le Juge qui a l'instruction, ou se prend au Greffe.

3. *Sans préjudice des débats formés.*] Pour pouvoir débattre le compte & empêcher l'effet de l'exécutoire, il faut commencer par former opposition à cet exécutoire.

ARTICLE VIII.

Les rendants compte *présenteront & affirmeront leur compte* (1) en personne, ou par Procureur fondé de procuration spéciale, dans le délai qui leur aura esté prescrit par le Jugement de condamnation, sans aucune prorogation, *& le délai passé ils y seront contraints* (2) par saisie & vente de leurs biens, mesme par emprisonnement de leur personne, *si la matiere y est disposée* (3) & qu'il soit ainsi ordonné.

1. *Présenteront & affirmeront leur compte.*] Si le rendant compte négligeoit de le présenter & affirmer, la Partie adverse levera le Jugement qui condamne à le rendre, & le fera signifier au comptable.

Avant de présenter & d'affirmer ce compte, le rendant doit obtenir du Commissaire une

Ordonnance pour faire affigner le défendeur
aux fins de le voir préfenter & affirmer. Si le
demandeur ne fe trouve pas au jour indiqué ,
le Commiffaire doit donner défaut contre lui ,
& pour le profit donner acte au rendant de fa
préfentation & affirmation , & en conféquence
le compte eft tenu pour bien & légitimement
préfenté & affirmé. Si le demandeur fe trouve
au jour indiqué , la préfentation & affirmation
fe fait avec lui.

2. *Et la délai paffé ils y feront contraints ,*
&c.] C'eft-à-dire que le délai étant paffé fans
que les rendants aient préfenté & affirmé leur
compte, ils feront contraints de le préfenter &
affirmer par faifie , &c.

Lorfque le condamné refufe ou diffère de
rendre compte dans ce délai , on le condamne
quelquefois à payer à la Partie adverfe une ou
plufieurs provifions telles que de raifon.

3. *Si la matiere y eft difpofée.*] C'eft-à-dire fi
le reliquat du compte monte à deux cens livres ,
mais feulement après les quatre mois. (Voyez
infrà , tit. 34 , art. 3.)

ARTICLE IX.

Après la préfentation & affirmation ,
fera baillé copie (1) du compte *au Procu-*
reur des oyants (2) *& les pieces juftificati-*
ves (3) *de la recepte , dépenfe & reprife* (4)
lui feront communiquées fur fon récépiffé , pour les voir & examiner pendant quinze jours , après lefquels il fera
tenu de les rendre , *à peine de prifon* (5) ,
de foixante livres d'amende & du féjour, dépens, dommages & intérefts des

Parties en son nom, sans qu'aucune des peines ci-dessus puissent estre réputées comminatoires, remises ou modérées, sous quelque prétexte que ce soit.

1. *Sera baillé copie.*] Par le rendant compte.

2. *Au Procureur des oyants.*] Voyez les articles 11 & 12.

3. *Et les pieces justificatives.*] Ces pieces doivent être cotées par premiere & derniere, & appliquées par le compte, ou par un inventaire, à chaque article où elles ont rapport.

4. *De la recette, dépense, reprise.*] La *recette* se justifie par l'inventaire & autres actes qui ont pu charger le rendant ; la *dépense* par des quittances valables, ou frais qui doivent passer en compte ; & la *reprise* par les diligences du rendant, comme assignations, commandements, saisies, procès-verbaux de carence de meubles, ventes & autres actes, qui prouvent que le comptable n'a pu être payé de la dette employée en reprise.

5. *A peine de prison.*] Comme dépositaire en vertu d'Ordonnance de Justice. (*Infrà*, tit. 34, art. 4.)

ARTICLE X.

N'entendons toutefois empescher que le Juge ne puisse en connoissance de cause, & pour considérations importantes, *proroger* [1] le délai d'une autre quinzaine pour une fois seulement ; après lequel temps le Procureur qui retiendra les pieces sera contraint de les rendre, sous les peines & par les mesmes voies que dessus.

1. *Proroger.*] Parties présentes ou duement appellées.

ARTICLE XI.

Si les oyants ont un mesme intérest, ils seront tenus de nommer un seul & mesmé Procureur ; & à faute d'en convenir sera permis à chacune des Parties d'en mettre un à ses frais ; auquel cas ne sera donné qu'une seule copie du compte, & une seule communication des pieces justificatives *au plus ancien.* (I)

1. *Au plus ancien.*] Car par-là on évite des frais, & l'on abrège l'apurement du compte.

ARTICLE XII.

Si les oyants ont des intérests différents, le rendant fera signifier à chacun des Procureurs une copie du compte, & leur communiquera les pieces justificatives ; & s'il y a des créanciers intervenants, ils n'auront tous ensemble qu'une seule communication, tant du compte que des pieces justificatives, par les mains *du plus ancien des Procureurs qu'ils auront chargé.* (I)

1. *Du plus ancien des Procureurs qu'ils au-*

ront chargé.] Ils doivent aussi fournir des débats contre le compte par le ministere de cet ancien seulement, au cas qu'il y ait lieu d'en fournir.

ARTICLE XIII.

Après le délai de la communication expiré, *sera pris au Greffe l'appointement* (1) de fournir par les oyants *leurs consentemens ou débats* (2) dans huitaine, les soutenemens par le rendant huitaine après, écrire & produire dans une autre huitaine, *& contredire dans la huitaine suivante.* (3)

1. *Sera pris au Greffe l'appointement.*] Car dans ces matieres il n'est pas nécessaire que l'appointement soit prononcé à l'audience. (Voyez *suprà* à l'art. 10 du tit. 11, avec les notes, p. 130.)

2. *Leurs consentemens ou débats.*] Les consentemens sont l'acquiescement de l'oyant aux articles qu'il ne conteste point ; les *débats* sont les moyens pour empêcher qu'un article soit alloué ou passé en compte.

3. *Et contredire dans la huitaine suivante.*] Si le compte qui est à rendre est de peu de conséquence, & pour affaires légeres, les Juges doivent ordonner que les Parties compteront par bref état ; soit au Greffe, soit pardevant un des Juges, ou autre qui sera nommé à cet effet.

ARTICLE XIV.

Défendons à tous nos Juges, Commiſſaires-Examinateurs , & autres de quelque qualité qu'ils ſoient, ſans excep-tion , de faire à l'avenir *aucuns procès-verbaux d'examen de compte* (1) , dont Nous abrogeons l'uſage en tous les Sie-ges , meſme en nos Cours de Parle-ment , & autres nos Cours.

1. *Aucuns procès-verbaux d'examen de comp-te.*] Soit en leur hôtel ou ailleurs. Cette pro-cédure ne ſerviroit qu'à augmenter inutilement les frais.

ARTICLE XV.

Défendons de s'aſſembler en la mai-ſon du Juge ou Commiſſaire de la red-dition du compte , pour mettre par for-me d'apoſtille à coſté de chaque article les conſentements , débats & ſoutene-mens des Parties ; & n'entendons néant-moins déroger à l'uſage obſervé *par les Commiſſaires du Chaſtelet de Paris.* (1)

1. *Par les Commiſſaires du Châtelet de Paris.*] Les Commiſſaires du Châtelet de Paris ont droit d'examiner & d'apurer en leur hôtel les comp-tes de tutelle & autres.

ARTICLE XVI.

Si les oyants ne fourniſſent leurs con-ſentements ou débats *dans la huitaine* (1) portée par le Réglement, il fera permis au rendant, après qu'elle fera paffée, de produire au Greffe fon compte avec les pieces juftificatives, pour eftre diftribué en la maniere accoutumée, *& s'ils les ont fournis* (2), ils pourront au mefme temps *donner leurs productions* (3), fans que pour mettre l'inftance en état il foit befoin que d'un fimple acte de commandement de fatisfaire au Réglement, & en conféquence paffé outre au Jugement.

1. *Dans la huitaine.*] Ce délai ne s'obferve point à la rigueur. (Voyez ci-deffus, tit. 11, art. 17, avec les notes, pag. 138.)

2. *Et s'ils les ont fournis.*] C'eft-à-dire s'ils ont fourni leurs confentements ou débats.

3. *Donner leurs productions.*] Et enfuite prendre communication du procès. (Voy. ci-deffus tit. 14, art. 9 & 10, pag. 191 & fuivantes.)

ARTICLE XVII.

Les comptes feront écrits en grand papier, *à raifon de vingt-deux lignes pour page, & quinze fyllabes pour ligne* [1], à peine de radiation dans la taxe, des rôles où il fe trouvera de la contravention.

1. *A raifon de vingt-deux lignes pour page, & quinze fyllabes pour ligne.*] Voyez la Déclaration du 19 juin 1691, art. 3, & celle du 24 juillet de la même année touchant les écritures en parchemin ou papier timbré.

ARTICLE XVIII.

Le rendant ne pourra employer dans la dépenfe de fon compte les frais de la Sentence ou de l'Arreſt, par leſquels il eſt condamné de le rendre, ſi ce n'eſt qu'il euſt conſenti avant la condamnation; mais pour toutes dépenſes communes emploira ſon voyage, s'il en échet ; les aſſignations pour voir préſenter & affirmer ſe compte ; la vacation du Procureur *qui aura mis les pieces du compte par ordre* (1), celle du Commiſſaire pour recevoir la préſentation & affirmation, *& des Procureurs, s'ils y ont aſſiſté* (2), *enſemble les groſſes & copies du compte.* (3)

1. *Qui aura mis les pieces du compte par ordre.*] Il né faut point dreſſer d'inventaire pour ces pieces, mais ſeulement les comprendre dans l'inventaire de production, dans le cas où ces procès ſont appointés.

2. *Et des Procureurs, s'ils y ont aſſiſté.*] Comme dans le cas de l'article 15 ; car l'aſſiſtance des Procureurs eſt inutile pour ces ſortes de redditions de compte.

3. *Enſemble les groſſes & copies du compte.*] Quoique les comptes ſoient rendus aux frais des oyants, néanmoins ſi le comptable a fait défaut, ou forme de mauvaiſes conteſtations dans le cours de l'inſtance, il doit être condamné aux dépens à cet égard ſans aucune répétition.

ARTICLE XIX.

Déclarons toutes Lettres d'Eſtat qui pourront eſtre ci-après obtenues par ceux qui ſont obligez ou condamnez de rendre compte, *ſubreptices* (1) : défendons à tous Juges d'y avoir égard, s'il n'y eſt par Nous dérogé par clauſe ſpéciale, & fait mention dans les Lettres de l'inſtance de compte ; & ſi la cauſe n'eſt inſérée dans les Lettres, l'inſtance du compte pourra eſtre pourſuivie & jugée.

1. *Subreptices.*] La Déclaration du Roi du 23 décembre 1702, ſervant de Réglement pour les Lettres d'Etat, article 20, après avoir confirmé cette diſpoſition, veut : » Que ceux qui » ſeront tenus de rendre compte, puiſſent ré» ciproquement faire les pourſuites néceſſaires » pour y parvenir, & ſe libérer, nonobſtant » toutes Lettres d'Etat qui leur auront été ſigni» fiées. «

ARTICLE XX.

Le Jugement qui interviendra ſur l'inſtance de compte contiendra le calcul de la recette & dépenſe, & *formera le reliquat précis, s'il y en a aucun.* (1)

1. *Et formera le reliquat précis, s'il y en a aucun.*] On appelle ordinairement ce reliquat le *finito* du compte.

ARTICLE XXI.

Ne fera ci-après procédé à la révifion d'aucun compte ; mais s'il y a des erreurs , omiffions de recepte ou faux emploi , les Parties *pourront en former leur demande* (1) , ou interjetter appel de la clofture du compte , & plaider leurs prétendus griefs en l'Audience.

1. *Pourront en former leur demande.*] Pardevant le même Juge qui a rendu la Sentence , ou interjeter appel devant le Juge fupérieur. Si l'erreur ou omiffion eft de la part du rendant dans le compte par lui préfenté , il doit la faire réformer à fes dépens ; mais fi cette erreur vient de la part du Juge , elle doit être réformée aux dépens de celui qui vient à fuccomber , ou du moins il faut compenfer les dépens à cet égard , à moins qu'elle n'eût été contestée mal-à-propos , auquel cas ce feroit aux dépens de celui qui auroit donné lieu à cette contestation.

ARTICLE XXII.

Pourront les Parties *eftant majeurs* (1) compter pardevant des arbitres ou à l'amiable , encore que celui qui doit rendre compte ait efté commis par Ordonnance de Juftice.

1. *Pourront les Parties étant majeurs, &c.*] Ainfi jugé par Arrêt du 23 août 1752 , rendu en la Grand'Chambre au profit des Notaires de

Paris , contre les Commiſſaires au Châtelet, qui prétendoient avoir droit de recevoir les comptes des tuteurs touchant la liquidation des biens de leurs mineurs , quoique non ordonnés par Juſtice. Dans l'eſpece il s'agiſſoit d'un compte rendu par un tuteur *ad hoc* à un tuteur à l'a-miable , & ſans avoir été ordonné par Juſtice, dans lequel étoit fait partage de la communauté & ſucceſſion de leur mineur.

Mais ſi le compte a été ordonné par Juſtice , & qu'il y ait des mineurs en cauſe , alors pour être valable il doit néceſſairement être rendu en Juſtice , c'eſt-à-dire pardevant un Commiſ-ſaire-Enquêteur dans les endroits où il y en a d'établis , ſinon pardevant le Juge.

ARTICLE XXIII.

Si ceux à qui le compte doit eſtre ren-du ſont abſents hors le Royaume, d'une abſence longue & notoire , & qu'à l'aſſi-gnation il ne ſe préſente aucun Procu-reur , le rendant après l'affirmation le-vera ſon défaut au Greffe, qu'il donnera à juger : & pour le profit *ſeront les arti-cles allouez* (1) , s'ils ſont bien & deue-ment juſtifiez : & ſi par le calcul le ren-dant ſe trouve débiteur, il en demeure-ra dépoſitaire ſans intéreſt *en donnant caution* (2) ; & ſi c'eſt le tuteur , *il ſera déchargé de bailler caution.* (3)

1. *Seront les articles alloués.*] Les Jugements ainſi rendus contre des abſents doivent être ren-dus avec les Procureurs du Roi ou Fiſcaux.

2. *En donnant caution.*] Si mieux il n'aime offrir de remettre la somme, pour être dépofée à qui par Juſtice il ſera ordonné.

3. *Il ſera déchargé de bailler caution.*] Parce que ce n'eſt point en vertu d'un nouvel engagement que les deniers ſont laiſſés entre ſes mains.

TITRE XXX.

De la liquidation des fruits.

ARTICLE I.

S'*Il y a condamnation de reſtitution de fruits* (1) *par Sentence*, Jugement ou Arreſt, ceux de la derniere année feront délivrez en eſpeces ; & quant à ceux des années précédentes, la liquidation en ſera faite *eu égard aux quatres ſaiſons & prix commun* (2) de chacune année, *ſi ce n'eſt qu'il en ait eſté autrement ordonné par le Juge* (3), ou convenu entre les Parties.

1. *S'il y a condamnation de reſtitution de fruits.*] La diſpoſition portée en cet article reçoit auſſi ſon application, quand il s'agit de la preſtation de quelque redevance en grains ou autres eſpeces.

2. *Eu égard aux quatre ſaiſons & prix commun.*] Pour faire cette liquidation, s'il s'agit,

par

par exemple , de grains , il faut prendre le prix
du grain au commencement des mois de janvier, avril, juillet & octobre ; ajouter enfuite
enfemble ces quatre prix , & prendre le quart
de la fomme totale , & l'on aura le prix commun cherché.

3. *Si ce n'eſt qu'il en ait été autrement ordonné
par le Juge.*] Comme quand il y a eu une demande judiciaire , & que fur cette demande le
débiteur a refufé de payer : dans ce cas, l'éva-
luation doit fe faire fur le pied du plus haut prix
de l'année , à compter du jour que le débiteur
a été conftitué en demeure , qui eſt ce *quanti
Debitoris intereſt.*

ARTICLE II.

Les Parties qui auront eſté *condamnées à la reſtitution des fruits* (1) , ou leurs
héritiers , feront tenus au jour de la
premiere affignation donnée en exécution de la Sentence , Jugement ou Arreſt , de repréfenter *pardevant le Juge ou
Commiſſaire* (2) les comptes , papiers
de recepte , *& baux à ferme des héritages*
(3) , & donner par déclaration les frais
de labour , femences & récoltes de ce
qu'ils auront fait valoir par leurs mains,
enfemble de la quantité des fruits qui en
font provenus , pour après la *déduction
faite des frais* (4) , eſtre le furplus , fi aucun y a , *payé dans un mois pour tout délai.* (5)

1. *Condamnées à la reſtitution des fruits.*]
Tome II. Y

Cette condamnation eſt ſujette à la contrainte par corps après les quatre mois, quand elle excede la ſomme de deux cens livres. (Voyez *infrà*, titre 34, article 2.)

2. *Pardevant le Juge ou Commiſſaire.*] Dans les Juriſdictions où il y a des Commiſſaires-Enquêteurs, c'eſt devant eux que doivent ſe faire les liquidations de fruits. (Edit du mois d'octobre 1693, portant création de ces Offices. Arrêt du Conſeil du 31 août 1689, rendu entre les Officiers du Préſidial d'Orléans, article 9.)

Mais s'il ſurvient quelques conteſtations ſur la déclaration ou valeur de ces fruits, le Commiſſaire doit renvoyer au Siege pour les juger.

3. *Et baux à ferme des héritages.*] Parce que quand l'héritage eſt affermé, le rapport des fruits ſe fait ſur le pied des baux; & ſi les fruits conſiſtent en cenſives, rentes, droits ſeigneuriaux & autres choſes ſemblables, ce rapport ſe fait ſuivant les comptes & papiers de recette, pourvu que le tout ait été fait de bonne foi.

4. *Déduction faite des frais.*] C'eſt-à-dire, ſous la déduction des frais de labour, ſemences & récoltes, ou autres néceſſaires pour la perception de la redevance.

5. *Payé dans un mois pour tout délai.*] Cela a lieu ſeulement dans le cas où la Partie au profit de laquelle ſe doit faire le rapport des fruits ne conteſte point la déclaration qui lui en eſt donnée ; le Commiſſaire doit donner acte de ce conſentement.

ARTICLE III.

Si celui qui aura obtenu Jugement à ſon profit, ſoutient que le contenu en la déclaration des fruits donnée par la

Partie n'est véritable, l'une & l'autre
des Parties pourront, si le Juge l'ordonne, *faire preuve respectivement* (1) par écrit
& par témoins *de la quantité des fruits*
(2) ; & quant à la valeur, la preuve en
sera faite par les extraits des registres
des gros fruits *du Greffe plus prochain* (3);
& les labours, semences & frais de récolte seront estimez par Experts.

1. *Faire preuve respectivement.*] Dans les délais
prescrits pour les enquêtes. (Voyez *suprà*, titre 22, page 345.)

2. *De la quantité des fruits.*] Si les témoins
sont contraires en leurs dépositions, & ne s'ac
cordent pas sur la quantité des fruits perçus, &
que le uns déposent d'une plus grande quantité,
& les autres d'une moindre, il faudra s'en tenir à la moindre quantité, dans le cas où il y auroit un égal nombre de témoins de part & d'autre; mais si ceux qui déposent de la plus grande quantité étoient en plus grand nombre, &
surpassoient au moins de deux le nombre des
témoins qui déposent de la moindre quantité,
alors il faudroit estimer la quantité des fruits
par le plus grand nombre.

3. *Du greffe plus prochain.*] C'est-à-dire le
plus prochain du lieu où sont situés les héritages dont les fruits doivent être rapportés.

ARTICLE IV.

Si par le rapport des Experts, *ou par
autre preuve* (1), la quantité ou valeur
des fruits ne se trouve excéder le con-

tenu en la déclaration , le demandeur en liquidation qui aura infifté fera condamné en tous les dépens du défendeur , qui feront taxez par le mefme Jugement.

1. *Ou par autre preuve.*] Voyez l'article précédent.

ARTICLE V.

Si la liquidation excede le contenu en la déclaration , le défendeur *fera condamné aux dépens* (1), qui feront auffi liquidez par le mefme Jugement.

1. *Sera condamné aux dépens.*] Par l'Ordonnance de 1539, article 100 , celui qui avoit fait une déclaration étoit condamné en une amende confidérable, tant envers la Partie qu'envers le Roi.

ARTICLE VI.

En toutes nos villes & bourgs où il y aura marché , les Marchands faifant trafic de bleds & autres efpeces de gros fruits , ou les Mefureurs, *feront rapport* (1) par chacune femaine de la valeur & eftimation commune des fruits, fans prendre aucuns falaires, à quoi faire ils pourront eftre contraints par amendes ou autres peines qui feront arbitrées par les Juges.

1. *Feront rapport.*] Ce rapport contient or-

dinairement deux fortes de prix de chaque efpece de grain , favoir du plus haut prix & du
plus bas. On fait des deux un prix moyen.

Ces rapports fe font pour prévenir les conteftations qui peuvent furvenir fur le prix & la
valeur des grains.

ARTICLE VII.

A cette fin les Marchands ou Mefureurs feront tenus de nommer deux ou
trois d'entr'eux , qui fans eftre appellez ni ajournez , feront & affirmeront
par ferment pardevant le Juge du lieu
le rapport de l'eſtimation (1) , *dont il ſera*
auſſi-toſt fait regiſtre par le Greffier (2),
fans faire féjourner ni attendre les Marchands & fans prendre d'eux aucuns falaires ni vacation , à peine d'exaction.

1. *Le rapport de l'eſtimation.*] Sur le pied que
les fruits fe vendent au marché.

2. *Dont il ſera auſſi-tôt fait regiſtre par le*
Greffier.] Afin d'y avoir recours toutes lés fois
qu'il s'agira de faire des évaluations de grains ,
& de favoir ce qu'ils ont valu en telle ou telle
année.

ARTICLE VIII.

Sera fait preuve de la valeur des fruits
dont on fait rapport en Juſtice , tant en
exécution des Arreſts ou Sentences,
qu'en toutes autres matieres où il ſera
queſtion d'apprétiation, par les extraits
des eſtimations & *non autrement....*

1. *Et non autrement.*] Ainfi on ne pourroît être recevable à prouver le contraire de ce qui eft porté dans ces regiftres ; & toute autre preuve feroit rejettée, fi ce n'eft que ces regiftres fuffent perdus, auquel cas il faudroit avoir recours ou à la preuve teftimoniale, ou aux regiftres des Greffes des lieux voifins.

ARTICLE IX.

Défendons au Greffier ou Commis de prendre *ni recevoir* (1) plus de cinq fols de l'expédition de l'extrait du rapport des quatre faifons de chacune année, à peine d'exaction.

1. *Ni recevoir.*] Quand même il lui feroit volontairement offert ; c'eft ce que fignifie le mot *recevoir.*

TITRE XXXI.

Des Dépens.

ARTICLE I.

TOute *Partie* (1), foit principale *ou intervenante* (2), qui fuccombera, *mefme aux renvois, déclinatoires, évocations* (3) ou réglements de Juges,

ſeïa condamnée aux dépens (4) indéfiniment
(5), nonobſtant la proximité (6), ou autres qualités des Parties, ſans que ſous
prétexte d'équité, partage d'avis, *ou*
pour quelque autre cauſe que ce ſoit (7),
elle en puiſſe eſtre déchargée. Défendons à nos Cours de Parlement, Grand-
Conſeil, Cour des Aides., & autres
nos Cours, Requeſtes de noſtre Hoſtel & du Palais, & à tous autres Juges, *de prononcer par hors de Cour ſans*
dépens. (8) Voulons qu'ils ſoient taxez
en vertu de noſtre préſente Ordonnance (9),
au profit de celui qui aura obtenu définitivement, encore qu'ils n'euſſent
eſté adjugez, ſans qu'ils puiſſent eſtre
modérez, *liquidez* (10) *ni réſervez.* (11)

1. *Toute Partie.* La diſpoſition portée en cet
article n'a pas lieu dans les cauſes & procès
qui ſe pourſuivent à la requête des Procureurs
du Roi, Procureurs Fiſcaux & Promoteurs,
tant en matiere criminelle que de police, ou
autre matiere qui intéreſſe le miniſtère public:
car dans ces ſortes de procès il n'y a jamais de
condamnation de dépens. (Voyez Bacquet en
ſon Traité des Droits de Juſtice, chap. 7, n. 19
& ſuivants. Papon en ſes Arreſts, liv. 18, tit. 2, n.
28, & aux additions n. 4. Bouvot en ſes Arreſts,
tom. 1, partie 3, au mot *Subſtituts.* Bardet en
ſes Arreſts, tom. 1, liv. 3, chap. 104. Fevret en
ſon Traité de l'abus, liv. 4, ch. 3, n. 34.) Il y
a même à ce ſujet pour les Promoteurs des Officialités un Réglement des Etats du Clergé te-

nus en 1614, article 17, rapporté dans les Mémoires du Clergé, titre 2, tom. 5, page 656,
de l'édition de 1675.

Cette regle a pareillement lieu dans les procès qui fe pourfuivent à la requête des Procureurs du Roi pour raifon des domaines & autres
droits domaniaux de Sa Majefté, comme faifies
féodales, &c. Mais quand il s'agit de droits utiles pour raifon de ces mêmes domaines &
autres droits, & que ces droits font affermés,
alors comme l'action fe donne à la requête des
Receveurs du Domaine ou Fermiers du Roi, on
condamne aux dépens la Partie qui fuccombe,
foit le Fermier ou Receveur, foit la Partie.
Telle eft la Jurifprudence, & plufieurs Arrêts
l'ont ainfi jugé. (Voyez les articles 8, 10, 32,
& 44 du titre commun des Fermes de l'Ordonnance du mois de juillet 1681.)

A l'égard des procès concernants les Domaines, droits & revenus ordinaires des Seigneurs
Hauts-Jufticiers, quoique pour raifon de ces
mêmes droits ces Seigneurs plaident dans leurs
Juftices par leurs Procureurs Fifcaux, néanmoins s'ils viennent à gagner leur caufe, ils
obtiennent alors les dépens contre la Partie condamnée; & de même s'ils fuccombent dans les
Inftances par eux pourfuivies, ils doivent être
condamnés aux dépens envers la Partie. (_Ità_
Bacquet en fon Traité des droits de Juftice, chap.
7, n. 22. Voyez auffi S. Yon en fa Conférence
des Ordonnances des Eaux & Forêts, livre 3,
titre 4, article 78, note 1.)

Il eft bon d'obferver que, quoique les Seigneurs Hauts-Jufticiers pour raifon des droits
& revenus ordinaires de leurs Domaines plaident dans leurs Juftices fous le nom de leurs
Procureurs Fifcaux, néanmoins lorfqu'il y a
appel des Sentences rendues par leur Juge,

alors c'eſt le Seigneur, & non le Procureur
Fiſcal, qui doit plaider en cauſe d'appel pour
prendre le fait & cauſe de ſon rocureur ;
ce qui s'obſerve pareillement à .égard des
Seigneurs apanagiſtes & engagiſtes du domaine du Roi : & ſi ſur l'appel ils gagnent
leur cauſe, ils obtiennent les dépens, & de
même s'ils ſuccombent, on les condamne aux
dépens faits ſur cet appel. Ainſi quoique M. le
Duc d'Orléans plaide ſous le nom de ſon Procureur pour raiſon de ſon domaine dans les
Juſtices qui dépendent de ſon apanage, néanmoins s'il y a appel au Parlement de la Sentence rendue par ſes Juges, il doit plaider en
ſon nom ſur cet appel, & non par ſon Procureur

Il en eſt de même des Evêques : ils ſont obligés de plaider en leur nom, & de prendre le
fait & cauſe de leurs Promoteurs dans les cas
où ces Promoteurs ſont ſeuls Parties, ſoit qu'on
appelle comme d'abus de la Sentence de leurs
Officiaux, ſoit qu'on ſe pourvoie par appel ſimple au Métropolitain ou Primat, (voyez Héricourt en ſes Loix Eccléſiaſtiques, partie .1,
chap. 25, article 35 ; ainſi jugé par Arrêt du 20
juin 1704, rapporté au Journal des Audiences,
tom. 5 :) & alors on condamne l'Evêque aux dépens, s'il y a abus dans le Iugement de l'Official.

2. *Ou intervenante.*] A l'égard des garants,
voyez ce qui a été dit ci-deſſus, titre 8, articles
11 & 14, pag. 98 & ſuivantes,

3. *Même aux renvois., déclinatoires, révocations, &c.*] Sans pouvoir être réſervés. Cependant ſi le défendeur eſt aſſigné devant le Juge
ſupérieur de celui de ſon domicile, & qu'il demande ſon renvoi devant ſon premier Juge,
ou que la cauſe ſoit revendiquée, il eſt d'uſage
de réſerver les dépens du déclinatoire, parce
que le Juge ſupérieur étant compétent pour

connoître de l'affaire, le demandeur ne doit
point être condamné aux dépens ; ce qui doit
pareillement avoir lieu dans le cas où un pri-
vilégié étant affigné devant le Juge de fon domicile demande à être renvoyé devant le Juge
de fon privilege.

On prétend même que l'ufage conftant du
Parlement de Paris dans tous les appels de Sentences rendues fur déclinatoires, eft de condamner l'appellant aux dépens, quand il con-
firme la Sentence qui déboute du renvoi, &
de réferver les dépens quand il l'infirme.

Cette condamnation de dépens en matiere
de renvoi fe prononce par le Juge, même dans
le cas où il eft entiérement incompétent pour
connoître de l'affaire, parce que chaque Juge
eft compétent pour décider fi une affaire eft de
fa Jurifdiction ou non, fuivant la Loi 2, §. *et fi du-
bitetur 6* , & *L. fi quis ex alienâ 5, ff. de Judiciis.*

En matiere de récufations de Juges & de prifes à partie les Jugemens qui interviennent,
doivent auffi prononcer la condamnation de dépens contre celui qui fuccombe. (Voyez *fuprà*,
titre 24, article 29, & titre 25, article 4.)

4. *Sera condamnée aux dépens.*] La condamnation de dépens eft la peine dont les Juges
doivent punir ceux qui fuccombent, & fous ce
mot on comprend non-feulement les frais de
conteftation, & des procédures qui fe font
dans le cours d'une inftance ; mais encore tous
les frais & mifes d'exécution qui fe font en vertu d'un titre exécutoire, avant même de procéder & de contefter en Juftice, comme font
tous les frais de faifie, vente, &c. & ces frais
font dûs du jour du commandement, y compris même le contrôle & voyage de l'Huiffier
qui le fait, dans le cas où il y a lieu de paffer
ce voyage en taxe.

Lorfqu'une perfonne affignée s'en rapporte à Juftice, il n'en doit pas moins les dépens, fi l'action procede contre lui : car il doit offrir fur la demande intentée contre lui, dans le cas où il eft débiteur.

Cette condamnation de dépens doit fe prononcer, tant en caufe d'appel qu'en caufe principale ; & elle a lieu non-feulement dans le cas où l'appel eft interjeté d'une Sentence définitive, mais même d'un interlocutoire : le Juge d'appel doit condamner aux dépens de cet interlocutoire, fans attendre la décifion du principal différent.

5. *Indéfiniment.*] fauf les dépens des défauts & contumaces, ou autres dépens fruftratoires, qui doivent être portés par celui qui les a occafionnés.

Lorfqu'il y a plufieurs chefs de demande portés par l'affignation, & que le demandeur obtient fur les unes & perd fur les autres, alors il faut ou les compenfer, fi le demandeur perd autant de chefs qu'il en gagne, & que ces chefs n'aient pas occafionné plus de dépens les uns que les autres, ou condamer la Partie qui perd le plus de chefs en une certaine portion de dépens ; ce qui doit pareillement avoir lieu fur l'appel, lorfqu'il y a plufieurs chefs de condamnation portés par la Sentence dont une des Parties s'eft rendue appellante, fur partie defquels l'appellant vient à obtenir, & à perdre fur les autres.

Dans le cas où il y a des demandes ou des appellations refpectives de la part des deux Parties, & où chacune de ces Parties obtient fur fon appel ou fur fa demande, il faut auffi fuivre la même regle, & compenfer les dépens, s'il y a autant de frais faits pour une demande ou pour une des appellations, que pour l'au-

Y 6

tre ; ou bien condamner en une partie des dépens, même de la caufe d'appel, s'il y a eu
moins de frais faits pour l'une de ces demandes,
que pour l'autre.

La Partie qui fe défifte du procès doit auffi les
dépens jufqu'au jour du défiftement, & non au-
delà, ainfi que celui qui fait des offres conformes à la demande de fa Partie adverfe, ou du
moins qui font fuffifantes. (Voyez *fuprà*, titre
30, articles 4 & 5 ; pag. 83 & fuivantes ; & *infrà*, article 6, & titre 32, articles 2 & 3.)

Lorfqu'une Partie eft condamnée, foit en caufe principale ou d'appel, en une portion des dépens, elle doit feule le coût du Jugement, &
même les épices des Juges, s'il y en a, ainfi
que celles des conclufions du Parquet. (Arrêt
de Réglement de la Cour du 10 avril 1691,
touchant les voyages & féjours, article dernier.
Autre Arrêt du 8 août 1714.)

6. *Nonobftant la proximité.*] Quand il s'agit de
conteftations entre peres & enfants, & quelquefois même entre freres & fœurs, on eft affez dans
l'ufage de compenfer les dépens, fur-tout dans
le cas où les enfants plaident contre leur pere.

7. *Ou pour quelqu'autre chofe que ce foit.*]
Cependant par l'Edit du mois de mars 1668,
portant Réglement pour les affaires du Roi, article 5, il eft permis aux Juges, dans le cas où
il s'agit d'impofition de deniers Royaux, de
prononcer fur les dépens fuivant la qualité de
l'affaire, fans être obligés d'y condamner celui
qui y fuccombera.

8. *De prononcer par hors de Cour fans dépens.*]
Cette difpofition n'ôte pas aux Juges la faculté
de compenfer les dépens lorfque la raifon & l'é-
quité femblent l'autorifer, comme dans le cas
dont on a parlé ci-deffus, & dans les autres circonftances particulieres qui peuvent fe préfenter ;

par exemple, quand il y a pareille témérité ou mauvaise foi de la part des deux Parties, suivant la L. *ex hoc edicto* 3, §. *si & stipulator* 3, *ff. de eo per quem factum fuerit.*

9. *En vertu de notre présente Ordonnance.*] C'est-à-dire que pour obtenir une condamnation de dépens il n'est pas nécessaire que la Partie en forme la demande ; cela se supplée par le Juge.

10. *Liquidés.*] Si ce n'est par les Juges dont il est fait mention en l'art. 33 de ce titre.

11. *Ni réservés.*] Ce qui doit s'entendre des Jugements définitifs ; car dans les Jugements interlocutoires on doit réserver les dépens. Il en est de même à l'égard des Sentences de provision, pour lesquelles on réserve ordinairement à faire droit sur les dépens par le Jugement définitif.

ARTICLE II.

Seront aussi tenus les Arbitres en jugeant les différents *de condamner indéfiniment* (1) aux dépens celui qui succombera ; si ce n'est que par le compromis il y eût clause expresse portant pouvoir de les remettre, modérer & liquider. (2)

1. *De condamner indéfiniment.*] Voyez les notes sur les articles précédents, qui doivent recevoir ici leur application.

Mais les Arbitres ne doivent pas indistinctement, sans un motif particulier, & par cela seul qu'ils sont Arbitres, compenser les dépens ; ils doivent à cet égard se considérer comme des Juges, si ce n'est dans le cas où ils ont reçu des Parties la faculté d'en user autrement, comme il est dit en la suite de cet article.

2. *Et liquider.*] Quand les Arbitres n'ont pas reçu par le compromis le pouvoir de liquider les dépens, alors c'est aux Procureurs des Parties à les liquider, (voyez le procès-verbal de l'Ordonnance, pag. 399,) du moins quand il y en a de cotés.

ARTICLE III.

Si dans le cours *du procès* (1) il survient quelque incident qui soit jugé définitivement, les dépens en seront *pareillement adjugez.* (2)

1. *Du procès.*] Soit en cause principale ou d'appel.

2. *Pareillement adjugés.*] La raison de cet article est que l'une des Parties pourroit gagner sur le différent principal, & néanmoins être mal fondée dans cet incident. C'est pourquoi dans le cas où cet incident est jugé avant le fond, il est juste de faire payer les dépens de cet incident à celui qui l'a occasionné, ou qui a contesté mal-à-propos.

ARTICLE IV.

Après que le procès sur lequel sera intervenue Sentence, Jugement ou Arrest adjudicatif des dépens, aura esté mis au Greffe, les Procureurs *retireront chacun séparément les productions* (1) des Parties pour lesquelles ils auront occupé, qui leur seront délivrées par les Greffiers après les avoir vérifiées , en leur faifant apparoir par le Procureur plus diligent *d'une fommation faite aux autres Procureurs* (2) pour y affifter à jour précis , à peine , en cas de refus ou de demeure , de trois livres contre le Greffier par chacun jour , *dont il fera délivré exécutoire* (3) à la Partie.

1. *Retireront chacun féparément les produc-tions.*] Voyez *fuprá* , tit. II , art. 16 , pag. 137 ,

2. *D'une fommation faite aux autres Procu-reurs.*] Afin que chacun des Procureurs vienne reconnoître fes pieces. (Voyez le procès-verbal de l'Ordonnance , pag. 369.)

Si les autres Procureurs ne comparoiffent pas fur cette affignation , cela n'empêche pas le Procureur comparant de retirer fa produc-tion.

3. *Dont il fera délivré exécutoire.*] Par le Juge.

ARTICLE V.

Sera donné copie (1) *au Procureur du défendeur en taxe* (2) *de l'Arreft , Juge-ment ou Sentence* (3) qui les auront adjugés , *enfemble de la déclaration qui en aura efté dreffée* (4) , pour dans les dé-lais réglés pour le voyage & retour fuivant la diftance des lieux , *& le do-micile du défendeur en taxe* (5) , à raifon d'un jour pour dix lieues , en cas qu'il foit abfent , prendre communication des pieces juſtificatives des articles par ſes mains & au domicile du Procureur du demandeur, *ſans déplacer* (6), & faire par lui huitaine après ſes offres au Procureur du demandeur, de la ſomme qu'il aviſera pour les dépens adjugés contre lui, *& en cas d'acceptation des offres* (7) il en ſera délivré exécutoire.

1. *Sera donné copie.*] Tout ce qui eſt dit dans cet article & les ſuivants touchant la maniere de taxer les dépens, ne regarde que les dépens conſidérés entre la Partie qui gagne ſa cauſe & celle qui la perd, & ſur leſquels le Juge a prononcé en prononçant ſur le fond ; mais à l'égard des frais ou ſalaires conſidérés entre le Procureur & la Partie qui l'a employé, la demande s'en fait par action ordinaire, comme toute autre demande, ſur un mémoire fourni par le Procureur, qui contient l'état de ſes ſalaires & débourſés, & qu'on appelle mémoire de frais ; & pour les régler, le Juge doit renvoyer devant des Arbitres, comme Avocats ou autres, ou devant un ancien Procureur, ſi la Partie aſſignée ne fait aucunes offres, ou ſi le Procureur qui demande ſes frais prétend que les offres qui lui ſont faites par cette Partie ne ſont pas ſuffiſantes.

C'eſt ce qui eſt décidé par le Réglement concernant la taxe des dépens, rendu pour le Châtelet d'Orléans, du 6 mars 1682, article 33. Cet article porte : » Qu'à l'égard des ſalaires des » Procureurs contre les Parties, les Procureurs » ſeront tenus en formant leurs demandes, de » fournir un ſommaire état de leurs ſalaires, ou » de communiquer les pieces juſtificatives de

» Procureur conſtitué ou à la Partie, pour pou-
» voir faire leurs offres dans le temps de l'Or-
» donnance ; & qu'après la condamnation deſ-
» dits ſalaires, faute d'avoir fait des offres ſuf-
» fiſantes, le demandeur donnera ſon état dé-
» taillé, pour y être pourvu par les Juges ainſi
» qu'ils le jugeront à propos. «

La même choſe doit avoir lieu dans le cas
où une Partie ſe porte appellante d'une taxe
de dépens faite dans une Juriſdiction infé-
rieure ; car alors les Juges d'appel doivent renvoyer devant des Arbitres ou devant un ancien
Procureur, pour régler ces dépens, ſans autres
frais, avant de prononcer ſur cet appel. (Voyez
l'arrêté du Parlement du 17 janvier 1691, rapporté au Recueil des Réglements de Juſtice,
tom. 1, qui en a une diſpoſition ; & c'eſt ainſi
que nous l'obſervons au Châtelet d'Orléans.)

Ces raiſons font voir avec quel peu de fondement on avoit inſéré dans le projet d'un nouveau tarif de dépens pour le Châtelet d'Orléans,
dreſſé au mois de juin 1737, un article dont
voici la diſpoſition ; c'eſt l'article 144 de ce
projet.

» Et quant aux ſalaires des Procureurs contre
» les Parties, avant de prétendre les mêmes
» droits, « (c'eſt-à-dire les droits de déclaration & d'aſſiſtance, tant des Procureurs des Parties, que du Procureur tiers dont il eſt parlé dans
les articles précédents) » ſeront tenus, en
» donnant leurs demandes, de fournir un état
» ſommaire de leurs ſalaires, & communiquer
» leurs pieces juſtificatives au Procureur qui
» ſera conſtitué, pour pouvoir faire ſes offres
» dans le temps de l'Ordonnance, *& après la*
» *condamnation deſdits ſalaires, à faute d'offres*
» *ſuffiſantes, donneront leur état détaillé, dont*
» *ſeront dûs les droits de déclaration, & aſſiſ-*

» *tance comme deſſus pour les dépens.* «

Mais heureuſement ce tarif, qui renfermoit un grand nombre de diſpoſitions à peu près ſemblables, n'a point eu ſon exécution.

2. *Au Procureur du Défendeur en taxe.*] Lorſque le Défendeur n'a point de Procureur, cette copie doit être donnée à domicile.

3. *De l'Arrêt, Jugement ou Sentence.*] Le Réglement du 6 mai 1690, conçernant les ſalaires des Procureurs du Châtelet de Paris, article 38, porte : » Que la déclaration de dépens » ſera ſigniſiée ſans donner de nouveau copie de » la Sentence, au cas qu'elle ait été ſigniſiée. «

4. *Enſemble de la déclaration, &c.*] Cette déclaration doit contenir par articles tous les dépens qui doivent être payés par le défendeur en taxe, commençant par les frais faits devant les premiers Juges, & finiſſant par ceux faits en cauſe d'appel ; elle doit auſſi être faite par ordre de date, eu égard aux incidents qui y ſont employés. C'eſt pourquoi les expéditions, requêtes & procédures ſujettes à la taxe, y doivent être datées, ſans qu'on puiſſe paſſer en taxe celles qui ne ſeront point rapportées, ſi ce n'eſt qu'elles aient été perdues, & qu'il en ſoit fait mention dans le vu des Jugements, Sentences & Arrêts. (Arrêt de Réglement du 17 janvier 1691.)

Il faut auſſi obſerver que lorſqu'il y a pluſieurs Parties condamnées aux dépens, qui ont occupé par différents Procureurs, & que les articles les concernent conjointement, la copie de la déclaration ne doit être donnée qu'à l'ancien Procureur, en le déclarant néanmoins aux autres Procureurs par un ſimple acte ; & en cas que l'intérêt des condamnés ſoit diſtinct & ſéparé, il ne leur ſera donné à chacun copie que des articles qui les regardent, ſans que les Procu-

reurs puiſſent prendre leur aſſiſtance qu'à pro-
portion des articles qui concernent les Parties.
(Arrêt de la Cour du 17 janvier 1691, ci-deſſus
cité. Voyez auſſi *infrà* , article 23 , pag.
525.)

Il n'eſt pas permis aux Procureurs d'arrêter ou
de faire arrêter aucunes déclarations de dépens
que les droits de tiers-Référendaires-Taxateurs
de dépens n'aient été payés ; comme auſſi de
faire ſignifier aucunes deſdites déclarations que
les droits de Contrôleurs des dépens n'aient été
payés , à peine de reſtitution du quadruple deſdits droits, de perte de leurs frais, & de 500 liv.
d'amende. (Edit du mois d'août 1716. Arrêts du
Conſeil des 15 janvier 1697, 24 juillet 1704 ,
23 octobre & 20 décembre 1717.)

Le même Arrêt du Conſeil du 23 octobre
1717 enjoint à tous Procureurs demandeurs
en taxe, de faire le calcul & de ſigner le mon-
tant des dépens avant que les déclarations puiſſent être ſignifiées , à peine de 300 liv. d'a-
mende.

Au reſte tout cela n'empêche pas qu'une
Partie condamnée avec dépens non encore liquidés , ne puiſſe offrir une ſomme pour ces
dépens avant que la déclaration de ces mêmes
dépens lui ait été ſignifiée ; & en ce cas , ſi les
offres ſont ſuffiſantes , tous les frais de contrôle , déclaration , &c. ſeront portés par celui
qui a refuſé d'accepter ces offres. (Ainſi jugé
au Préſidial d'Orléans au mois de juillet ou
d'août 1744.)

5. *Et le domicile du défendeur en taxe.*] Afin
qu'il puiſſe conférer , s'il le juge à propos , avec
ſon Procureur , ou autre conſeil , ſur le parti
qu'il doit prendre.

6. *Sans déplacer.*] Voyez la note ſur l'art. 18
ci-après, pag. 520.

7. *Et en cas d'acceptation des offres.*] L'article 38 du Réglement du 6 mai 1690, rendu pour le Châtelet de Paris, porte qu'il sera permis à celui qui doit les dépens de faire les offres suivant l'Ordonnance, sans aucun droit d'assistance au Procureur, en cas que les offres soient acceptées, ou que les dépens soient payés volontairement par la Partie.

Voyez *infrà*, articles 15 & 16, ce qui doit s'observer quand le Procureur du défendeur en taxe ne fait aucunes offres.

ARTICLE VI.

Si nonobstant les offres le demandeur fait procéder à la taxe, & que par le calcul, en ce non-compris les frais de la taxe, les dépens ne se trouvent excéder les offres faites par le défendeur, les frais de la taxe *seront portez par le demandeur* (1), & ne seront compris dans l'exécutoire.

1. *Seront portés par le demandeur.*] Parce qu'il devoit accepter les offres, & ne pas faire procéder à la taxe des dépens.

ARTICLE VII.

Les Procureurs ne pourront en dressant la déclaration composer plusieurs articles *d'une seule piece* (1), mais seront tenus de la comprendre toute entiere dans un seul & même article, tant pour l'avoir dressée que pour l'expédition, co-

pie, ʃignification & autres droits qui la
concernent, à peine de radiation, &
d'eʃtre déduit au Procureur du demandeur autant de ʃes droits pour chacun
article qui aura paʃʃé en taxe, qu'il s'en
trouvera de rayez dans la déclaration.

1. *D'une ʃeule piece.*] Soit piece d'écriture
ou de procédure, ou autre quelle qu'elle ʃoit.

ARTICLE VIII.

Ne ʃera auʃʃi employé dans les déclarations, ni fait aucune taxe aux Procureurs, *que pour un ʃeul droit de conʃeil* (1),
pour toutes les demandes, tant principales qu'incidentes, & un autre droit
de conʃeil, en cas qu'il ʃoit fait aucune
demande, ʃoit principale ou incidente,
par les Parties contre leʃquelles ils oc-
cuperont, à peine de vingt livres d'a-
mende contre le Procureur en ʃon nom
pour chacun autre droit qui auroit eʃté
par lui employé dans ʃa déclaration.

1. *Que pour un ʃeul droit de conʃeil.*] Par
une Déclaration du Roi du 16 mai 1693, les
droits de conʃeil ayant été rétablis en faveur des
Procureurs du Parlement de Paris, le Parlement
par un Arrêt de réglement du 27 juillet de la
même année a fixé les cas où ce droit de conʃeil doit avoir lieu. Aux termes de ce Réglement, ce droit n'eʃt dû aux Procureurs que ʃur
les renvois, déclinatoires, titres & pieces à com-

muniquer, défenses, repliques, moyens d'opposition, requêtes en jugeant, ou communiquées
à Parties, sur les requêtes incidentes portées aux
audiences, sur le décès de la Partie, & sur la
reprise. Le même Arrêt fait défenses aux Procureurs de passer en taxe, ni de souffrir que pour
un dire il soit pris un droit de conseil. (Même
disposition par l'article 3 de la délibération de
la Communauté des Procureurs du Parlement
du 20 novembre 1693, rapportée au Recueil
des Réglements concernants cette Communauté, imprimé en 1694, pag. 266.)

L'article 4 de ce même Réglement de 1693,
fait par la Communauté des Procureurs, porte:
» Que le droit de consultation (ou de conseil)
» ne sera taxé que sur les appellations, deman-
» des principales, & sur lesquelles il y aura Ré-
» glement, sur les criées, & pour produire, sans
» qu'on puisse taxer plus de quinze sols (qui est
» le quart du droit de conseil au Parlement) sur
» les actes d'opposition, soit aux criées, soit
» à l'exécution des Arrêts & Jugements, même
» sur productions nouvelles. «

Comme ce droit de conseil n'a point été rétabli dans les autres Jurisdictions, il faut s'en
tenir exactement à la disposition portée en cet
article 8 de l'Ordonnance.

Ainsi il ne doit être taxé aucun droit de conseil aux Procureurs sur les oppositions qu'ils forment aux Jugements pris contr'eux par défaut à
l'audience où ils ont été appellés. (Délibération de la Communauté des Procureurs du Parlement de Paris du 11 janvier 1692, article 10.
Cette délibération est rapportée au Recueil des
Réglements concernants cette Communauté,
pag. 262.)

Il ne doit pareillement être taxé aucun droit
de consultation sur les requêtes données en ju-

geant, de quelque qualité qu'elles foient, ni fur les affignations données en conftitution de nouveau Procureur. (Article 11 du même Réglement.)

Ni pour obtenir des Sentence d'évocation ou de caffation. (*Ibidem*, article 8.)

Ni fur les demandes pour avoir communication ou rendre des pieces ; pour fatisfaire ou faute d'avoir fatisfait à des Sentences définitives ou préparatoires, ou pour autres incidents concernants la procédure. (Réglement du 6 mai 1690, rendu pour le Châtelet de Paris, article 2, rapporté au Recueil des Réglements de Juftice, tom. 1.)

C'eft encore un plus grand abus de faire payer le droit de confeil fur un commandement : car, aux termes de cet article, 8. de l'Ordonnance ce droit n'eft dû que pour les demandes judiciaires. Or on ne peut jamais regarder comme tel un commandement qui par lui-même n'eft point un acte introductif d'inftance : le miniftere du Procureur y eft même inutile tant qu'il n'y a point d'inftance fur le commandement.

Il en eft de même dans le cas où il feroit fait une demande en dénonciation à une Partie dans une chofe où elle n'auroit point un intérêt direct.

Au Châtelet de Paris il n'eft dû aucun droit de confeil aux caufes de la Chambre Civile. (Même Réglement du 6 mai 1690, article 19.) Les caufes de cette Chambre Civile font toutes celles où il s'agit de vuider les lieux, & du paiement des loyers, des faifies & exécutions de meubles faites en conféquence, des établiffements & décharges des gardiens & Commiffaires, des réparations des bâtiments, des falaires des Régents, Précepteurs & Maîtres d'école, de ceux des Médecins, Apothicaires, Chirurgiens,

Huiffiers, Sergents, & autres Officiers de cette
qualité, des gages des domeftiques & ferviteurs,
des penfions, nourritures, ventes faites pour
provifions de maifons, falaires & peines d'ouvriers & d'artifans, quand il n'y a point de marché par écrit, ports de hardes & de paquets,
ventes, louages & nourritures de chevaux, ventes de marchandifes par les Marchands forains
fans jour & fans terme, fans écrit, & autres matieres, dont les demandes principales & incidentes n'excedent la fomme de mille livres.

ARTICLE IX.

N'entrera pareillement en taxe *aucun
autre droit de confultation* (1), encore
qu'elle fuft rapportée & fignée des
Avocats.

1. *Aucun autre droit de confultation.*] La
différence entre le droit de confeil & de confultation eft que le droit de *confeil* eft celui qui
fe prend par le Procureur du défendeur à caufe
des défenfes qu'il faut fournir fur une demande ;
au lieu que le droit de *confultation* eft celui qui
fe paffe au Procureur du Demandeur pour les
demandes qu'il forme, & cette confultation eft
proprement du fait de l'Avocat, & non du Procureur. Le premier droit eft de quinze fols feulement, & le fecond de trois livres au Parlement de Paris. (Voyez le procès-verbal de
l'Ordonnance, pag. 373.) Aujourd'hui ces mots
font regardés comme fynonymes dans la plupart
des Jurifdictions, & l'on n'y fait aucune diftinction entre le droit de confeil & le droit de confultation. Au Parlement de Paris on nomme
Droit de confultation le droit de confeil qui fe
perçoit

perçoit fur les demandes, & appellations principales, pour lefquelles ils perçoivent un écu ;
& *Droit de confeil*, celui qu'ils perçoivent fur
les requêtes, oppofitions ou autres actes, pour
lefquels il ne leur eft dû que le quart du droit
de confultation, fuivant les Réglements qui les
autorifent à percevoir ce droit.

ARTICLE X.

Toutes écritures & contredits (1) *feront
rejettés de taxes de dépens* (2), fi elles
n'ont efté faites & fignées par un Avocat plaidant, du nombre de ceux qui
feront inferits *dans le tableau* (3) *qui*
fera dreffé tous les ans, & qui feront
appellez au ferment qui fe fait aux ouvertures, & feront tenus *de mettre le reçu* (4) au bas des écritures.

  1. *Toutes écritures & contredits.*] Les écritures qui font du miniftere des Avocats font les
griefs, caufes d'appel, moyens de requêtes civiles, réponfes, contredits, falvations, avertiffements dans les matieres où il eft néceffaire
d'en donner, & en général toutes les autres écritures qui font de leur miniftere. (Arrêt de réglement du 17 juillet 1693, rendu pour le Parlement de Paris.)
  Celles que les Procureurs peuvent faire font
les inventaires, caufes d'oppofitions, productions nouvelles, comptes, brefs états, déclarations de dommages & intérêts, & autres écritures de leurs fonctions. (Même Arrêt.)
  Enfin celles que les Avocats & les Procureurs
peuvent faire par concurrence entr'eux, font

les débats , soutènemens , moyens de faux , de nullité , reproches & conclusions civiles. (*Ibidem.*)

Ce même Réglement fait défenses aux Procureurs de faire aucunes écritures du ministere des Avocats , même par requête.

2. *Seront rejettés des taxes de dépens.*] Les *factums* ne font point mis au nombre des écritures , & ils n'entrent point en taxe , lors même qu'ils ont été signifiés. (Délibération de la Communauté des Avocats & Procureurs du Parlement de Paris , du 11 mai 1692 , article 6 , rapporté au Recueil des réglemens de cette Communauté , page 262.

3. *Dans le tableau.*] Un Avocat n'est inscrit sur le tableau que lorsqu'il a suivi les audiences pendant quatre ans , & il ne peut signer des écritures qui passent en taxe qu'après ce temps. (Ainsi réglé pour le Parlement de Paris par un Arrêt de réglement du 5 mai 1751.) Avant ce dernier Arrêt il ne falloit que deux ans. (Arrêt du Parlement du 17 juillet 1693.)

4. *De mettre le reçu.*] Idem , par l'article 18 de l'Edit du mois de mars 1673 , qui ajoute : » à » peine de restitution & de rejet de la taxe des » dépens. « Cependant les Avocats du Parlement de Paris se sont toujours maintenus dans le droit de ne point mettre ces sortes de reçus. (Voyez le procès-verbal de l'Ordonnance, page 377. Voyez aussi les Opuscules de Loisel en son Dialogue des Avocats, page 439 & suivantes.)

ARTICLE XI.

Lorsqu'au procès il y aura des écritures & avertissemens , *les préambules des inventaires* (1) faits par les Procu-

reurs feront diftraits & n'entreront en
taxe, ni pareillement les rolles des inventaires & contredits, dans lefquels il
aura efté tranfcrit des pieces entieres
ou chofes inutiles ; ce que Nous défendons à tous Avocats & Procureurs, à
peine de reftitution du double envers
la Partie qui l'aura avancé, & du fimple envers la Partie condamnée. Comme auffi défendons aux Procureurs, &
à tous autres, de refaire des écritures,
ni d'en augmenter les rolles après le
procès jugé, à peine de reftitution du
quadruple contre les contrevenants,
qui ne pourra eftre modérée, & de
fufpenfion de leur charge. Enjoignons
à nos Cours, & autres nos Juges, d'y
tenir la main, dont Nous chargeons
leur honneur & confcience.

1. *Le préambule des inventaires, &c.*] C'eft-
à-dire que dans les inventaires de productions
qui fe font après ces écritures & avertiffements,
les Procureurs ne pourront répéter dans les
préambules de ces inventaires ce qui aura été dit
dans les avertiffements ou écritures : c'eft ainfi
que s'en explique M. Puffort. (Voyez le procès-
verbal de l'Ordonnance fur cet article, page
378.)

ARTICLE XII.

Ne fera taxé aux Procureurs *pour droit
de révifion des écritures* (1), que le dixie-
me de ce qui entre en taxe pour les
Avocats, & fans que ce droit de révifion

puiſſe eſtre pris dans les Cours, Sieges
& Juriſdictions dans leſquelles il n'a eu
lieu juſques à ce jour. Faiſons défenſes
aux Procureurs d'employer dans leur
mémoire de frais qu'ils donneront à
leurs Parties, autres plus grands droits
que ceux qui leur ſont légitimement
dus, *& qui entreront en taxe* (2), à peine
de répétition contre eux, & de trois
cens livres d'amende.

1. *Pour droits de réviſion des écritures.*] L'ancien droit de réviſion abrogé par cet article a
été rétabli, mais ſeulement en faveur des Procureurs du Parlement de Paris, par une Déclaration du Roi du 16 mai 1693.

Ce droit ne peut être pris par les Procureurs
que ſur les écritures qui ſont faites par les Avocats; & les Procureurs ſont tenus de marquer
dans les copies qu'ils en font ſignifier le nom des
Avocats qui les ont faites. (Arrêt de réglement
du Parlement du 17 juillet 1693.)

2. *Et qui entreront en taxe.*] Il y avoit autrefois pluſieurs choſes qui entroient en taxe avant
l'Ordonnance de 1667, & qui ont été rejettées
par cette Ordonnance. (Voyez ci-deſſus titre
2, article 6, titre 5, article 2, titre 13, article
1, titre 14, article 3, titre 15, article 5, titre
26, article 7, titre 29, articles 6, 14 & 15, &
les articles 8, 9, 10, 11, 12 & 14 du préſent
titre.)

On ne doit paſſer en taxe aux Procureurs aucuns moyens, défenſes, repliques, & autres
écritures qui ne peuvent être données qu'après
qu'il y a eu réglement entre les Parties, à la
réſerve des demandes principales, ſur leſquelles

il est nécessaire de défendre avant que la cause soit portée à l'audience. (Délibération de la Communauté des Procureurs du Parlement de Paris du 5 mai 1687 , rapportée au Recueil des réglements concernant cette Communauté, pag. 248.) Dans ces demandes principales ne sont pas même comprises les matieres sommaires , sur lesquelles il est inutile de signifier des défenses par écrit. (Voyez ce qui a été observé ci-dessus , titre 17 , article 7 , note 1 , page 234.)

On ne doit pas non plus signifier dans les causes d'appel qui sont portées à l'audience, aucuns moyens d'appel , réponses ; mais ces moyens doivent se déduire en plaidant. (Arrêt de réglement du 2 juillet 1691 , rapporté au Recueil des Réglements de Justice, tome 1.)

Une autre observation bien importante en cette matiere , est celle tirée du nouveau Réglement du 28 juin 1738 , touchant la procédure du Conseil , part. 2 , titre 4 des requêtes & productions , article 24 , & qui peut servir de regle dans les autres Jurisdictions pour tous les cas où les écritures , Sentences , actes & autres procédures doivent être signifiés ou non, La voici.

» Les requêtes , pieces & autres actes de » procédure ne pourront être signifiées dans » les instances où il y aura plusieurs Parties , » qu'à celles qui auront un intérêt opposé à ce- » lui de la Partie à la requête de laquelle la » signification sera faite , non à celles qui n'au- » ront que le même intérêt que ladite Partie ; » ce qui sera observé , à peine de nullité desdi- ,, tes significations. «

Ainsi dans les instances où il y a des som- més & contre-sommés , c'est une très - mau- vaise procédure de signifier tous les actes aux différentes Parties qui sont dans l'instance ; &

pour ſavoir à quoi l'on doit s'en tenir à cet égard,
il faut obſerver qu'il peut arriver pluſieurs cas ;
car 1° Ou le ſommé conteſte la garantie , &
refuſe de défendre au fond , 2° Ou il recon-
noît cette garantie, & défend au fond, ſans prendre le fait & cauſe du Défendeur originaire ; 3°.
Enfin ou il prend le fait & cauſe de ce défendeur originaire.

Dans les deux premiers cas ,

1° Les actes de procédure du demandeur ou
appellant ne doivent être par lui ſignifiés qu'au
défendeur ou intimé ſeulement , non au ſommé , parce que ce demandeur originaire ou
appellant n'a alors de concluſions à prendre
que contre le défendeur , & non contre les contre-ſommés , & ce quand bien même le ſommé
ou les contre-ſommés lui ſignifieroient des
moyens au fond.

2° Il n'eſt pas néceſſaire que le défendeur
originaire ou intimé conteſte ſur la demande
principale avec le demandeur originaire ; & par
conſéquent il eſt inutile que ce défendeur originaire ſignifie aucuns moyens ſur le fond au
demandeur ou appellant : tout ce que ce défendeur originaire doit faire , eſt de dénoncer ou
inſinuer au ſommé les actes qui lui ont été ſignifiés par le demandeur ou appellant , pour y
répondre par le ſommé , s'il le juge à propos.

Mais quoique ce défendeur ne ſoit pas obligé
de défendre au fond contre le demandeur originaire ou appellant , néanmoins il le peut faire
s'il le juge à propos ; & en ce cas il doit ſignifier ſes moyens au demandeur ou appellant ;
mais il ne doit point les ſignifier au ſommé ,
ces moyens étant alors ſignifiés ſurabondam-
ment pour l'intérêt particulier du défendeur originaire.

A l'égard des actes & moyens ſur la garantie,

ils doivent être signifiés au sommé seulement ; & si les mêmes actes contiennent en même temps des moyens du fond contre le demandeur originaire, & des moyens de garantie contre le sommé, on ne doit signifier à chacun que ce qui le concerne.

Mais le défendeur originaire n'ayant rien à conclure contre les contre-sommés, ne doit jamais leur rien signifier ni dénoncer.

3° Les actes & moyens du sommé sur la garantie prétendue du défendeur originaire ne doivent être signifiés par ce sommé qu'au défendeur originaire, & non aux contre-sommés, à qui ces actes sont étrangers.

A l'égard des moyens de la contre-sommation, ils ne doivent être signifiés par le sommé qu'aux contre-sommés seulement ; & si les mêmes actes où écritures contiennent en même temps les moyens de défenses sur la demande en garantie, & des moyens de demandes sur la contre-sommation, le sommé ne doit signifier à chacun que ce qui le concerne, c'est-à-dire au défendeur originaire les moyens sur la première demande en garantie, & aux contre-sommés les moyens de la demande en contre-sommation.

Mais les actes touchant les moyens du fond, qui ont été insinués ou dénoncés au sommé par le défendeur, doivent aussi être insinués par le sommé ou garant aux contre-sommés, soit que le sommé reconnoisse la garantie ou non.

4° A l'égard des actes particuliers de procédure des contre-sommés, s'ils refusent de reconnoitre qu'ils sont garants du premier sommé, il suffit qu'ils contestent avec lui sur la demande en contre-sommation ; cependant s'ils reconnoissent être garants, ils pourroient défendre au fond contre le demandeur originaire. Mais alors il

Z 4

est inutile qu'ils signifient ces moyens au défendeur originaire, ou au sommé; & même ils ne doivent point le faire, cette défense au fond étant uniquement pour l'intérêt des contre-sommés.

Et si les mêmes actes contiennent des moyens du fond contre le demandeur originaire, & des moyens de défenses sur la contre-sommation, ils ne doivent être signifiés à chacun que pour ce qui le concerne seulement, c'est-à-dire les moyens du fond au demandeur originaire, & ceux pour la défense à la contre-sommation au sommé.

Dans le troisieme cas, où le sommé prend le fait & cause du défendeur, les significations ne doivent être faites qu'entre le demandeur originaire & le garant, ou autre prenant le fait & cause, & non entre le demandeur & le défendeur originaire, ou entre ce défendeur & le garant; & s'il s'en fait quelqu'autre, elle doit être rejettée, & ne pas passer en taxe.

Quand il s'agit de garantie simple, il faut suivre la même regle qu'à l'égard des garanties formelles, tant que le demandeur originaire n'a pris de conclusions que contre celui des coobligés qu'il a mis en cause.

Mais si la demande a été donnée tout d'un coup contre plusieurs coobligés, alors il suffit que les actes du demandeur soient signifiés à chacun de ces coobligés, ou à leur Procureur, s'ils n'en ont qu'un; & s'ils en ont plusieurs, comme ils n'ont tous qu'un seul & même intérêt, ils doivent signifier leurs actes au demandeur originaire, & *vice versâ*; mais les coobligés entr'eux ne se doivent rien signifier.

Dans les interventions, l'intervenant ne doit signifier qu'à celui ou ceux contre qui il prend des conclusions; & de même il n'y a que celui ou ceux contre qui l'intervenant prend des conclusions qui doivent lui signifier, & ceux-ci ne doivent se rien signifier entr'eux.

Enfin il faut observer,

1° Que dans le cas où plusieurs défendeurs comparoissent par un même Procureur pour une même cause, il n'est dû qu'un seul droit de présentation, conformément à l'article 4 du Réglement imprimé concernant la perception des droits de présentation du Bailliage & Siege Présidial d'Orléans du 11 mars 1626, & la Déclaration du Roi du 5 novembre 1661, touchant les Greffes, article 2.

2° Que les Procureurs ne peuvent rien prendre pour le reçu qu'eux ou leurs Clercs mettent au bas des actes & pieces qu'il leur est permis de s'entre-communiquer sans le ministere des Huissiers, ainsi qu'il a été jugé par Arrêt du Conseil du 18 avril 1671, contre les Procureurs du Parlement d'Aix. (Voyez Boniface, tom. 1, pag. 185.)

ARTICLE XIII.

Et pour faciliter les taxes de dépens, & empêcher qu'il ne soit employé dans les déclarations autres droits que ceux qui sont légitimement dûs, & qui doivent entrer en taxe, sera dressé, à la diligence de nos Procureurs-Généraux & de nos Procureurs sur les lieux, & mis dans les Greffes de toutes nos Cours, Sieges & Jurisdictions, *un tableau ou registre* (1), dans lequel seront écrits tous les droits qui doivent entrer en taxe, mesme ceux des déclarations, assistances des Procureurs, & autres

droits néceffaires pour parvenir à la
taxe , *enfemble les voyages & féjours* (2) ,
lefquels pourront y eftre employez &
taxez , fuivant les différents ufages de
nos Cours & Sieges , qualitez des Parties & diftance des lieux.

1, *Un tableau ou regiftre.*] Ce tableau ou
regiftre qui devoit être mis dans les Greffes des
différentes Cours & Jurifdictions , & dans lequel devroient être écrits tous les différents droits
qui doivent entrer en taxe au défir de cet article , n'a point été dreffé , excepté dans quelques Juftices. Mais il y a différents Arrêts de
réglement qu'il faut confulter en cette matiere ,
& qui doivent fervir de regle lorfqu'il eft queftion de taxer les dépens.

C'eft pourquoi lorfqu'il s'agit de régler les
droits qui appartiennent aux Juges , Avocats ,
Commiffaires , Notaires , Procureurs , Greffiers ,
Huiffiers & Sergents , il faut fuivre ce qui fe pratique en chaque Jurifdiction , conformément aux
tarifs qui y font dreffés ; & à défaut , il faut s'en
tenir au Réglement du Parlement de Paris du
26 août 1665 , rendu tant pour la taxe des dépens adjugés par Arrêt de ladite Cour , que par
Sentences des Juftices Royales & fubalternes du
reffort du même Parlement. (Voyez Réglements de Juftice , tom. 1 , pag. 27.) Et à l'é-
gard des voyages & féjours , il faut auffi fuivre
les tarifs ou l'ufage de chaque province , & à défaut , il faut recourir à l'Arrêt du 10 avril 1691 ,
qui fert de réglement à Paris fur cette matiere.
(Voyez *ibidem* , tom. 1 , pag. 346.)

Pour le Châtelet de Paris , voyez 1° le tarif arrêté au Confeil le 21 mars 1690 , concernant les droits des Greffes de ce Châtelet ;

(Même recueil des Réglements de Justice, tom.
1 , pag. 284.) 2° Le tarif arrêté aussi au Conseil
le 6 mai 1690, touchant les salaires des Procureurs. (*Ibidem* , pag. 300.) 3° Pour les salaires,
droits & vacations des Commissaires, Notaires,
Huissiers , Sergents , & autres Officiers dudit
Siege , voyez les Arrêts du Parlement des 24
fevrier & 4 décembre 1688 , & le tarif qui est
à la fin. (Même recueil de Réglements de Justice, tom. 1 , pag. 212, 217 & 222.) Voyez aussi
pour les droits de ces mêmes Officiers l'extrait
des Edits & Arrêts du Conseil qui les concernent. On trouve ces extraits , avec le tarif des
droits , à la fin du Praticien de Lange , pag. 398
de la seconde partie , jusqu'à la page 413 , de la
huitieme édition.

Les Bailliages, Sénéchaussées, & Sieges Présidiaux qui n'ont point de tarifs particuliers
pour leurs Sieges , ou du moins dans les tarifs
desquels il manque plusieurs articles, peuvent
se régler (toutes proportions gardées) sur les
tarifs dont on vient de parler , rendus pour le
Châtelet de Paris.

Pour le Châtelet d'Orléans nous avons un tarif de dépens arrêté en la Cour le 6 mars 1682 ,
qui sert de Réglement sur cette matiere dans l'é-
tendue de ce Bailliage ; & au défaut de ce tarif ,
il faut recourir aux Réglements généraux de la
Cour ci-dessus cités , & subsidiairement à ceux
rendus pour le Châtelet de Paris.

Nous avons aussi un Arrêt de réglement
concernant les droits des Greffiers du Châtelet
d'Orléans du 4 juillet 1615 , qui doit être suivi exactement en ce qui n'a point été abrogé
par les Edits & Réglements postérieurs. (Cet
Arrêt est rapporté par Néron en son recueil
d'Ordonnances , tom. 2 , pag. 548 de l'édition
de 1720.)

Z 6

Avant ce tarif des dépens fait pour le Châtelet d'Orléans, il y en avoit un autre arrêté au Bailliage de la même ville le 23 mars 1668, qui y servoit de loi, conformément à l'article 13 du présent titre de l'Ordonnance ; & par une Sentence postérieure, rendue au même Siege le 13 février 1669, les droits des Juges & Officiers subalternes des Châtellenies du ressort dudit Siege avoient été réglés aux deux tiers de ceux du tarif arrêté pour le Châtelet d'Orléans, & ceux des Juges subalternes non Châtellenies, au tiers seulement de ce qui est porté par le même Réglement. Aujourd'hui l'usage du Châtelet d'Orléans est de taxer les dépens de toutes les Justices seigneuriales indistinctement aux deux tiers de ce qui est réglé par le tarif du 6 mars 1682.

A l'égard des dépens concernants les Parties & les droits des Officiers qui en dépendent, outre l'Arrêt de la Cour du 26 août 1665, ci-dessus cité, on peut voir un Réglement encore plus général, rendu au Parlement le 23 juillet 1676, touchant les taxes des Officiers de Justice des Duchés-Pairies de Mazarin, la Meilleraye & de Mayenne, & des Prévôtés & Justices subalternes qui en dépendent. Ce Réglement est rapporté au Journal des Audiences. A Orléans l'usage du Châtelet est de taxer les dépens des Pairies sur le pied des deux tiers de ceux portés par le tarif du 6 mars 1682, ainsi que pour les autres Justices de Seigneur.

2. *Ensemble les voyages & séjours.*] L'Arrêt de réglement du 10 avril 1691 fixe ce qui doit être taxé de voyage & de séjour, & la somme à laquelle il le doit être suivant la qualité des personnes.

Dans les affaires du Conseil ces voyages & séjours sont taxés par le nouveau Réglement

touchant la procédure du Conseil du 28 juin
1738, partie 2, titre 25.

ARTICLE XIV.

Les voyages & séjours (1) qui doivent
entrer en taxe ne pourront estre employez ni taxez, s'ils n'ont été vérita-
blement faits & deus estre faits, & que
celui qui en demandera la taxe ne
fasse apparoir d'un acte fait *au Greffe de
la Jurisdiction* (2) en laquelle le procès
sera pendant, lequel contiendra son
affirmation qu'il a fait exprès le voyage
pour le fait du procès, & que l'acte n'ait
esté signifié au Procureur de la Partie
aussi-tost qu'il aura esté passé, & le séjour ne pourra estre compté que du jour
de la signification.

1. *Les voyages & séjours.*] Le tarif du 6 mars
1682, dressé pour le Châtelet d'Orléans, porte :
» Qu'il sera taxé deux voyages aux Parties en
» toutes causes verbales ; & en procès par écrit
» trois, lorsqu'ils auront été faits suivant l'Or-
» donnance, le tout à raison de vingt sols par
» lieue pour les Ecclésiastiques, Gentilshommes
» & Officiers de Judicature, & dix sols pour
» les autres, & que pour le séjour des présents
» il sera taxé la moitié du voyage. «
 Ces voyages & séjours s'adjugent même à un
héritier éloigné, qui a poursuivi une instance au
lieu où demeuroit le défunt. (Ainsi jugé par un
Arrêt du 28 janvier 1670, rapporté par Boniface, tom. 3, liv. 3, titre 6, chap. 1.)

Quand la Partie qui a gagné son procès est étrangere, & demeure hors le Royaume, on ne lui adjuge le voyage qu'à commencer depuis l'extrêmité de la Province. (Arrêts des 16 juin 1639 & 21 janvier 1672, rapportés par le même Boniface, tom. 1, liv. 8, tit. 21;& tom. 3, liv. 3, tit. 6, chap. 3.)

2. *Au greffe de la Jurisdiction.*] Par un Edit du mois d'août 1669, il a été créé dans toutes les Cours & Sieges Royaux qui ont pouvoir de taxer les dépens, des offices de Greffiers pour recevoir les actes d'affirmation mentionnés en cet article, privativement & à l'exclusion de tous autres Greffiers.

ARTICLE XV.

Si après que la déclaration des dépens aura esté signifiée & copie laissée, il n'a esté fait aucunes offres, ou qu'elles ne soient acceptées dans les délais ci-devant ordonnez, elle sera mise par le Procureur du demandeur en taxe ès mains *du Procureur-tiers* (1), avec les pieces justificatives; & à cet effet voulons que dans nos Cours, Sieges & Justices où il ne se trouvera point de Procureur-tiers en titre d'office, il soit nommé & commis par la Communauté des Procureurs par chacun mois, ou tel autre temps qu'il sera par eux avisé, nombre suffisant d'entr'eux pour régler & taxer les dépens en la forme & maniere ci-après ordonnée; si ce n'est dans les Sieges où il y a des *Commissaires-Examinateurs.* (2)

1. *Du Procureur-tiers.*] Par Edit du mois de novembre 1680, le Roi avoit créé dans toutes les Cours, Préfidiaux, Bailliages & Sénéchauffées & autres Jurifdictions Royales des offices de tiers-Référendaires-Taxateurs de dépens, qui depuis ont été fupprimés par un autre Edit du mois d'août 1716, avec permiffion aux anciens titulaires de ces Offices qui avoient été créés avant 1689 de rentrer dans leurs droits ; & c'eft en vertu de cet Edit de 1716 que la Communauté des Procureurs du Châtelet d'Orléans, qui avoit acquis en 1642 les deux offices de tiers-Référendaires-Taxateurs de dépens créés pour le Châtelet d'Orléans en 1639, jouit aujourd'hui du droit de taxer les dépens du Châtelet de la même Ville. Le Lieutenant-Général, en qualité de Commiffaire-Examinateur, ne fait qu'arrêter le calcul, & décerne l'exécutoire en qualité de premier Juge d'inftruction.

2. *Où il y a des Commiffaires-Examinateurs.*] Parce que dans ces Sieges c'eft aux Commiffaires-Examinateurs qu'appartient le droit de régler les dépens, comme au Châtelet de Paris, pourvu qu'il n'y ait pas dans ces mêmes Sieges des Taxateurs particuliers en titre d'office, comme à Orléans, auquel cas le droit de taxer les dépens appartient à ces derniers Officiers.

ARTICLE XVI.

Le Procureur-tiers (1) fera tenu de coter de fa main au bas de fa déclaration le jour qu'elle lui aura efté délivrée avec les pieces.

1. *Le Procureur-tiers.*] Voyez la note 1 fur l'article précédent.

ARTICLE XVII.

Sera signifié par acte au Procureur du défendeur en taxe, le jour que la déclaration & pieces justificatives auront esté mises entre les mains du Procureurtiers, avec sommation d'en prendre communication *sans déplacer.* (1)

1. *Sans déplacer.*] Cela ne s'observe point dans l'usage. Le Procureur du défendeur en taxe prend la déclaration & les pieces justificatives des dépens sur son récépissé, & souvent même sans récépissé, afin de faciliter l'expédition, & d'examiner plus commodément l'état de ces dépens.

ARTICLE XVIII.

Trois jours après la premiere sommation il en sera fait une seconde, par laquelle le Procureur du demandeur en taxe sommera celui du défendeur *de se trouver en l'estude du Procureur-tiers* (1) à certain jour & heure précise, pour voir arrester les dépens contenus en la déclaration & la signer; autrement il y sera procédé tant en présence qu'absence.

1. *De se trouver en l'étude du Procureur-tiers.*] Au lieu de cette comparution, l'usage des Procureurs dans la plupart des Sieges est de s'envoyer la déclaration de dépens, avec les pieces justificatives, pour les examiner & y

mettre leurs apostilles sur la déclaration en conformité du mémoire du tiers.

ARTICLE XIX.

Si le Procureur du défendeur (1) compare, seront les dépens arrestez par le Procureur-tiers en sa présence.

1. *Si le Procureur du défendeur.*] Lorsque le Procureur du défendeur en taxe est décédé, ou a résigné son office, il faut assigner la Partie en constitution de nouveau Procureur. (Voyez le nouveau Réglement du Conseil du 28 juin 1738, part. 2, tit. 17, art. 19.)

ARTICLE XX.

A faute par le Procureur du défendeur en taxe de comparoir à l'assignation, *le Procureur-tiers sera tenu d'arrester les dépens* (1), pour ce fait estre les arrestez par lui mis sur la déclaration, conformément à son mémoire, lequel y demeurera attaché, & ne sera le premier article que pour un seul.

1. *Le Procureur-tiers sera tenu d'arrêter les dépens.*] Le Procureur-tiers, avant d'arrêter les dépens, doit lire les écritures, requêtes & inventaires, & en retrancher tout ce qui est inutile, soit qu'elles aient été faites au principal, ou sur les incidents, même en cas que les lignes & les syllabes ne soient pas remplies conformément au Réglement. (Délibération de la

Communauté des Procureurs du Parlement de Paris du 5 mai 1687, art. 8, rapporté au Recueil imprimé des Réglements concernants cette Communauté, pag. 248.)

Lorsqu'il s'agit sur un appel de taxer les dépens des Jurisdictions qui ressortissent par appel en la Cour, les Procureurs-tiers en font la taxe conformément aux Réglements généraux dont il a été parlé ci-dessus; mais à l'égard des Jurisdictions qui ont des tarifs particuliers vérifiés en la Cour, ils sont tenus de suivre ces tarifs en taxant les dépens. (Même délibération des Procureurs du Parlement de Paris, art. 13. Voyez aussi *infrà* l'art. 32, qui en a une disposition.

ARTICLE XXI.

Le Procureur-tiers sera tenu d'arrester les dépens qui contiendront deux cens articles & au-dessous, huitaine après qu'il en aura esté chargé; & ceux qui contiendront plus grand nombre d'articles, *dans la quinzaine* (1), à peine de répondre des dommages & intérests des Parties.

1. *Dans la quinzaine.*] Sans qu'on puisse augmenter le délai, quelque considérable que soit le nombre des articles.

ARTICLE XXII.

Le Procureur du défendeur en taxe

ne pourra prendre *aucun droit d'assistance* (1), s'il n'a écrit de sa main sur la déclaration *les diminutions* (2), à peine de faux & d'interdiction.

1. *Aucun droit d'assistance.*] *Assister*, aux termes de l'Ordonnance, est se trouver en l'étude du Procureur-tiers pour être présent à la taxe des dépens. Aujourd'hui les Procureurs perçoivent le droit d'assistance, lorsqu'ils ont pris chez eux la déclaration de dépens, & qu'ils ont mis leurs apostilles ou diminutions.

Il faut observer au sujet de ces frais de déclaration,

1° Que le droit de douze deniers qui appartient aux Procureurs du Châtelet d'Orléans pour chaque article de dépens, ne leur appartient que sur les articles alloués, suivant l'article 3 du tarif des dépens du Châtelet d'Orléans du 6 mars 1682 ; ce qui est confirmé par l'article 6 de l'Edit du mois d'août 1716, qui défend de prendre de plus grand droit.

2° Que le droit d'assistance du Procureur demandeur n'est dû que dans le cas où il y a contestation sur les dépens, & où ils se reglent par le Procureur-tiers, ou bien lorsqu'il n'y a point eu d'offres faites de la part du défendeur. (*Suprà* , art. 15, p. 518.) Mais lorsqu'il y a des offres, ces droits d'assistance ne sont point dus, à moins que le défendeur ne conteste ces offres, & qu'il faille en conséquence les faire régler par le Procureur-tiers, auquel cas le droit d'assistance du Procureur-tiers, & des autres Procureurs, tant celui du demandeur que du défendeur, lorsqu'ils comparent, ne doit se payer que pour les articles contestés ; & c'est à celui qui a contesté mal-à-propos à payer ce droit, ou au défaillant lorfqu'il n'y a point eu d'offres.

3° Que le droit d'affiftance du Procureur du défendeur n'a lieu que dans les cas où les dépens fe reglent par le Procureur-tiers ; & qu'alors même le Procureur du défendeur ne peut percevoir aucun droit d'affiftance, à moins qu'il n'ait écrit de fa main fur la déclaration les diminutions, à peine de faux, &c, ainfi qu'il eft dit en cet article 22.

4° Que le droit d'affiftance du Procureur-tiers ne doit fe payer que fur les articles conteftés, c'eft-à-dire fur ceux où le Procureur du défendeur a écrit de fa main les diminutions, parce que les fonctions de ces tiers font inutiles à l'égard des articles confentis, & quand le Procureur du défendeur n'a mis aucune diminution de fa main fur ces articles.

Il y a cependant une exception à cette regle, c'eft lorfque le Procureur du défendeur, qui n'a écrit ni fait fignifier aucune diminution fur les articles de la déclaration, fait défaut, & que les dépens font taxés par le tiers, fuivant l'article 20 ci-deffus : car alors, comme il n'y a aucun article qui foit préfumé confenti de la part du défendeur, & que pour cette raifon le miniftere du Procureur-tiers devient néceffaire pour les régler, ce Procureur-tiers eft bien fondé à prendre le droit d'affiftance pour tous les articles de la déclaration. Par la même raifon le Procureur du demandeur peut prendre le même droit ; mais dans tous ces cas les droits d'affiftance font dus par le défaillant.

Il feroit à fouhaiter qu'on ôtât au Procureur du défendeur en taxe le droit d'affiftance que plufieurs perçoivent dans le cas où il ne leur appartient point : cela les rendroit plus exacts à faire des offres pour leurs Parties, & évite-

pe**Des Dépens. TIT. XXXI.** 525

roit souvent bien des frais ; au lieu qu'il n'arrive presque jamais qu'on fasse ces offres, ce qui est un grand abus.

2. *Les diminutions.*] On appelle *apostilles* ce qui s'écrit par le Procureur-tiers, & *diminutions*, ce qui s'écrit par le Procureur du défendeur. (Voyez le Procès-verbal de l'Ordonnance, pag. 388.)

ARTICLE XXIII.

S'il y a plusieurs Procureurs (1) des défendeurs en taxe condamnez par mesme Jugement, ils ne prendront assistance que pour les articles qui les concerneront : & à l'égard des frais ordinaires & extraordinaires de criées, reddition de comptes de tuteurs, héritiers bénéficiaires, curateurs aux biens vacants, Commissaires & autres, les Parties qui auront un interest commun *y assisteront par le plus ancien Procureur.* (2) Pourront néantmoins les autres Procureurs y estre présents, sans prendre aucun droit d'assistance, & sans la pouvoir employer dans leurs mémoires de frais & salaires, si ce n'est qu'ils aient pouvoir par écrit pour y assister.

1. *S'il y a plusieurs Procureurs.*] Voyez la note 4 sur l'article 5 ci-dessus, pag. 498.

2. *Y assisteront par le plus ancien Procureur.*] Lequel aura seul le droit d'assistance.

ARTICLE XXIV.

Après que la déclaration aura esté arrestée par le tiers, sera signifié un troisieme acte au Procureur du défendeur, par lequel on lui dénoncera que les dépens ont esté arrestés, & sera sommé de les signer, avec protestation qu'à faute de ce faire le calcul en sera signé *par le Commissaire* (1), par défaut ; ce qui sera exécuté en cas de refus, & passé outre, en faisant mention dans l'arresté & calcul de la sommation.

1. *Par le Commissaire.*] C'est-à-dire par le Rapporteur ou par le premier Juge, dans les Cours & Jurisdictions où il n'y a point de Commissaires Examinateurs, sinon par ces derniers. Dans les Cours ce sont les Procureurs qui font le calcul des sommes auxquelles montent les dépens, qui en dressent l'exécutoire, & en mettent la minute au Greffe, sur laquelle les Greffiers délivrent ensuite l'exécutoire en forme.

ARTICLE XXV.

Le tiers sur chacune piece qui entrera en taxe sera tenu *de mettre* taxé, *avec son paraphe.* (1)

1. *De mettre* taxé, *avec son paraphe.*] Afin de connoître les articles qui ont été alloués.

ARTICLE XXVI.

Les Commiſſaires ſigneront les déclarations ſans prendre aucun droit, & *auront ſeulement leurs Clercs le droit de calcul* (1), lorſqu'ils l'auront fait & écrit de leur main, ſuivant la taxe qui ſera arreſtée dans le tableau ou regiſtre des droits pour les dépens ci-deſſus mentionnés. Leur défendons de prendre autres ni plus grands droits, à peine du quadruple.

1. *Et auront ſeulement leurs Clercs le droit de calcul.*] Ce droit de calcul avoit été ôté aux Commiſſaires par un Edit du mois de novembre 1689 ; mais par une Déclaration du 27 décembre 1693, ces Officiers ont été conſervés dans leurs anciennes fonctions & perceptions de droits.

ARTICLE XXVII.

Dans les exécutoires de dépens (1) ſeront auſſi employez *les frais pour les lever* (2), avec ceux du premier exploit, de la ſignification qui ſera faite tant des exécutoires que de l'exploit.

1. *Dans les exécutoires de dépens.*] Après que la déclaration a été ſignée par le premier Juge qui a l'inſtruction, ou au Greffe, ſi c'eſt au Parlement, l'exécutoire de dépens, & y

employer les frais pour le lever, & autres dont il est parlé dans cet article. Cet exécutoire ne doit point être délivré que le Procureur du demandeur n'ait mis & signé la certification du calcul véritable au pied de la déclaration de dépens. (Délibération de la Communauté des Procureurs du Parlement de Paris du 5 mai 1687, article 15, rapportée au Recueil des Réglements concernants cette Communauté, pag. 249.)

Il faut aussi observer qu'on ne peut délivrer aucun exécutoire de dépens sur le mémoire du tiers, qui doit demeurer annexé à la déclaration de dépens. (Délibération de la même Communauté du 20 décembre 1684, rapporté au même Recueil, pag. 245.)

2. *Les frais pour les lever.*] Lorsque les dépens se taxent à l'amiable entre les Procureurs des Parties, on évite les droits de taxe & ceux de l'exécutoire. (Voyez ci-dessus la note 7 sur l'article 5 de ce titre, pag. 500.)

ARTICLE XXVIII.

Si la Partie qui a succombé *interjete appel* (1) de la taxe des dépens, son Procureur sera tenu de croiser dans trois jours sur la déclaration les articles dont il est appellant; & à faute de ce faire sur la premiere requête, il sera déclaré non-recevable en son appel.

1. *Interjete appel.*] Quand les dépens d'un procès sont une fois arrêtés, la Partie demanderesse en taxe n'est plus recevable à demander d'autres frais du procès. (Arrêt du Parlement

ment de Tournai du 18 novembre 1693, rapporté par Pinault, tom. 1, Arrêt 8.)

Il n'est pas permis au Juge ou Commissaire qui a délivré l'exécutoire, de le changer, non plus qu'au Juge de rétracter sa Sentence ; & il n'y a alors d'autre voie à celui qui se trouve lésé que d'appeller de la taxe.

Dans les Bailliages, Sénéchaussées & autres Sieges, où l'exécution de dépens se décerne par le Juge d'instruction, l'appel de l'exécutoire se porte au Siege. (Ainsi jugé par Arrêt du 28 août 1563, rendu pour Moulins & rapporté par Joly en son Recueil de Réglements, tome 2, pag. 1017, & par un autre Arrêt du 5 juin 1659, rendu pour Mondidier, rapporté au Journal des Audiences, tome 2 ; ce qui a été aussi réglé pour le Châtelet de Paris par Arrêt du 5 juillet 1692, portant que les dépens dudit Châtelet seront taxés par les Commissaires, par appel devant le Lieutenant-Civil.) Ces sortes d'appels se portent à l'audience. (*Infrà*, article 30.)

Quand il s'agit de la taxe des dépens d'une Sentence Présidiale qui est dans l'un des deux cas de l'Edit, l'appel de l'exécutoire se porte aussi au même Siege. (Voyez l'Edit de Follembrai du mois de juillet 1552, article 11.)

Cet appel empêche l'effet de l'exécutoire ; (Ainsi jugé par Arrêt du 24 août 1518, rapporté par Papon en ses Arrêts, liv. 18, titre 2, n. 25. Autre du 3 juillet 1615, rapporté par Basset, tome 1, liv. 2, titre 31, chap. 16.) Ce qui résulte aussi des termes qui sont en la fin de l'article 29 qui suit.

ARTICLE XXIX.

Après que le Procureur de l'Appel

lant aura croisé sur la déclaration les articles dont il sera appellant, pourra l'Intimé se faire délivrer exécutoire du contenu aux articles non croisez *dont il n'y aura point d'appel.* (1)

1. *Dont il n'y aura point d'appel.*] Il résulte de ces termes que l'appel d'un exécutoire de dépens en suspend l'effet, ainsi qu'il a été observé sur l'article précédent.

ARTICLE XXX.

Les appellations des articles *croisez sous deux croix seulement* (1) *seront portées à l'audience* (2) ; *& quand il y en aura davantage* (3), sera pris un appointement au Greffe.

1. *Croisés sous deux croix seulement.*] On peut sous une même croix croiser divers articles, quand l'appel est fondé sur les mêmes moyens.

2. *Seront portées à l'audience.*] Voyez la note sur l'article 28 ci-dessus, page 528.

Au Parlement, ces sortes d'appels se renvoient pour l'ordinaire devant le plus ancien Procureur, comme étant plus au fait de ces sortes de taxes. La même chose s'observe dans plusieurs autres Sieges.

3. *Et quand il y en aura davantage.*] Lorsqu'il y a dix croix, le procès peut être jugé dans les Cours par Commissaires, pourvu que ce dont il est question au procès excede la somme de mille livres. (Edit de mars 1673 , article 20.)

ARTICLE XXXI.

L'Appellant fera condamné en autant d'amendes qu'il y aura de croix & chefs d'appel fur lefquels il fera condamné, fi ce n'eft qu'il foit appellant des articles croifez par un moyen général ; & néantmoins les dépens adjugez pour raifon des appellations des taxes feront liquidez *par le mefme Jugement* (1) qui prononcera fur les appellations.

1. *Par le même Jugement.*] S'il y a appel de ce Jugement, dans le cas où il n'eft pas rendu en dernier reffort, cet appel fe porte au Tribunal fupérieur, foit au Parlement, foit au Préfidial, dans les affaires qui font dans les deux cas de l'Edit. La Sentence dont on interjete appel eft dans le cas des Sentences ordinaires, & elle s'exécute par provifion, lorfque les dépens ne montent qu'à la fomme de cent livres & au-deffous pour les Sentences rendues dans les Bailliages & Sénéchauffées royales, & ainfi des autres. (Voyez *fuprà*, titre 17, article 13, pag. 239.)

ARTICLE XXXII.

Les dépens qui feront adjugez, foit à l'audience ou fur les procès par écrit, par les Baillifs, Sénéchaux & Préfidiaux, feront taxez *en la mefme forme* (1) & *manière qu'en nos Cours* (2), & tous les droits réglez fuivant l'ufage des Sieges *dans lefquels les condamnations feront in-*

tervenues (3) , ainfi qu'ils feront employez dans le tableau & regiftre ci-
deffus mentionnés ; *& feront les dépens
taxez* (4) par les Juges *ou Commiffaires-
Examinateurs des dépens* (5) créez &
eftablis à cet effet ; auxquels Commiffaires-Examinateurs nous défendons
de prendre plus grands droits, fous prétexte d'attributions & ufages contraires,
que ceux qui feront arreftez , à peine
de concuffion & d'interdiction de leurs
charges.

1. *En la même forme.*] C'eft-à-dire par déclaration , &c. (Voyez *fuprà* , article 5 & fuivants.)

Il y a cependant des cas où les dépens doivent
fe liquider fur le champ , & par la Sentence même dans les Cours , Bailliages & Sieges Préfidiaux : favoir ,

1° En matiere de déclinatoires & de renvois.
(Voyez *fuprà* , titre 6 , article 4 , page 76.]

2° En matiere de liquidation de fruits. (Voyez
ci-deffus , titre 30 , article 4 , page 483.)

3° Lorfqu'il s'agit de l'appel d'une taxe de dépens. (Voyez l'article 31 de ce titre.)

4° En matiere de dommages & intérêts.
(Voyez *infrà* , titre 32 , article 3 , page 537.)

Il y a auffi des procédures pour lefquelles on
arbitre une fomme fixe pour les dépens en général, fans en faire la taxe. Ainfi au Parlement,
dans les inftances d'appointement à mettre,
tous les frais qui fe font , y compris le débourfé
même de l'Arrêt de réglement , & tout ce qui
fe fait jufqu'à celui qui doit prononcer fur ces

inſtances, ne peut excéder la ſomme de vingt livres, pour quelque cauſe & prétexte que ce puiſſe être, ſoit pour le demandeur ou pour le défendeur; & le Procureur ne peut compter ni faire payer une plus grande ſomme à ſa Partie. (Arrêt de réglement du 25 novembre 1689.)

De même dans les inſtances de ſaiſies & arrêts, on ne paſſe à l'arrêté pour les frais d'arrêt que la ſomme de trois livres. (Voyez l'article 24 de l'Arrêt de réglement du 10 juillet 1665.)

2. *Qu'en nos Cours.*] Il y a un Réglement particulier touchant la maniere de faire la taxe des dépens des procès qui ſe pourſuivent au Conſeil. (Voyez le nouveau Réglement touchant la procédure du Conſeil du 28 juin 1738, part. 2, titre 16.)

3. *Dans leſquels les condamnations feront inter-venues.*] Voyez la note ſur l'article 20 ci-deſſus, page 521.

4. *Et feront les dépens taxés.*] Les dépens d'un procès ſe taxent en la Juriſdiction où la Sentence qui les prononce a été rendue; mais s'il y a appel de cette Sentence, ou que l'af-faire ſoit évoquée par le Tribunal ſupérieur, ou renvoyée dans un autre Siege avant d'avoir été jugée au fond; alors c'eſt dans ce Tribunal d'appel ou de renvoi que ſe fait la taxe des dépens après le Jugement du fond, tant celle de la cauſe d'appel, que des dépens faits en cauſe principale & avant le renvoi ou l'évoca-tion. Ainſi au Parlement on taxe ſur un appel tous les dépens faits, tant en la Cour que dans les Juriſdictions précedentes où l'affaire a d'a-bord été jugée, & l'on en uſe de même dans les Bailliages.

Au reſte cela ne doit avoir lieu que dans le

cas , où fur l'appel la Sentence eft infirmée en quelque chef ; car fi elle eft confirmée , c'eft au Siege où la Sentence a été rendue que fe doit faire cette taxe. Il n'y a que les dépens de la caufe d'appel qui doivent être taxés par le Juge fupérieur.

5. *Ou Commiffaires-Examinateurs des dépens.*] Dans les Sieges où il y a des tiers - Référendaires-Taxateurs de dépens en titre d'office, c'eft à eux à faire la taxe des dépens. (Voyez ci-deffus article 15 , avec les notes , page 518.)

ARTICLE XXXIII.

Les Juges fubalternes (1) , tant royaux que des Seigneurs particuliers , feront tenus en toutes Sentences , foit en l'audience ou procès par écrit , *de liquider les dépens* (2) eu égard aux frais qui auront efté légitimement faits , fans aucunes déclarations de dépens , à peine contre les contrevenants de vingt livres d'amende , & de reftitution des droits qui auront efté perceus , dont fera délivré exécutoire aux Parties qui les auront débourfez.

1. *Les Juges fubalternes.*] Comme les Prévôts , Châtelains , Vicomtes & Viguiers royaux, les Maîtrifes des Eaux & Forêts , Juges-Confuls , Elections , Greniers à Sel , Amirautés , Juges de Seigneurs , &c.

Il y a cependant des endroits ou quelques-uns de ces Sieges taxent les dépens par déclaration , comme à Orléans l'Election.

2. *De liquider les dépens.*] Les Greffiers de ces Sieges font tenus de remplir fur les minutes des Sentences les fommes auxquelles montent les dépens qui ont été adjugés, en même temps qu'ils dreffent ces minutes, & il leur eft défendu de laiffer ces fommes en blanc, à peine de cinq cens livres d'amende & d'interdiction. (Arrêt du Confeil du 28 août 1717, rapporté au Recueil des Réglements de Juftice, tome 2.)

TITRE XXXII.

De la Taxe & Liquidation des dommages & intéréts.

ARTICLE I.

LA déclaration des dommages & intérefts (1) fera dreffée & copie donnée (2) au Procureur du défendeur, enfemble de la Sentence, Jugement ou Arreft qui les auront adjugez, & lui feront communiquées fur fon récépiffé les pieces juftificatives, pour les rendre dans la quinzaine, à peine de prifon, foixante livres d'amende, & du féjour, dépens, dommages & intérefts des Parties en fon nom, fans qu'aucune des peines puiffe eftre réputée comminatoire, ni remife ou modérée fous quelque prétexte que ce foit.

A a 4

1. *La déclaration des dommages & intérêts.*]
Les dommages & intérêts font la récompense
que celui qui cause quelque perte ou quelque
dommage à un tiers, soit par un fait, soit par
l'inexécution d'une convention, est tenu de faire
à celui qui la souffre ; comme dans le cas de complainte, réintégrante, emprisonnement, saisie
& exécution, refus d'accomplir un marché, &c.

Il arrive le plus souvent que les Juges esti-
ment d'office ces dommages & intérês, & les
fixent par le Jugement qui y condamne, sur-
tout quand ces dommages & intérêts ne font pas
de grande conféquence ; mais si les Juges ne
se croient pas en état de liquider sur le champ
ces dommages & intérêts, & que la liquidation
dépende d'un examen long & pénible, alors
il faut les liquider par déclaration, suivant la procédure établie dans ce titre. (Voyez les articles.
88 & 89 de l'Ordonnance de 1539.)

La Partie qui a gagné son procès avec dépens, dommages & intérêts, peut comprendre
l'un & l'autre dans une même déclaration, quoiqu'elle puisse le faire par un libelle féparé. (Arrêt du 24 décembre 1696, rapporté par Pinault,
tome 1, Arrêt 132.)

On peut comprendre dans cette déclaration
des dommages & intérêts, non-seulement les
pertes & les dommages qu'on a soufferts, mais
souvent aussi les gains & les profits qu'on a manqué de faire. (Voyez Imbert en ses Inftitutions,
liv. 1, chap. 53, n. 8.)

2. *Et copie donnée.*] Par le Procureur de celui
qui a obtenu la condamnation.

ARTICLE II.

Pourra le Défendeur dans les délais

pareils à ceux ci-deffus réglez en l'article cinquieme du titre de la taxe des dépens faire fes offres ; & en cas d'acceptation, en fera paffé *appointement de condamnation* (1) qui fera receu en l'audience.

1. *Appointement de condamnation.*] La condamnation de dommages & intérêts peut être prononcée par corps après les quatre mois, lorfque les dommages & intérêts montent à plus de deux cens livres. (*Infrà*, titre 34 , article 2.)

A R T I C L E III.

Si le défendeur ne fait point d'offres, ou qu'elles foient contestées, fera pris, *appointement à produire dans trois jours* (1) ; & en cas qu'elles foient contestées, *fi par l'événement* (2) les dommages & intérefts n'excedent la fomme offerte, le demandeur fera condamné en tous les frais & dépens depuis le jour des offres, lesquels feront liquidez par le mefme Jugement.

1. *Appointement à produire dans trois jours.*] C'eft-à-dire un appointement à mettre.

2. *Si par l'événement.*] C'eft-à-dire par le rapport des experts nommés pour la liquidation des dommages & intérêts. Il faut pour faire faire cette eftimation fuivre la procédure établie ci-deffus, titre 21 , article 8 & fuivants , pag. 331 & fuivantes.

ARTICLE LV.

Les Procureurs qui auront occupé dans les inftances principales *feront tenus d'occuper* (1) dans celle de liquidation des dommages & interefts, fans qu'il foit befoin de nouveau pouvoir.

1. *Seront tenus d'occuper.*] Voyez *infrà*, titre 35, article 6. Voyez aufli l'Ordonnance de Rouffillon du mois de janvier 1563, article 7, qui porte : » que les Procureurs qui ont occupé » dans les inftances principales, feront tenus » d'occuper dans les inftances d'exécution des » Arrêts & Jugements rendus fur lefdites inf- » tances principales, fans nouveau pouvoir. « Ces mots, *exécution des Jugements*, ne doivent pas s'entendre des faifies & arrêts ou exécutions qui fe font en vertu defdits Jugements ; car ces faifies forment une nouvelle inftance toute différente de la premiere ; mais feulement des cas où il s'agit de procéder en exécution des Jugements, comme au cas de l'article 9 du titre 27 ci-deffus, page 450.

TITRE XXXIII.

Des Saisies & Exécutions & Ventes des meubles, grains, bestiaux & choses mobiliaires.

ARTICLE I.

TOus exploits *de saisie & exécutions* (1) de meubles *ou choses mobiliaires* [2] contiendront *l'élection de domicile du saisissant* [3] dans la ville où la saisie & exécution sera faite ; & si la saisie & exécution n'est faite dans une ville, bourg ou village, le domicile *sera éleu dans le village ou la ville qui est plus proche.* [4]

1. *De saisies & exécutions.*] Saisie & exécution font presque synonymes ; néanmoins la *saisie* s'entend, à proprement parler, de la saisie sans enlevement, au lieu que l'*exécution* est la saisie suivie d'enlevement.

2. *Ou choses mobiliaires.*] Comme bled, vin & autres fruits de la terre, ustensiles de maisons ou fermes, toutes especes de marchandises, & en général tous les effets mobiliers qui appartiennent au débiteur qu'on veut saisir.

Les esclaves de l'Amérique sont aussi regar-

dés comme meubles, & peuvent être faifis &
vendus comme les autres chofes mobiliaires.
(Voyez l'Edit du mois de mars 1685 touchant
la police des efclaves de l'Amérique, articles
44, 46, 47 & 48.)

Les faifies de fruits pendants par les racines
font auffi regardées comme mobiliaires, pourvu
qu'elles foient faites peu de temps avant la récolte, *quia tendunt ad aliquid mobile.* Ce temps
eft réglé fuivant les ufages des lieux. A Orléans
l'ufage eft de ne point faire ces fortes de faifies
avant la Madeleine pour les vignes, & avant
la Saint Barnabé pour les bleds.

3. *L'élection de domicile du faififfant, &c.*]
A peine de nullité. (*Infrà*, article 19.)

Cette élection de domicile du faififfant eft
requife, non-feulement afin que le débiteur
connoiffe le lieu où il doit s'adreffer pour faire
les oppofitions & fignifications néceffaires ; mais
elle donne encore au faifi & aux autres oppofants le droit d'affigner le faififfant pardevant le
Juge du lieu du domicile élu, pour décider fur
les conteftations qui peuvent arriver au fujet de
cette faifie. C'eft ce qui réfulte de la compa-
raifon de cet article avec l'article 13 du titre
13 de l'Ordonnance criminelle de 1670, &
avec l'article 13 du titre 10 de la même Ordonnance. L'article 13 du titre 13 de l'Ordonnance de 1670 porte : » que les écroues &
» recommandations feront mention du domi-
» cile qui fera élu par la Partie qui les fera faire
» au lieu où la prifon eft fituée, à peine de nul-
» lité ; « & l'article 13 du titre 10 de la même
Ordonnance porte : » que ceux à la requête
» defquels les décrets feront exécutés feront
» tenus d'élire domicile dans le lieu de la Jurif-
» diction. « Mais cet article ajoute enfuite,
fans attribuer toutefois aucune Jurifdiction au

Juge du domicile élu ; ce qui fait connoître que
l'effet ordinaire de ces fortes d'élections de domicile est d'attribuer Jurisdiction au Juge du
lieu où cette élection a été faite ; & comme
cet article 1 du présent titre de l'Ordonnance
Civile & l'article 13 du titre 13 de l'Ordonnance de 1670 ne renferment point une exception pareille à celle portée dans l'article 13
du titre 10 de la même Ordonnance de 1670,
on peut en conclure avec justice que l'esprit
de l'Ordonnance est qu'en matiere de saisies
& exécutions, ainsi qu'en matiere d'emprifonnement fait à la requête & sur la poursuite
d'une Partie privée en matiere civile, l'effet
de l'élection de domicile est d'attribuer Jurisdiction au Juge du domicile élu.

L'article 5 de l'Edit du mois de janvier 1685,
rendu pour l'administration de la Justice au Châtelet de Paris, en a une disposition précise. Cet
article porte : » que ceux qui feront saisir à
» Paris des carrosses, chevaux, bestiaux & au-
» tres meubles pour dettes, ou qui formeront
» quelqu'opposition, seront tenus d'y consti-
» tuer Procureur, & d'élire domicile par les-
» dites saisies ou oppositions, & qu'en consé-
» quence ils pourront être assignés aux domi-
» ciles qu'ils auront ainsi élus. «

L'article 8 du titre 7 de l'Ordonnance Criminelle du mois d'août 1670 porte : » que les
» opposants à la publication des Monitoires
» seront tenus d'élire domicile dans le lieu de
» la Jurisdiction du Juge qui en aura permis
» l'obtention, à peine de nullité de l'opposi-
» tion, & que les opposants pourront même y
» être assignés sans commission ni mandement. «

Cette regle d'ailleurs, que l'élection de domicile en matiere de saisies & oppositions est
attributive de Jurisdiction, est fondée en gran-

de raison. En effet, si dans ces sortes d'instances
il falloit plaider devant un autre Juge que celui
du lieu où la saisie, exécution ou emprisonnement est fait, il faudroit avoir autant de Juges
que d'opposants & arrêtants, lorsque ces opposants & arrêtants demeurent en différentes
Jurisdictions.

Plusieurs Huissiers sont dans l'usage dans leurs
exploits de ne faire pour leurs Parties cette
élection de domicile que pour vingt-quatre
heures seulement ; mais il est évident que c'est
par abus & sans aucun fondement, & qu'ils
seroient également fondés à la faire pour un
temps encore plus court. Ces sortes d'élections
de domicile doivent être faites indéfiniment &
sans aucune limitation de temps, & durent jusqu'à ce que l'instance pour raison de la saisie &
emprisonnement soit terminé.

A Paris, outre l'élection de domicile, il faut
encore que le saisissant cote Procureur par la
saisie, ainsi qu'il est porté en l'article 7 de l'Edit
du mois de janvier 1685 qu'on vient de
citer.

4. *Sera élu dans le village ou la ville qui est
plus proche.*] Cette regle, que les saisies doivent contenir l'election du domicile du saisissant dans la ville, bourg ou village où la saisie est faite, ou du moins dans le village ou
la ville la plus prochaine, lorsque cette saisie
est faite à la campagne, reçoit une exception
dans le cas des saisies & exécutions qui se font
pour deniers royaux ; car alors les Fermiers,
Receveurs & autres personnes employées à re-
couvrer ces deniers, peuvent faire ces élections
de domicile en leur bureau, sans être obligés
d'en élire dans la ville, village ou bourg le plus
proche. (Edit du mois de mars 1668, article 2.)

ARTICLE II.

Les saisies & exécutions ne se feront *que pour chose certaine & liquide, en deniers ou en especes* (1); & si c'est en especes, sera sursis à la vente *jusques à ce que l'appréciation en ait esté faite.* (2)

1. *Que pour chose certaine & liquide, en deniers ou en especes.*] C'est-à-dire que cette dette doit être d'une somme d'argent fixe & déterminée, ou bien d'une espece qui consiste en nombre, poids & mesure, comme de bled, orge, vin, &c., & qui soit déterminée en quantité, *v. g.* de quatre muids de bled, de deux tonneaux de vin, &c., comme dans le cas de redevances en grains, vins & autres denrées.

Une dette est certaine lorsqu'elle est exigible & qu'elle ne dépend point d'une condition; c'est pourquoi si la dette n'est pas encore échue, il n'y a pas lieu à la saisie & exécution, & c'est en ce sens qu'on peut dire que celui qui a terme ne doit rien, parce qu'on ne peut le contraindre de payer avant le terme échu.

Il faut aussi pour qu'une saisie & exécution soit valable, qu'elle soit faite en vertu d'un titre exécutoire; c'est-à-dire 1° en vertu d'un contrat ou obligation en forme authentique, passé sous scel royal ou du Seigneur; 2° ou en vertu d'un Jugement dont il n'y a point d'appel, ou qui s'exécute par provision nonobstant l'appel. (Coutume d'Orléans, art. 130.)

Pour que les obligations passées sous le scel des Seigneurs emportent exécution sur les biens de l'obligé, il ne suffit pas que le Notaire inftrumente dans son reffort ; il faut encore, aux termes de l'Ordonnance de 1539, article 66, que les Parties qui fubiffent ces obligations foient demeurantes dans l'étendue de la Jurif-diction où ces fceaux font authentiques. Les nouveaux Réglements y ont même ajouté une troifieme condition, c'eft que les contrats que ces Notaires peuvent recevoir ne doivent con-cerner que les biens fitués dans l'étendue de cette même Jurifdiction. Telle eft la difpofition de plufieurs Edits & Arrêts, & notamment de l'Edit du mois d'octobre 1705 ; mais on pré-tend que cette derniere difpofition n'eft plus obfervée dans l'ufage, & que telle eft la ju-rifprudence du Parlement.

Les Jugements & contrats paffés en pays étranger, quoique munis du fceau du Sou-verain dans la feignéurie duquel ils ont été paffés, ne font point exécutoires en France. (Arrêt du 3 août 1534, rapporté par Chopin. Autre du 26 mars 1599. Voyez auffi les Com-mentateurs de la Coutume de Paris, qui en rap-portent plufieurs Arrêts poftérieurs. L'Ordon-nance de 1629, article 121, en a une difpofition expreffe ; ce qui eft fondé fur ce que l'autorité des Souverains ne s'étend point au-delà des provinces foumifes à leur puiffance.)

Outre les conditions dont on vient de par-ler, il faut encore, pour qu'une obligation foit exécutoire, 1° qu'elle foit fcellée. (Edit du mois de novembre 1696.) 2° Qu'elle foit contrôlée. (Edit de mars 1693.) 3° Qu'elle foit mife en groffe & expédiée en parchemin timbré. (Edit du mois de juin 1580 & Décla-ration du 19 juin 1691, article 19 ;) avec cette limitation cependant, qu'il fuffit que ces actes aient été expédiés une fois en parche-min, pour pouvoir enfuite être mis à exécu-

tion , pourvu qu'il foit fait mention de cette
premiere expédition, tant fur la minute que fur
les autres expéditions qui en feront enfuite délivrées. (Déclaration du 24 juillet 1691.)

Ces formalités font effentielles non-feulement
aux obligations paffées devant Notaires pour
pouvoir être mifes à exécution ; mais encore
aux Sentences & Jugements émanés , tant des
Juges royaux que des Juges de Seigneurs. (A
la réferve feulement du contrôle , qui n'a pas
lieu pour les Jugements.) Car les maximes qui
regardent les contrats s'appliquent auffi aux
Sentences & Arrêts. Il en faut cependant excepter la formalité du parchemin timbré , à
laquelle les Edits & Réglements rendus fur cette
matiere n'ont affujetti que les Arrêts & Jugements, foit définitifs , foit interlocutoires , émanés des Cours fupérieures (Déclaration du Roi
du 19 juin 1691, article 1) & les Sentences
définitives fujettes à exécution rendues par les
Bailliages , Sénéchauffées , Châtellenies , Prévôtés , Eaux & Forêts , Amirautés , Elections ,
Greniers à Sel & autres Jurifdictions royales.
(*Ibidem* , article 7.) A l'égard des Sentences
rendues par les autres Juges, il fuffit de les expédier en papier timbré , à l'exception cependant de celles des Juges-Confuls , lefquelles
doivent être expédiées en papier ou parchemin
timbré , fuivant l'ufage des lieux , aux termes de
la même Déclaration , article 7. A Orléans ,
l'ufage eft de les expédier en papier timbré.

Il n'eft pas toujours néceffaire, pour pouvoir
faifir & exécuter , d'avoir un titre authentique
& en bonne forme : on le peut auffi quelquefois en vertu de la Coutume. Ainfi par les articles 406 & 415 de la Coutume d'Orléans , les
propriétaires des maifons , métairies & rentes
foncieres , peuvent faifir & enlever par exé-

cution les meubles de leurs locataires, fermiers & débiteurs, pour sûreté de leurs loyers, rentes & fermages ; & c'est ainsi qu'on l'observe dans l'usage, sans même prendre à cet effet une permission de Justice.

2. *Jusqu'à ce que l'appréciation en ait été faite.*] Car jusqu'à ce que l'appréciation ait été faite, on ne peut pas dire précisément la somme qui est due au saisissant ; il faut, pour faire cette appréciation, que le saisissant ajourne le saisi. (Voyez le procès-verbal de l'Ordonnance , page 415 , article 5.)

S'il s'agit de bled ou de grain , l'appréciation se fait sur les extraits des registres de la valeur des gros fruits, ainsi qu'il est établi ci-dessus. (Voyez titre 30 , article 8 , avec la note , page 485.) Et si c'est du vin ou autres fruits, il faut en prendre le prix moyen pour chaque année , eu égard au canton où ils ont été achetés ; c'est-à-dire prendre un milieu entre les différents prix que ces vins ou autres fruits y ont été vendus pendant chacune de ces années , suivant les certificats de ceux qui font commerce de ces sortes de marchandises , ou à défaut, en faisant faire cette estimation par experts ou gens à ce connoissants. Mais si par l'obligation ou par des reconnoissances le débiteur s'étoit engagé de livrer le meilleur vin ou autres meilleurs fruits de cet endroit , alors il faudroit estimer le vin ou autres fruits sur le prix que les plus chers du canton y ont été vendus pendant chaque année de la redevance.

A l'égard de la derniere année de redevance , tant en grains , vins , qu'autres fruits, comme elle doit toujours se payer en especes , (*supra* , titre 30 , article 1 , page 480 ,) si le débiteur a été mis en demeure de la payer, il faudra en faire l'estimation sur le pied de l'augmentation qui a pu furvenir à ces grains ou autres fruits depuis la fommation, parce qu'alors le dommage que fouffre le créancier par ce défaut de livraifon eft ce plus haut prix auquel il eût pu le vendre. (*Ità* Coquille, queftion 206.) Il en eft de même, s'il y avoit eu à la fin de chaque année une interpellation faite à ce débiteur.

ARTICLE III.

Toutes les formalités des ajournements (1) feront obfervées dans les exploits de faifie & exécution, & fous les mefmes peines.

1. *Toutes les formalités des ajournements.*] Voyez ci-deffus, titre 2, article 1 & fuivants, avec les notes, page 7. Sur quoi il faut remarquer que quoiqu'on obferve le plus fouvent dans l'ufage de fe fervir de recors pour les faifies & exécutions mobiliaires, néanmoins leur affiftance y eft entiérement inutile, & un débiteur feroit bien fondé à prétendre que le falaire de ces recors ne doit point paffer en taxe. (Voyez ce qui a été dit à ce fujet, titre 2, article 2, note 1, page 10.)

Outre ces formalités, il faut encore que la faifie & exécution foit précédée d'un commandement, à peine de nullité. (Ordonnance de 1539, article 74. Papon en fes Arrêts, livre 18, titre 5, n. 25. Voyez auffi *infrà*, titre 34, article 10.)

Quelques perfonnes penfent que pour qu'une faifie foit valable, il faut que le commandement ait précédé de 24 heures cette faifie ; mais ce fentiment n'eft fondé fur aucune autorité ; il fuffit que le commandement foit fait par le

procès-verbal même de saisie ; autrement ce
feroit donner au débiteur le temps de détourner
ses meubles.

Il y a à Orléans un Réglement imprimé de
la communauté des Procureurs au Châtelet
d'Orléans, en date du 6 novembre 1700, qui
porte en l'article 5, qu'à l'égard des significations des Sentences, Jugements contradictoires
ou par défaut, avant de pouvoir user de contrainte contre une Partie domiciliée à Orléans,
il lui sera donné un délai de 24 heures, afin
qu'elle puisse se pourvoir pendant ce temps, ou
par opposition, ou autrement ; mais cela a été
établi par un arrangement particulier fait entre
les Procureurs de cette communauté, qui ne
peut servir de regle à l'égard des créanciers qui
veulent poursuivre leurs débiteurs par voie de
saisie & exécution, & qui ont intérêt de ne pas
attendre.

Quand il s'agit de la perception des droits
du Roi, il doit y avoir huit jours francs entre
le commandement & l'exécution. (Déclaration
du Roi du 17 février 1688, portant réglement
touchant la procédure des Élections, Greniers
à Sel, &c.)

Il n'est pas nécessaire que la saisie suive de près
le commandement ; quand une fois il a été fait,
on peut passer, quand on veut, à la saisie, même pendant trente ans, sans qu'il soit besoin de
faire un itératif commandement. (Acte de notoriété du Châtelet de Paris du 23 juillet 1707.)

L'opposition qui se fait par le débiteur à ce
commandement n'empêche pas de procéder
par provision à la saisie & exécution. (Ordonnance du mois d'août 1536, article 41. Imbert
en ses Institutions Forenses, liv. 1, chap. 4, article 4. Plusieurs Coutumes en ont des dispositions. Voyez Orléans, article 430. Berri, titre

19, article 1. Auvergne, chap. 4, article 51,
& autres.)

A R T I C L E IV.

Avant d'entrer dans une maison pour
y saisir des meubles ou effects mobiliaires, l'Huissier ou Sergent sera tenu
d'appeller deux voisins au moins (1) pour
y estre présents, auxquels il fera signer
son exploit ou procès-verbal, s'ils sa-
vent ou veulent signer, sinon en fera
mention, comme aussi du temps de l'exploit, *si c'est avant ou après midi* (2) ; &
le fera aussi signer *par ses records* (3) : &
s'il n'y a point de voisin, sera tenu de
le déclarer par l'exploit, & de le faire
parapher *par le plus prochain Juge* (4)
incontinent après l'exécution.

1. *D'appeller deux voisins au moins.*] A peine
de nullité. (*Infrà*, article 19.) Mais il est
défendu au saisissant d'être présent à la saisie.
(Ordonnance de Moulins, article 32.)

2. *Si c'est avant ou après midi.*] Non à peine
de nullité. Voyez aussi *suprà* l'article 15 du titre
19, note 1, page 279.

3. *Par ses records.*] Aujourd'hui que l'usage
des records n'est plus nécessaire dans les saisies
& exécutions, cette formalité de leur signature
est inutile. (Voyez ce qui a été dit à ce sujet,
titre 2, article 2, note 1, page 10.)

4. *Par le plus prochain Juge.*] Lorsqu'il s'agit
des deniers du Roi, l'exploit doit être paraphé
par un Officier de l'Election du Grenier à Sel,
ou autre qui doit connoître de la saisie & exé-

cution. (Edit du mois de mars 1668, portant Réglement pour les procédures concernant les affaires de Sa Majesté, article 3.)

ARTICLE V.

Si les portes de la maison sont fermées, & qu'il n'y ait personne pour les ouvrir, ou que ceux qui y seront n'en veulent faire l'ouverture, l'Huissier ou Sergent *se retirera devant le Juge du lieu* (1), lequel au bas de l'exploit ou procès-verbal du Sergent *nommera deux personnes* (2), en présence desquelles l'ouverture des portes & la saisie & exécution seront faites, & signeront l'exploit ou procès-verbal de saisie avec les records.

1. *Se retirera devant le Juge du lieu.*] Le tout à peine de nullité. (*Infrà*, article 19.)

Par les articles 4 & 6 de l'Edit du mois de mars 1668, qui vient d'être cité, lorsqu'il s'agit des droits d'Aides, Taille, Gabelles, &c., & autres matieres qui ont le privilege des deniers royaux, l'Huissier, au lieu de se retirer devant le Juge ordinaire du lieu, doit se pourvoir devant un Officier de l'Election, Grenier à Sel ou autre Siege qui doit connoître de la matiere, lequel au bas de l'exploit ou procès-verbal ordonnera l'ouverture des portes en présence de deux recors ou personnes qui signeront au procès-verbal de saisie & exécution.

Lorsque l'Huissier se retire devant le Juge pour avoir permission de faire faire l'ouverture des portes, il doit avoir la précaution de laisser des recors autour de la maison , pour veiller au détournement qui pourroit être fait des meubles pendant ce temps.

2. *Nommera deux personnes.*] A peine de nullité. (*Infrà* , artice 19.)

Si ces personnes refusoient d'être présentes à l'ouverture des portes & à la saisie & exécution, le Juge pourra ordonner que , vu le refus , il sera procédé purement à l'ouverture des portes & à la saisie. Dans les endroits où il y a des Commissaires, comme à Paris , le Juge, au lieu de deux témoins, nomme ordinairement un Commissaire pour être présent à cette ouverture.

Si le Juge refusoit cette permission de faire ouvrir les portes , il pourroit être pris à Partie. (Arrêt du Conseil du 6 août 1668 contre le Prévôt & le Lieutenant Général de Gisors.) C'est un déni de Justice.

ARTICLE VI.

Les exploits ou procès-verbaux de saisies & exécutions contiendront *par le menu & en détail* (1) tous les meubles saisis & exécutez.

1. *Par le menu & en détail.*] Tant pour la sûreté du créancier , que pour celle des opposants & du débiteur saisi , afin qu'ils puissent connoître par-là la cause de la saisie , la qualité & la quantité des meubles & effets qui ont été saisis.

Même disposition *suprà* , titre 19 , article 15, page 279.

Si en procédant à la saisie , l'Huissier trouve des armoires ou des coffres ouverts , il peut en faire la description & exécuter ce qui s'y trouve;

& s'ils font fermés, & qu'on les ouvre volontairement, il peut en faire de même. Mais ſi le
débiteur ſaiſi refuſe d'en faire l'ouverture,
l'Huiſſier ne peut les faire ouvrir ſans permiſſion
du Juge, & pour cet effet il doit donner aſſignation au débiteur en l'hôtel du Juge, pour dire
les cauſes de ſon refus, ſinon qu'il ſera permis
de faire ouvrir les coffres & armoires en préſence de deux témoins ou d'un Commiſſaire.
Ces ſortes d'aſſignations ſe donnent d'une heure
à l'autre.

Lorſqu'il ne ſe trouve aucuns effets dans la
maiſon dans le temps que l'Huiſſier procede à
la ſaiſie, il doit dreſſer un procès-verbal de carence de meubles.

ARTICLE VII.

Sera laiſſé ſur le champ au ſaiſi (1)
copie de l'exploit ou procès - verbal
*ſignée des meſmes perſonnes qui auront ſigné
l'original.* (2)

1. *Sera laiſſé ſur le champ au ſaiſi, &c.*] A
peine de nullité. (*Infrà*, article 19.)

Lorſqu'il y a pluſieurs ſaiſis, il faut donner
copie de l'exploit à chacun d'eux. Cette copie
doit être laiſſée à perſonne ou à domicile, même dans le cas où le ſaiſi a ſon domicile dans un
autre endroit que celui où la ſaiſie eſt faite.

Si après avoir fait la ſaiſie il ne ſe trouve
perſonne dans la maiſon, l'Huiſſier doit attacher
à la porte la copie de l'exploit de ſaiſie, &c.,
ſuivant qu'il eſt porté en l'article 4 du titre 2 ci-
deſſus, page 23.

L'Huiſſier ou Sergent qui établit un gardien
à une ſaiſie, doit auſſi lui donner copie du procès-verbal

cès verbal de faisie & exécution ; ce qui doit avoir lieu, même dans le cas où le gardien s'est volontairement chargé des effets faisis fans les déplacer. (Acte de notoriété du Châtelet de Paris du 22 septembre 1688.) En effet il est juste que le gardien ait l'état détaillé des chofes dont il est chargé , & qu'il est obligé , même par corps, de repréfenter.

2. Signé des mêmes perfonnes qui auront signé l'original.] A peine de nullité , &c. (*Infra* , article 19.)

Cette faisie doit être fignée du gardien ou Commiffaire, s'il a volontairement accepté la garde & qu'il fache figner, finon il doit être interpellé de le faire, & il doit être fait mention qu'il n'a voulu figner, & ce à peine de nullité. (Argument tiré de ce qui est porté en l'article 8 du titre 19 ci-deffus à l'égard des féqueftres.) Mais cette nullité fe couvre lorfque le gardien ou Commiffaire a depuis veillé à la garde des effets faifis. Au furplus cette nullité ne peut être oppofée que par le gardien , & non par le faifi , cette formalité n'ayant point été introduite en faveur de ce dernier , mais uniquement en faveur des gardiens.

Si le gardien refufe d'accepter la garde, l'Huiffier en doit faire mention par fon procès-verbal, & lui donner affignation en Juftice, pour voir ordonner qu'il demeurera chargé des effets. (Voyez *fupra* , titre 19 , article 15 , note 4 , page 280.)

Quand le gardien ou dépofitaire a figné l'original de la faifie, il doit auffi figner la copie, à peine de nullité, aux termes de cet article.

ARTICLE VIII.

Le nom & le domicile de celui en la

*garde duquel auront efté mifes les chofes fai-
fies* (1) *, feront fignifiez au faifi* (2) *par le*
mefme procès-verbal.

1. *En la garde duquel auront été mifes les chofes faifies.*] Par une Déclaration du Roi du 5 feptembre 1674, le Roi avoit établi des bureaux
publics dans tout le Royaume, pour y dépofer
les meubles faifis par autorité de Juftice, & enfuite déplacés faute de trouver des gardiens
folvables ; mais la difficulté de l'exécution a
fait depuis fupprimer cette Déclaration.

A l'égard des perfonnes qui peuvent être prifes pour gardiens, & de celles qui ne le peuvent, voyez ci-deffus, titre 19, articles 13 &
14, avec les notes, page 274 & fuivantes.

Voyez auffi pour les qualités néceffaires aux
gardiens & Commiffaires, & pour les chofes
qui excufent de la garde, *ibidem*, titre 19, article 15, note 4, page 280.

2. *Seront fignifiés au faifi.*] Afin qu'il connoiffe le gardien, & qu'il puiffe veiller fur fes
effets.

ARTICLE IX.

Défendons aux Gardiens de fe fervir (1)
des chofes faifies pour leur ufage particulier, ni de les bailler à louage ; & en
cas de contravention, voulons qu'ils
foient privez du paiement des frais de
garde & de nourriture, & condamnez
aux dommages & intéreſts des Parties.

1. *Défendons aux gardiens de fe fervir.*] Car
c'eft une efpece de vol que de fe fervir des cho-

fes dont on eſt dépoſitaire. (*L. 3. Cod. depoſiti.*)
Les gardiens & Commiſſaires doivent conſer-
ver avec ſoin les choſes confiées à leur garde
tant que leur fonction dure : ainſi ils doivent empêcher le ſaiſi ou autres d'enlever & détourner
les effets ou fruits ſaiſis ; & en cas d'enlevement,
ils doivent en faire dreſſer procès-verbal, ſi cet
enlevement ſe fait par violence, ou envoyer
chercher main-forte, ou enfin s'adreſſer au Juge.

Quand le gardien ou dépoſitaire a laiſſé par
négligence enlever les effets, il en répond, &
peut être condamné à les rétablir : *Eam enim in*
rebus creditis diligentiam adhibere debet, quam
diligens pater familias in rebus ſuis ſolet adhi-
bere. (*L. contractus 23, ff. de regulis Juris.*
Voyez auſſi Dumoulin ſur la Coutume de Pa-
ris, *tit. 1. §. 9. gloſſ. 6. n. 9 :*) ce qui a pareillement lieu à l'égard du dépoſitaire.

Si ce gardien ou dépoſitaire eſt dans l'impoſ-
ſibilité de rétablir les effets, il eſt tenu d'en
rapporter la valeur ou eſtimation ; & alors cette
eſtimation ſe fait de la maniere la plus avanta-
geuſe pour les Parties qui y ont intérêt. Ainſi
s'il y a du bled compris dans les effets ſaiſis,
ce bled doit s'eſtimer ſur le pied du meilleur
bled ; & s'il eſt dit v. g. trois muids ou environ,
cela s'eſtime a trois muids entiers : ce qui ſe pratique toujours dans le cas de fraude ou de négligence du dépoſitaire.

ARTICLE X.

Si les beſtiaux ſaiſis produiſent d'eux-
meſmes *quelque profit ou revenu* (1), le
gardien *en tiendra compte au ſaiſi* (2),
ou aux créanciers ſaiſiſſants.

1. *Quelque profit ou revenu.*] Suivant l'Edit

du mois de décembre 1674, portant création de Commissaires aux saisies mobiliaires dont il a été parlé ci-dessus, il est permis aux Parties saisies de prendre, si bon leur semble, le lait de leurs bestiaux, sinon le gardien doit leur en tenir compte sur ses frais de garde. Ce même Edit permet aussi aux personnes saisies de nourrir elles-mêmes leurs bestiaux & chevaux, si elles le désirent, & si elles en font leur déclaration le jour auquel la saisie aura été faite.

2. *Et tiendra compte au saisi.*] Quand il y a des frais de nourritures ou autres à avancer pour la garde & entretien des bestiaux ou autres effets saisis, le gardien peut demander au saisissant qu'il lui soit fourni des deniers à cet effet ; sinon il peut demander à être déchargé de la garde. (Ainsi jugé au Présidial d'Orléans par Sentence du 23 mars 1744.)

S'il s'agit de saisies des fruits pendants par les racines, les créanciers ont le choix d'établir un Commissaire aux fruits saisis, ou d'en poursuivre en Justice la vente sur pied ; & si l'héritage dont on veut saisir les fruits a été donné à ferme de bonne foi & sans fraude, alors il suffira d'arrêter entre les mains du fermier les deniers de la ferme, & de le contraindre d'en vuider ses mains.

Dans le cas où il y a eu un Commissaire établi aux fruits saisis, il peut aussi demander qu'il lui soit fourni par le saisissant des deniers à suffire pour les frais de la récolte.

ARTICLE XI.

La vente des choses saisies sera faite (1) *au plus prochain Marché public* (2), *aux jours & heures ordinaires des marchez,*

& sera tenu le Sergent signifier auparavant à la personne ou domicile du Saisi le jour & l'heure de la vente, à ce qu'il ait à faire trouver des enchérisseurs, si bon lui semble.

1. *La vente des choses saisies sera faite, &c.*] Sans qu'il soit besoin de prendre pour cela une Ordonnance du Juge. (Voyez le procès-verbal de l'Ordonnance, page 260.)

Si l'Huissier ne peut se faire représenter par le gardien les effets saisis pour les vendre au jour indiqué, il doit lui faire un commandement à l'effet de lui faire cette représentation; & faute par le gardien d'y satisfaire, l'Huissier doit lui donner assignation devant le Juge, pour s'y voir condamner par corps, comme dépositaire de biens de Justice, avec dépens, dommages & intérêts envers le saisissant & les opposants.

2. *Au plus prochain marché, &c.*] A peine de nullité. (*Infrà*, article 19.) Cette formalité est établie afin d'éviter les fraudes qui pourroient se commettre entre le saisissant ou l'Huissier, & les enchérisseurs, & aussi afin qu'il y ait un plus grand nombre de personnes pour pouvoir acheter.

Cet article reçoit une exception portée par l'Ordonnance du mois de fevrier 1556, articles 4 & 5, (rapportée par Fontanon, tom. 1, liv. 2, titre 19,) qui est que cette formalité n'est pas nécessaire lorsque les ventes se font à l'amiable & que les Parties s'accordent des lieux & heures pour faire la vente; ou bien lorsque le Juge y déroge par des considérations particulieres, comme dans les cas où il s'agit de vendre des meubles fragiles, & dont le transport ne pourroit se faire sans dommage, ou lorsque le marché est éloigné , & que le transport des meubles occasionneroit des frais considérables ; auxquels cas le Juge doit ordonner que la vente des effets se fera dans la maison ou à la porte du saisi.

Lorsque toutes les Parties consentent à faire la vente de cette maniere , la permission du Juge est inutile ; mais l'Huissier pour sa décharge doit prendre ce consentement par écrit , & le joindre à la minute de son procès-verbal de vente.

ARTICLE XII.

Les choses saisies ne pourront estre vendues *qu'il n'y ait au moins huict jours francs* (1) entre l'exécution & la vente.

1. *Qu'il n'y ait au moins huit jours francs.* A peine de nullité , &c. (*Infrà* , article 19.) Cette disposition est établie , tant en faveur du saisi que des créanciers , & autres qui peuvent y avoir intérêt : en faveur du saisi , afin qu'il puisse pendant ce temps satisfaire aux causes de la saisie , & empêcher par-là la vente de ses effets ; & en faveur des créanciers & autres , afin qu'ils aient le temps de former opposition à la saisie , & d'exercer leurs droits si ce sont des créanciers , ou de réclamer leurs effets , si parmi les effets saisis il y en a qui appartiennent à ceux qui les veulent réclamer. Il arrive même quelquefois que le Juge prolonge ce délai de huitaine , sur-tout lorsque le saisi offre de donner bonne & suffisante caution de satisfaire son créancier pendant ce temps. (Voyez le procès-verbal de l'Ordonnance , page 265 , article 18.)

Lorsqu'il y a des oppositions à la vente des effets , soit de la part des créanciers ou autres

bn ne peut paſſer à la vente, à moins qu'il ne
ſoit ainſi ordonné par Juſtice : c'eſt pourquoi
le ſaiſiſſant doit les aſſigner pour en avoir main-
levée.

1° Si l'oppoſition eſt de la part du ſaiſi, le
Juge ordonnera qu'il ſera paſſé outre, à moins
que le ſaiſi ne faſſe voir la nullité de la ſaiſie, ou
qu'il juſtifie qu'il ne doit rien au ſaiſiſſant, ni
aux autres oppoſants; auxquels cas il peut même demander des dommages & intérêts au ſaiſiſſant, ſur-tout dans le dernier cas.

2° Si l'oppoſition eſt de la part d'un tiers qui
ſe prétend créancier du ſaiſi, le Juge ordonnera
qu'il ſera paſſé à la vente, à la charge de l'oppoſition, ſi cette oppoſition eſt fondée; ſinon il en
doit être donné congé avec dépens, & quelquefois même avec dommages & intérêts, ſoit
envers le ſaiſi, ſoit envers les autres créanciers
ſaiſiſſans & oppoſans.

3° Si c'eſt un créancier qui ſe prétend privi-
légié, le Juge ordonnera pareillement qu'il ſera
paſſé outre à la vente des effets, à la charge de
l'oppoſition, & ſurſis à la délivrance des deniers, juſqu'à ce qu'il ait été ſtatué ſur cette prétendue préférence avec les autres créanciers.

4° Enfin ſi c'eſt un tiers qui, parmi les effets
ſaiſis, en réclame qu'il prétend lui appartenir,
il faut néceſſairement ſtatuer ſur cette revendication avant de paſſer à la vente.

Toutes ces oppoſitions doivent être jugées
entre l'oppoſant qui a formé ſon oppoſition &
le ſaiſi; & à l'égard des autres créanciers oppoſans, il ſuffit que l'oppoſition ſoit jugée avec
l'ancien d'entr'eux, afin d'éviter à frais; à
moins que quelques-uns de ces créanciers n'euſſent des intérêts particuliers à défendre, auquel
cas il faudroit qu'ils plaidaſſent en leur nom particulier.

L'article 34 du Réglement rendu au Bailliage d'Orléans le 14 février 1685, touchant les procédures qui doivent être observées dans la poursuite des décrets & autres saisies, établit une formalité particuliere à l'égard des oppositions formées pour revendication d'effets. Cet article porte : » que si par un créancier » est demandé récréance de tout ou de partie » des effets saisis, la demande doit être dénon- » cée aux Procureurs des débiteurs ou oppo- » sants, pour la consentir & y former empêche- » ment dans les trois jours ; sinon que, ledit » temps passé, le saisissant pourra le consentir » ou contester, & fera signifier le Jugement qui » interviendra aux Procureurs du débiteur & » des opposants, sans qu'il puisse leur faire insi- » nuer d'autres actes & procédures. «

Les opposants doivent procéder en la Jurisdiction où la saisie est pendante.

Il en est de même pour les saisies & arrêts ; il faut procéder sur les oppositions des tiers arrêtants en la Jurisdiction où l'instance de saisie & arrêt a été introduite. On doit aussi obser-ver que quand il ne s'agit que de faire, par ceux entre les mains desquels on a arrêté des deniers, la déclaration de ce qu'ils doivent au débiteur pour le compte duquel on a saisi, on peut les assigner pareillement en la Jurisdiction où l'instance de saisie & arrêt est pendante ; mais si ces arrêtés contestent les sommes saisies entre leurs mains, alors ils peuvent faire ren-voyer cette contestation pardevant le Juge de leur domicile.

Lorsqu'une saisie est déclarée nulle par quel-que défaut de formalité, toutes les oppositions qui ont été formées à cette saisie deviennent aussi nulles : car ces oppositions étant accessoi-res à la saisie principale, & cette saisie ne pouvant subsister, il s'ensuit que les oppositions ne peuvent pareillement subsister. Une saisie est nulle dans la forme lorsqu'elle est faite sans titre exécutoire, ou lorsque les formalités prescrites par l'Ordonnance n'y ont point été observées.

Mais lorsque la saisie est déclarée nulle sur le fondement que le saisi ne devoit rien au saisissant, soit parce que l'obligation portée par le titre étoit acquittée ou prescrite, &c, alors cette nullité ainsi prononcée n'empêche pas que les oppositions subsistent, pourvu que la saisie ait été faite avec toutes les formalités nécessaires.

Quand la saisie est seulement vicieuse par un léger défaut de formalité, il n'arrive pas toujours que le Juge la déclare nulle par ce seul défaut; ce qui peut se faire par des circonstances particulieres qui dépendent de la prudence du Juge.

Il y a des cas où des créanciers, quoique fondés en titre exécutoire, ne peuvent procéder par voie de saisie & exécution sur les biens de leurs débiteurs; ce qui arrive dans le cas où le débiteur a obtenu en sa faveur des Lettres d'Etat, ou de répi, ou des défenses générales, qui ne s'accordent cependant que pour des considérations importantes, & par des motifs d'intérêt public. (Voyez à ce sujet la Déclaration du Roi du 23 décembre 1702, touchant les Lettres d'Etat; l'Ordonnance du mois d'août 1669, au titre des Répis, & les Déclarations des premier février 1698 & 22 août 1714, touchant les défenses générales.)

ARTICLE XIII.

Les bagues, joyaux [1] *& vaisselle d'or-*

Bb 5

gent [2] de la valeur de trois cens livres ou plus, ne pourront estre vendus *qu'après trois expositions à trois jours de marchez différents* [3], *si ce n'est que le saisissant & le saisi* (4) en conviennent par écrit, qui sera mis entre les mains du Sergent pour sa décharge.

1. *Les bagues, joyaux.*] Quand il s'agit de diamants de grand prix, l'exposition doit s'en faire en la boutique d'un Orfevre ou Jouaillier, ou dans un autre endroit indiqué par le Juge.

2. *Et vaisselle d'argent.*] Cela n'a plus lieu aujourd'hui, & lorsqu'il se trouve de la vaisselle d'argent parmi les effets saisis, à quelque somme qu'elle puisse monter, on doit la porter à la Monnoie la plus prochaine. On somme la Partie saisie de s'y trouver à une telle heure pour voir peser cette vaisselle & compter le prix. L'Huissier prend un certificat du Commis de la Monnoie, qui constate le poids de la vaisselle, & le prix qu'il l'a payée; il en dresse son procès-verbal, & garde pardevers lui ce certificat, qu'il annexe à la minute du procès-verbal de vente. (Déclaration du Roi du 14 décembre 1689.)

3. *Qu'après trois expositions en trois jours de marchés différents.*] A peine de nullité. (*Infrà,* article 19.)

Les carosses & harnois sont regardés comme meubles précieux, & l'usage est de ne les vendre qu'après trois expositions.

Nous observons la même chose à Orléans à l'égard des vins saisis. L'usage est de ne les vendre qu'après les avoir criés à trois jours différents, & après trois expositions faites en la place publique deſtinée pour faire ces ſortes de ventes.

A l'égard des livres, quand l'objet en vaut la peine, ils ne peuvent être vendus ſans que l'inventaire en ait été préalablement fait par un Libraire, ſuivant la diſpoſition des Réglemens rendus pour la Librairie.

Les navires, quoique meubles, ſe vendent auſſi avec des formalités particulieres, & ces formalités ſont à peu près les mêmes que celles des ſaiſies réelles. (Voyez l'Ordonnance de la Marine du mois d'août 1681, liv. 1, titre 14.) A l'égard des barques, chaloupes & autres bâtimens du port de dix tonneaux & au-deſſous, l'adjudication en doit être faite à l'audience après trois publications ſeulement ſur le quai, à trois divers jours ouvrables conſécutifs, pourvu qu'il y ait huit jours francs entre la ſaiſie & la vente. (Même Ordonnance, titre 14, article 9.)

Les moulins ſur bateaux, quoiqu'ils ſoient auſſi meubles, doivent pareillement être vendus avec les formalités requiſes pour les ſaiſies réelles. (Ainſi jugé dans la Coutume d'Orléans par Arrêt donné aux Grands-Jours de Clermont le 23 octobre 1582, rapporté par Goujet en ſon Traité des Criées, & par M. Louet en ſes Arrêts, lettre M, ſommaire 13.)

A l'égard des bateaux, il ſemble qu'on doit ſuivre ce qui eſt établi pour les barques & chaloupes dans l'article 9 du titre 14, au liv. 1, de l'Ordonnance de la Marine qu'on vient de citer, du moins pour ce qui concerne les trois publications.

4. *Si ce n'eſt que le ſaiſiſſant & le ſaiſi.*] Voyez la note 2 ſur l'article 11 ci-deſſus, pag. 557.

S'il y a des oppoſants à la ſaiſie, il faut pareillement avoir leur conſentement par écrit, pour pouvoir ſe diſpenſer de la formalité établie en cet article.

Bb 6

ARTICLE XIV.

En procédant par faisie & exécution, fera laissé aux personnes faisies une vache, trois brebis, ou deux chevres, pour aider à foutenir leur vie; si ce n'est que la créance pour laquelle la faisie est faite *procede de la vente des mesmes bestiaux* [1], *pour avoir presté l'argent pour les achepter* [2] ; *& de plus sera laissé un lit* [3] *& l'habit dont les faisis seront vestus & couverts.* [4]

1. *Procede de la vente des mêmes bestiaux.* Cette preuve se peut faire par écrit ou par témoins, même au-dessus de cent livres, lorsqu'il y aura d'ailleurs quelque adminicule de preuve. (Voyez le procès-verbal de l'Ordonnance, pag. 263.)

2. *Pour avoir prêté l'argent pour les acheter.*] Dans le projet du procès-verbal de l'Ordonnance fur cet article on avoit ajouté, *ou pour loyers de fermage.* On a ôté ou oublié ces mots dans la rédaction qui en a été faite. (Voyez le procès-verbal, pag. 263.) L'usage, du moins à Orléans, est de faisir même le lit quand il s'agit du loyer de maisons ; ce qui est fondé sur ce que le maître d'hôtel ayant fourni au locataire le logement, qui est plus nécessaire à la vie qu'un lit, il est juste que ce lit réponde des loyers, & en cela l'humanité n'est point blessée.

3. *Et de plus sera laissé un lit.* A moins que la faisie ne soit faite pour le loyer de la maison où ce lit seroit trouvé, ainsi qu'on vient de

l'obferver, & qu'il n'y eût pas affez de meubles
pour répondre de ce loyer.

4. *Dont les faifis feront vêtus. & couverts.*]
Il n'eft pas permis non plus à l'Huiffier d'ôter
ou même de faifir le manteau dont le faifi fe
trouve couvert, fi ce n'eft en vertu d'une Ordonnance de Juftice. (Voyez le procès-verbal
de l'Ordonnance, pag. 264.)

ARTICLE XV.

Les perfonnes conftituées aux Ordres fa-
crés (1) de Preftrife, Diaconat ou Souf-
diaconat, ne pourront eftre exécutées
en leurs meubles deftinez au Service divin
(2) ou *fervant à leur ufage néceffaire* (3),
de quelque valeur qu'ils puiffent eftre,
ni même en leurs livres, qui leur feront
laiffez jufques à la fomme de cent cinquante livres.

1. *Les perfonnes conftituées aux Ordres fa-*
crés , &c.] Ainfi la difpofition portée en cet article ne regarde point les fimples Clercs, & autres Eccléfiaftiques , qui ne font point dans les
Ordres facrés.

2. *En leurs meubles deftinés au Service divin.*]
A peine de nullité. (*Infrà* , article 19.)

3. *Servant à leur ufage néceffaire.*] Mais non
leurs autres meubles. Ordonnance d'Orléans ,
article 28. Ordonnance de Blois , article 57.

ARTICLE XVI.

Les chevaux , bœufs & autres beftes
de labourage, charrues, charrettes & uf-

tensiles servants à labourer & cultiver les terres, vignes & prez ne pourront estre saisis, *mesme nos propres deniers* (1), à peine de nullité, de tous dépens, dommages & interests, & de cinquante livres d'amende contre le créancier & le Sergent solidairement. N'entendons toutefois comprendre les sommes deues au vendeur, ou à celui qui a presté l'argent pour l'achapt des mesmes bestiaux & ustensiles, ni ce qui sera deu pour les fermages & moissons des terres où seront les bestiaux & ustensiles.

1, *Même pour nos propres deniers.*] Ce qui est fondé sur un motif d'intérêt public, parce qu'il est absolument nécessaire à l'Etat que les terres soient labourées & cultivées. (Voyez l'Autentique de Frédéric rapportée en la loi 8. *Cod. quæ res pignori obligari possunt.*)

L'Edit du mois de janvier 1634, servant de Réglement général pour les Tailles, article 55, défend aux Sergents des Tailles de faire aucune exécution sur le pain, le lit, les chevaux & autres bêtes de labour, ustensiles & outils de Manœuvres & Artisans. Un Arrêt du Conseil du 17 décembre 1643 défend à tous Huissiers, Sergents & autres Employés au recouvrement des Tailles, Subsides & autres impositions, de prendre par exécution, transporter, ni faire vendre sur les Contribuables leurs lits, linceuls, couvertures, pain, outils, & bêtes servant au labourage, à peine de tous dépens, dommages & interêts, & d'être poursuivis comme pour les propres deniers de Sa Majesté, sur les affirmations des particuliers sur qui ces saisies seront faites ; ce qui depuis a été confirmé par un Arrêt de la Cour des Aides du 17 novembre 1712, qui fait défenses de saisir pour la Taille les lits, linceuls, couvertures, habits, poëles, fenêtres, chevaux, mulets & bêtes de labour.

On prétend que cette défense de saisir les chevaux, bœufs & autres bêtes de labourage, pour deniers du Roi, a été revoquée par une Déclaration du   enregistrée en la Cour des Aides ; mais je n'ai aucune connoissance de cette Déclaration. L'Edit du mois d'octobre 1713, qui établit un nouveau Réglement pour les Tailles, porte au contraire : » Que » dans les saisies de meubles qui seront faites » sur les contribuables, on leur laissera toujours » ceux qui sont réservés par les Ordonnances, » ensemble les outils & ustensiles servants au » labourage. «

A l'égard des bestiaux de la campagne, autres que ceux servant au labourage, comme moutons, vaches, chevres, &c, il y a un Edit du mois d'avril 1667, » qui fait défenses à tous » créanciers des Communautés & des particu- » liers, de saisir aucuns bestiaux de quelque qua- » lité qu'ils soient pendant le temps de quatre » années, à peine d'interdiction contre les Huis- » siers, & de trois mille livres d'amende, & de » tous dépens, dommages & intérêts. « Cet Edit ajoute néanmoins, » que c'est sans préju- » dice du privilège des créanciers qui auront » donné les bestiaux à cheptel, qui les auront » vendus, où qui en auront payé le prix, même » les propriétaires des fermes & terres pour leurs » loyers & fermages sur les bestiaux qui seront » sur leurs terres appartenants à leurs fermiers, » auxquels il sera loisible de faire procéder par » voie de saisie sur les bestiaux, nonobstant cet

» Edit. « Ces défenses ont été continuées depuis tous les quatre ans ou six ans par de Délarations postérieures, dont la derniere qui soit à ma connoissance est du 22 mai 1708, & dont les six ans ont fini au premier janvier 1714. Je ne vois pas que depuis ce temps-là ces défenses aient été renouvellées.

Outre les choses dont on vient de parler, il y en a encore plusieurs autres qu'on ne peut saisir, soit par un motif d'intérêt public, soit en considération des personnes en faveur desquelles cette exemption est établie ; ainsi,

1° On ne peut saisir les choses qui sont consacrées au Service divin, comme les ornements d'une Chapelle ou d'une Eglise, les vases sacrés, &c. car ces choses ne sont point dans le commerce. (L. 1, §. 2, *ff. quæ res pign.* L. 22. *Cod. de Sacr. Eccles.*)

2° Il en est de même des distributions quotidiennes des Chanoines & Prébendiers, des oblations & autres menues rétributions des Bénéficiers & du casuel des cures. Ces choses ne peuvent être saisies, parce qu'elles tiennent lieu d'aliments à ceux qui les reçoivent, & que d'ailleurs il est nécessaire que le Service divin ne soit point suspendu. (Voyez la Rocheflavin en ses Arrêts, liv. 2, titre 1, article 21, & *ibidem*, lettre H, titre 4, Arrêt 7, & Maihard, liv. 1, chap. 15.)

A l'égard des autres revenus des Ecclésiastiques, des fruits & pensions de leurs bénéfices, ils peuvent être saisis comme tous autres biens temporels. (Voyez Loiseau, Traité des Offices, liv. 4, chap. 8, n. 86.)

3° On observe à l'égard des Evêques & des Prélats, qui par leur grande dépense sont exposés à la poursuite de leurs créanciers, & dont les biens ont été saisis, de leur conserver le tiers de leur revenu. (Voyez Duperrai, liv. 1, chap. 9, n. 29.)

Quant aux autres Bénéficiers & Ecclésiastiques, il semble aussi que les Réglements les autorisent à demander sur le revenu de leurs bénéfices une pension alimentaire pour leur subsistance. (Arrêts de Catelan, tom. 2, liv. 6, chap. 23. Ainsi jugé par Arrêt du Parlement de Rouen du 8 mai 1670. Voyez Basnage sur la Coutume de Normandie, art. 514.)

On trouve aussi un Arrêt du Parlement de Paris du 24 mai 1703, qui a jugé, à l'occasion de la portion congrue d'un Curé saisie par son créancier, que ce créancier toucheroit le tiers de cette portion congrue, deduction faite de toutes charges, jusqu'à l'entier remboursement de ce qui lui étoit dû, tant en principal, intérêts & frais, que dépens. (Voyez Loix Ecclésiastiques d'Héricourt, part. 4, chap. 8, n. 9.)

40 On ne peut saisir les appointements, ni la solde des Officiers de guerre, non plus que la solde des soldats ; (L. 4, *Cod. de execut. rei judic.*) ce que Loiseau étend aussi aux gages de tous les offices des Gouvernements, qu'il regarde plutôt comme commissions ou grades militaires, que comme de vrais offices. (Voyez Loiseau en son Traité des Offices, liv. 4, ch. 8, n. 70.) Cette défense n'a pas lieu cependant pour raison des vivres & dépenses de bouche à eux fournis, non plus que pour leurs montures & équipages.

La Déclaration du Roi du mois de janvier 1660, touchant la Connétablie, défend aux Officiers de la Connétablie d'avoir aucun égard aux saisies faites sur les soldes, gages & appointements des gens de guerre, si elles ne sont faites de l'Ordonnance du Lieutenant-Général audit Siege, & ensuite autorisées & confirmées par le Secrétaire d'Etat de la Guerre.

Une autre Déclaration du 28 mars 1720,
portant réglement pour les nouvelles Maréchaussées, article 9, porte : » Que les gages &
» soldes attribués aux Officiers & Archers de
» Maréchaussées ne seront sujets à aucune saisie,
» attendu le service continuel pour lequel ces
» gages & soldes sont accordés, si ce n'est pour
» dettes contractées à l'occasion de leurs mon-
» tures, nourritures & équipages, auquel cas
» il pourra seulement être fait retenue de la moi-
» tié de la solde; & qu'à l'égard des Prévôts-
» Généraux & leurs Lieutenants, les gages pour-
» ront être retenus seulement pour dettes, dont
» les deniers auront été employés à l'acquisition
» de leur office; « ce qui avoit déja été établi par
plusieurs Réglements, & notamment par une
Déclaration du 5 janvier 1604.

Il en est de même des chevaux, armes & ba-
gages des Officiers des gens de guerre, Che-
vaux-légers, Gendarmes, Capitaines des Régi-
ments, &c. On est obligé de leur laisser un certain nombre de chevaux & leurs armes, suivant
la disposition des anciennes Ordonnances.
(Voyez l'Ordonnance de 1629, art. 195.)

5° On ne peut saisir les gages des Officiers
de la Maison du Roi. (Code Henri, liv. 12, titre 38, article 3. Ordonnance du mois d'avril
1553. Voyez aussi les Edits d'octobre 1551,
janvier 1567, autres des années 1377 & 1586,
& un Arrêt du Conseil du 17 mars 1603.) Cette
défense n'a pas lieu cependant quand il s'agit des
dettes contractées pour raison de leurs nourritures, armes & chevaux; ce qui a depuis été
aussi étendu à la capitation, suivant l'Arrêt du
Conseil du 21 juillet 1696.

Il en est de même des gages des Officiers domestiques ou Commensaux de la Maison du Roi,
lesquels ne peuvent être pareillement saisis,

(Code Henri, liv. 12 , titre 38 , article 3 ; Lettres Patentes du 20 avril 1553 ; Edits de 1567
& janvier 1678,) fi ce n'eft pour fait de capitation. (Même Arrêt du Conseil du 21 juillet 1696.)

6° Les penſions ou diſtributions des Prin-
ces , Cardinaux, Prélats & Commandeurs de
l'Ordre du Saint Eſprit , enſemble les gages ,
penſions ou diſtributions des Officiers dudit
Ordre , ne peuvent être faiſis pour quelque
cauſe que ce ſoit, fi ce n'eſt en vertu d'une permiſſion du Roi. (Déclaration du Roi du 14
octobre 1711 , touchant les privileges de l'Ordre du Saint Eſprit.)

Loiſeau prétend même en général que les
penſions & récompenſes attribuées par le Roi
à ſes Officiers ne peuvent être faiſies & arrêtées. (Voyez Loiſeau, Traité des Offices, liv.
4, chap. 8 , n. 72.)

7° On ne peut faifir les épices , vacations ,
& autres émoluments journaliers des Juges &
autres Officiers de Juſtice, (Loiſeau *ibidem*,
liv. 4, chap. 8 , n. 58 ; voyez auſſi la Rocheſla-
vin en ſon Traité des Parlements de France ,
liv. 10, chap. 15 ,) parce que ces diſtributions
quotidiennes ſont le prix de leur travail, &
qu'il eſt de l'intérêt public que la Juſtice ſoit
rendue ; mais il n'en eſt pas de même de leurs
gages , car ils peuvent être faiſis. (Loiſeau *ibidem*, chap. 8 , n. 68 , & il a été ainſi jugé par
Arrêt du 11 avril 1676. Voyez auſſi Catelan en
ſes Arrêts , liv. 6 , chap. 23.)

Un Arrêt du Conſeil du 9 décembre 1690
porte : » Que les journées & vacations des
» Grands-Maîtres & autres Officiers des Eaux
» & Forêts ne peuvent être faiſies , ſinon pour
» amendes prononcées contre leſdits Officiers ,
» & autres condamnations pour le fait de leurs

» charges , mais que les gages & chauffages
» desdits Officiers pourront être saisis. «

Ce qui vient d'être dit des Juges & autres
Officiers de Justice , doit aussi s'appliquer aux
offices de Finance. (Loiseau *ibidem*, liv. 4,
chap. 8 , n. 60 & 68.)

8° On ne peut saisir les gages & appointements des Commis & autres Employés par les
Fermiers des droits du Roi , & par leurs Procureurs ou Sous-Fermiers ; (Ordonnance des
Fermes du mois de juillet 1681 , au titre commun des Fermes , article 14 ,) sauf à se pourvoir sur leurs autres biens.

9° Les émoluments & rétributions journa-
lieres des Professeurs des Universités ne peuvent pareillement être saisis , mais seulement
leurs gages. (Arrêt du Parlement de Toulouse
du 16 mars 1675.)

10° » On ne peut procéder par voie de saisie
» & exécution sur les moulins , métiers ; outils ,
» & ustensiles servant pour les préparations ,
» moulage & filage des soies , laines , cotons ,
» chanvres , lins , & autres matieres propres
» pour la fabrication de toutes sortes d'étoffes
» de soie , de laine , de poil , ou mêlées d'or &
» d'argent avec de la soie ou de la laine , ou
» quelques autres matieres que ce soit ; & pa-
» reillement sur les moulins & outils servant
» à la fabrication desdites étoffes de soie , laine
» ou poil , ou mêlées de quelques matieres que
» ce soit , futaines , basins , & des toiles , tant
» de chanvre que de lin , de toutes sortes , & à
» l'apprêt & teinture de toutes lesdites mar-
» chandises pour quelque dette , cause & occa-
» sion que ce soit , même pour la Taille & im-
» pôt du Sel ; excepté néanmoins pour loyers
» des maisons que les Maîtres , Ouvriers & Fa-
» çonniers occupent , ou pour le prix desdits

,, moulins, métiers, outils, uftenfiles, & inf-
,, truments qui fe trouveroient encore dûs à ceux
,, qui les auront faits ou fournis, à peine d'in-
,, terdiction contre les Huiffiers, de cent cin-
,, quante livres d'amende, & de tous domma-
,, ges & intérêts envers les Parties faifies. «
(Déclaration du 18 août 1704.)

On prétend qu'il en eft de même des outils
des autres artifans. (Voyez Auzanet fur l'article 161 de la Coutume de Paris.)

11° Les marchandifes deftinées pour la provifion de la ville de Paris, ne peuvent être arrêtées fur les lieux, ni en chemin, fous quelque prétexte que ce foit, même de faifies faites
defdites marchandifes, foit par les propriétaires
ou créanciers particuliers du marchand, foit
auffi pour falaire & prix de la voiture; mais ces
marchandifes, nonobftant les faifies, doivent
être inceffamment voiturées & amenées à la
garde des Gardiens établis auxdites faifies, pour
être vendues & débitées fur les Ports, & les
deniers de la vente remis en Juftice à qui il
appartiendra; à l'effet de quoi les faififfants feront tenus d'avancer les frais de garde, fauf à
les répéter, faute de quoi feront lefdites faifies
déclarées nulles. (Edit du mois de décembre
1672, §. 2, article 10. Voyez auffi de la Mare
en fon Traité de la Police, tom. 2, liv. 5, titre
1, page 656.)

La même difpofition fe trouve établie à l'é-
gard des marchandifes chargées dans les bateaux fur la riviere de Loire; elles ne peuvent
être arrêtées fous prétexte de faifies, &c., &
elles doivent être conduites au lieu de leur def-
tination, nonobftant ces faifies &c., ainfi qu'il
vient d'être dit. (Déclaration du Roi du 24
avril 1703, pour le rétabliffement du commerce de la riviere de Loire, article 20.)

12° Par l'article 14 des Statuts des Bou-chers de la ville d'Orléans, du 28 juillet 1545, on ne peut saisir, ni enlever les chairs expo-sées sur les étaux des boucheries de ladite ville, pour quelques dettes que ce soit, sinon pour deniers Royaux, suivant les anciens privileges de cette Communauté.

13° On ne peut saisir les rentes viageres qui sont à prendre sur l'Hôtel-de-Ville de Paris, même pour les propres affaires de Sa Majesté. (Edit du mois de novembre 1740, article 7.) Il en est autrement des rentes perpétuelles.

Les pensions & revenus à prendre sur les ton-tines ne peuvent non plus être saisis sous quel-que prétexte que ce soit, lorsque cela est ainsi porté par leur Edit de création. (Voyez les Réglements rendus à ce sujet.)

14° Les deniers adjugés pour provision en matiere criminelle, ne peuvent être saisis, soit pour frais de Justice, soit pour quelque cause & prétexte que ce soit. (Ordonnance du mois d'août 1670, titre 12, article 5.)

15° Enfin on ne peut saisir tout ce qui a été donné sous la condition de ne pouvoir être sai-si ; ce qui s'étend aussi aux pensions alimen-taires : car c'est une suite de cette condition sans laquelle les choses n'auroient point été données. Il en faut cependant excepter les dépenses fai-tes pour nourritures, logement, & vêtements nécessaires, pour lesquels on peut saisir ces sor-tes de dons & pensions ; ce qui est fondé sur ce qu'on présume que le donateur n'ayant eu d'autre intention que de conserver au donataire de quoi vivre, n'a pas entendu en excepter les aliments & autres choses nécessaires à la vie.

On doit aussi observer pour les saisies & exé-cutions une certaine bienséance, sur-tout à l'é-gard des personnes de distinction, & ne pas faire

cette faisie d'une maniere qui leur soit injurieuse. Ainsi par Arrêt du 9 juillet 1571, rapporté
par Chenu en ses notes sur le Recueil des Arrêts de Papon, liv. 18, titre 5, n. 27, une saisie a été déclarée injurieuse à l'égard d'une personne de qualité, qu'un Sergent avoit fait descendre publiquement de son cheval en la rue.

Bruneau en son Traité des Criées, pag. 75,
dit aussi avoir vu juger qu'un Duc & Pair ne
pouvoit être exécuté en ses carrosses & chevaux,
lui étant dedans, & que main-levée en fut faite
avec dépens, & les Huissiers réprimandés pour
avoir fait cette exécution.

Par l'article 32 de l'Edit du mois de fevrier
1689, il est défendu à tous Huissiers & Sergents d'exécuter les Receveurs des Consignations, soit en leur personne, ou en leurs chevaux ou carrosses, sinon en vertu d'Arrêts ou de
Sentences rendues sur un procès-verbal de
refus.

L'article 19 de l'Edit du mois de juillet 1689
contient une disposition semblable à l'égard des
Commissaires aux Saisies-réelles.

A R T I C L E   XVII.

Les choses saisies seront adjugées au
plus offrant *& dernier enchérisseur* (1),
en payant par lui sur le champ le prix
de la vente. (2)

1. *Et dernier enchérisseur.*] S'il ne se trou-
voit point d'enchérisseurs, il semble qu'alors
le saisissant ou les opposants pourroient demander que les effets saisis & criés leur fussent délivrés en déduction de leurs créances, suivant
l'estimation qui en seroit faite, conformément

à la difposition de la Loi 15, §. 3, *ff. de re judic.*

2. *En payant par lui fur le champ le prix de la vente.*] Sinon l'Huiffier en doit être refponfable, comme s'il l'avoit reçu. Au refte, quoique l'Huiffier doive exiger fur le champ le prix des chofes vendues, la vente n'en eft pas moins parfaite avant le paiement. Lorfque l'adjudicataire ne paie pas, la chofe peut être revendue fur le champ à fa folle enchere, & il peut être condamné par corps à payer l'excédent, de même qu'il le pourroit être au paiement entier du prix du meuble, fi on ne l'avoit pas revendu.

Quelques-uns prétendent que les procèsverbaux de ventes des Huiffiers & Sergents font exécutoires pendant trente ans contre les adjudicataires, & qu'on peut les contraindre pendant ce temps de payer le prix de leur adjudication, tant qu'il n'y a point fur le procèsverbal le mot *payé* écrit à côté de l'article adjugé; mais cela ne doit avoir lieu que pour obliger l'adjudicataire de payer le prix de l'adjudication, lorfque les meubles ne lui ont point encore été délivrés, en offrant de lui délivrer les mêmes effets : car quand on a laiffé enlever les meubles à l'adjudicataire, alors ils font cenfés avoir été payés, fur-tout quand on a laiffé paffer un temps confidérable fans lui en demander le paiement ; autrement il ne dépendroit que d'un Huiffier de faire payer deux fois l'adjudicataire, en ne mettant pas le mot *payé* à côté de l'article qui lui a été adjugé.

ARTICLE XVIII.

Les Huiffiers & Sergents feront tenus de faire mention dans leurs procès-verbaux

baux du nom & domicile des adjudicataires, defquels ils ne pourront rien
prendre ni recevoir directement ou indirectement, *outre le prix de l'adjudica-*
tion (I), à peine de concuffion.

1. *Outre le prix de l'adjudication.*] Afin que
les chofes faifies foient vendues plus avantageu-
fement pour le vendeur.

Les Huiffiers peuvent encore moins fe rendre adjudicataires directement ou indirectement
des effets dont ils font la vente.

ARTICLE XIX.

Tous les articles ci-deffus feront ob-
fervez par les Huiffiers & Sergents, à
peine de nullité des exploits de faifies
& procès-verbaux de ventes , *domma-*
ges & intérefts envers le faififfant & le
faifi (I), interdiction & *de cent livres*
d'amende (2), applicable moitié à Nous,
moitié à la Partie faifie, fans que la
peine puiffe eftre remife ou modérée.

1. *Dommages & intérêts envers le faififfant*
& le faifi.] Lorfque le faifi ne doit rien, il
peut former fa demande en dommages & intérêts contre le faififfant ; mais pour cela il faut
juger de la validité de la faifie par le mérite
du fond.

2. *Et de cent livres d'amende.*] Cette demande contre l'Huiffier peut être formée par
le faifi, aux termes de cet article , & auffi à
la requête du Procureur du Roi ou Fifcal, &

elle doit être jugée sommairement.

Quand le saisi est notoirement débiteur, rarement fait-on droit sur cette demande. A l'égard de l'interdiction, il semble qu'elle ne peut être requise que par le ministere public, ou par le saisissant accessoirement à ses dommages & intérêts, au cas qu'il lui en soit dû.

ARTICLE XX.

Incontinent après la vente les deniers en provenants seront délivrez par le Sergent ou Huissier entre les mains du saisissant, jusqu'à la concurrence de son deub, *le surplus délivré au saisi* (1) ; *& en cas d'opposition* (2) *à qui par Justice sera ordonné* (3), à peine contre l'Huissier ou Sergent d'interdiction, & de cent livres d'amende, applicable moitié à Nous, & moitié à celui qui devoit recevoir les deniers.

1. *Le surplus délivré au saisi.*] Sous la déduction des salaires de l'Huissier, qu'il peut retenir jusqu'à concurrence sur les deniers de la vente.

2. *Et en cas d'opposition.*] Quand il y a des oppositions à la délivrance des deniers, l'Huissier qui fait la vente doit garder le tout jusqu'à ce que ces oppositions aient été jugées. (Voyez le procès-verbal de l'Ordonnance, pag. 266 sur la fin.) Mais s'il y a plusieurs oppositions qui fassent la matiere d'une instance de préférence ou de contribution, & pour la former, il faut au moins trois créanciers oppo-

fants, suivant les Réglements ; en ce cas les deniers de la vente doivent être portés par l'Huissier au bureau de la recette des Consignations de la Jurisdiction où les contestations doivent être terminées. C'est ainsi qu'il faut entendre l'article 20 de l'Edit du mois de fevrier 1689, qui veut : » qu'il ne se fasse aucune consi-
» gnation ni aucun paiement du droit de consi-
» gnation des deniers qui procedent des biens
» sequestrés ou de meubles vendus en Justice,
» non plus que de ceux qui sont saisis entre les
» mains des débiteurs, ou déposés par les Par-
» ties, sans ordonnance de Justice, entre les mains
» des personnes dont elles sont convenues, si
» ce n'est que dans la suite il y ait instance de
» préférence entre les créanciers ; auquel cas le
» prix doit être consigné. «

Le même Edit veut cependant, article 25 ;
» qu'il ne soit pris aucun droit de consignation
» sur les deniers mobiliers appartenants aux
» mineurs & aux hôpitaux, ni sur ceux qui leur
» sont adjugés. «

La disposition dont on vient de parler, portée en l'article 20 de l'Edit de fevrier 1689, ne s'observe point à la rigueur à l'égard des saisies mobiliaires, quoiqu'il y ait instance de préférence. L'usage est de laisser les deniers de la vente entre les mains de l'Huissier, ou bien le Juge ordonne quelquefois qu'ils seront déposés au Greffe, ou chez un Notaire, ou entre les mains de quelqu'autre personne solvable.

Pour vuider les oppositions, il faut que le saisissant assigne les opposans, afin qu'ils donnent leurs moyens d'opposition ; ensuite si ces moyens sont contestés, cela forme la matiere d'une instance, qui s'instruit & se regle comme toutes les autres.

Si le créancier saisissant néglige de faire à

cet égard toutes les pourfuites néceffaires, un des oppofants peut demander à être fubrogé à cette pourfuite; ce qui fe fait en demandant cette fubrogation à l'audience; & s'il eft juftifié que le faififfant a négligé ou abandonné la procé-dure, on adjuge à l'oppofant fes conclufions, & on le fubroge au faififfant pour la pourfuite de la faifie, ou bien on ordonne que dans un délai marqué le faififfant fera tenu de met-tre la faifie à chef, finon que l'oppofant qui a demandé la fubrogation fera fubrogé à la pour-fuite de la faifie, & qu'à cet effet le Procu-reur du faififfant & premier pourfuivant remet-tra les pieces & procédures entre les mains du Procureur de la Partie fubrogée à la pourfuite, fauf à rembourfer le faififfant des frais qu'il a légitimement faits.

Après l'inftance de préférence terminée, on procede à la Sentence de diftribution, qui éta-blit le rang dans lequel le faififfant & tous les autres créanciers qui ont formé leur oppofition doivent être payés fur les deniers provenants des effets vendus. Ces Sentences fe prennent ordinairement entre les Procureurs lorfque toutes les conteftations ont été jugées.

Lorfque tous les créanciers & frais de Juftice ont été payés, le furplus des deniers de la vente, s'il en refte, eft rendu au faifi.

S'il n'y a pas de deniers pour payer tous les crécanciers, & que le faifi foit en décon-fiture, alors il fe fait une contribution entre tous les créanciers fimples & non privilégiés, & ces derniers ne touchent leur dû qu'au marc la livre & au prorata de leurs créances, fans que ceux qui ont faifi ou formé les premiers leurs oppofitions aient aucun droit de préfé-rence.

3. *A qui par Juftice fera ordonné.*] A moins

que les opposants ne donnent d'eux- mêmes
main-levée de leurs oppositions , auquel cas il
est inutile de le faire ordonner en Justice.

L'Huissier peut être contraint par corps au
rapport de ces deniers. (*Infrà* , titre 34 , article 4 , page 585.)

ARTICLE XXI.

Après que la vente aura esté faite ,
l'Huissier ou Sergent *portera la minute
de son procès-verbal de vente au Juge* (1) ,
lequel sans frais *taxera de sa main* (2)
*ce qu'il conviendra à l'Huissier ou Sergent
pour son salaire* (3) , à cause de la saisie ,
vente & exécution; de laquelle taxe les
Huissiers ou Sergents feront mention
dans toutes les grosses (4) des procès-verbaux, à peine d'interdiction & de cent
livres d'amende envers Nous.

1. *Portera la minute de son procès-verbal de
vente au Juge.*] Il n'est pas nécessaire que ce
Juge soit royal , quand même le procès-verbal
auroit été fait par un Huissier ou Sergent royal :
cette taxe doit toujours être faite par le Juge
du lieu où se poursuit la saisie.

2. *Taxera de sa main.*] Cette taxe se met
au bas de la minute du procès-verbal de vente.

3. *Ce qu'il conviendra à l'Huissier ou Sergent
pour son salaire.*] Afin qu'il ne puisse exiger que
ce qui lui aura été taxé par le Juge.

4. *Dans toutes les grosses.*] Il suit de la disposition portée en cet article que les Huissiers
& Sergents doivent garder les minutes ou ori-

Cc 3

ginaux de toutes les ventes qu'ils font, & qu'ils peuvent en délivrer des grosses aux Parties.

TITRE XXXIV.

De la décharge des Contraintes par corps.

ARTICLE I.

ABrogeons l'usage des contraintes par corps après les quatre mois, establi par l'article XLVIII *de l'Ordonnance de Moulins* (1) pour debtes purement civiles : défendons à nos Cours & à tous autres Juges *de les ordonner* (2), à peine de nullité, & à tous Huissiers & Sergents de les exécuter, à peine de dépens, dommages & interests.

1. *l'Ordonnance de Moulins.*] Cet article ordonnoit que toutes condamnations de sommes pécuniaires, pour quelque cause que ce soit, seroient exécutées par corps contre le condamné après les quatre mois ; qu'après ce temps le condamné, en cas de contumace, ou si le créancier l'aimoit mieux, seroit tenu de payer le double & triple des sommes adjugées au profit de ce créancier.

2. *De les ordonner.*] Cette défense ne re-

garde point les étrangers ; l'Ordonnance n'a
point abrogé la contrainte par corps à leur égard.
(Voyez *infrà* , articles 4 & 6.)

ARTICLE II.

Pourront néantmoins les contraintes
par corps *après les quatre mois eſtre or-*
données (1) *pour les dépens adjugés , s'ils*
montent à deux cens livres ou au-deſſus (2) ,
ce qui aura lieu pour la reſtitution des
fruits , *& pour les dommages & intéreſts*
au-deſſus de deux cens livres (3).

1. *Après les quatre mois être ordonnées.*] Voyez
infrà , articles 10 & 11.

2. *Pour les dépens adjugés , s'ils montent à*
deux cens livres. & au-deſſus.] Tant en matiere civile que criminelle. (Voyez l'Ordonnance de 1670 , titre 25 , article 20.)

Quoique les dépens ſoient compris en différents exécutoires, s'ils procedent du même fait ,
ils emportent condamnation par corps. (Ainſi
jugé par Arrêt du 16 janvier 1672 , rapporté
par Boniface, tom. 5 , liv. 5 , tit. 9 , chap. 10.)

Il a été auſſi jugé par Arrêt de la Tournelle
du 13 juillet 1707 que les épices & coût de
l'Arrêt ont le même privilege que les dépens ,
& ſont rembourſables par corps après les quatre mois ; ce qui a encore été jugé depuis par
un autre Arrêt du 8 février 1708.

3. *Et pour les dommages & intérêts au-deſſus*
de deux cens livres.] En matiere criminelle
il n'eſt pas néceſſaire que les dommages ou intérêts montent à deux cens livres pour être payables par corps , & de même pour les dépens en

maniere criminelle, lorſqu'ils tiennent lieu de dommages & intérêts. (Ainſi jugé par Arrêt du 3 avril 1675 , rapporté par Baſnage ſur l'article 595 de la Coutume de Normandie.) Il n'eſt pas néceſſaire non plus dans ces cas d'attendre les quatre mois.

ARTICLE III.

Pourront auſſi les Tuteurs & Curateurs (1) eſtre contraints par corps après les quatre mois pour les ſommes par eux déues à cauſe de leur adminiſtration, lorſqu'il y aura *Sentence, Jugement ou Arreſt définitif* (2), *& que la ſomme ſera liquide & certaine* (3).

1. *Pourront auſſi les Tuteurs & Curateurs.*] Il en eſt de même de ceux qui ont eu quelque adminiſtration publique, comme d'hôpitaux, villes, communautés, fabriques, &c. ; car la contrainte par corps a pareillement lieu contr'eux après les quatre mois, de même qu'elle a lieu en général contre tous ceux qui ont adminiſtré le bien d'autrui, comme fermiers judiciaires, &c. (Voyez *ſuprà*, tit. 29, art. 1 & 8, p. 463 & 469.)

2. *Sentence, Jugement ou Arrêt définitif.*] S'il ne s'agiſſoit que d'une Sentence ou Arrêt de proviſion, par laquelle le tuteur auroit été condamné de payer quelques ſommes de deniers, en donnant caution, dans ce cas la contrainte par corps n'auroit pas lieu.

3. *Et que la ſomme ſera liquide & certaine.*] Voyez *ſuprà*, titre 33, article 2, note 1, page 543. (Voyez auſſi *ibidem* les autres conditions néceſſaires pour rendre une ſaiſie valable, qui

doivent recevoir ici leur application à l'égard
des contraintes par corps.

ARTICLE IV.

Défendons à nos Cours & *à tous autres Juges de condamner* (1) *aucuns de* nos *fujets* (2) par corps en matiere civile, finon *en cas de réintégrande pour délaiffer un héritage* (3) en exécution des Jugements *pour ftellionat* (4) , *pour dépoft néceffaire* (5) , confignation faite par ordonnance de Juftice , *ou entre les mains de perfonnes publiques* (6) , repréfentation de biens par les Sequeftres , Commiffaires ou Gardiens, *lettres de change, quand il y aura remife de place en place* (7) , *debtes entre marchands pour fait de marchandifes dont ils fe meflent.* (8)

1. *Et à tous autres Juges de condamner.*] La contrainte par corps ne peut avoir lieu qu'elle n'ait été prononcée par le Juge , même dans les cas où elle a lieu. C'eft ce qui eft attefté par un acte de notoriété du Châtelet de Paris du 24 juillet 1705 , qui porte : » que jamais les » Officiers de Juftice ni les Parties n'ont en- » trepris de faire emprifonner quelqu'un en » vertu d'une Sentence , lorfqu'elle ne pronon- » ce pas la condamnation par corps , & que » tel eft l'ufage du Châtelet. (Voyez cepen- » dant la note 1 fur l'article 7 ci-après , page » 600.) «

Il faut auffi obferver que pour que le Juge puiffe prononcer la condamnation par corps , il faut qu'elle foit demandée par le créancier » autrement le Juge ne doit pas la prononcer ; car il ne doit jamais prononcer *ultrà petita.*

2. *Aucuns de nos sujets.*] Il n'en est pas de même des étrangers. Ceux-ci peuvent être contraints par corps, lorsque les Juges l'auront ainsi ordonné en connoissance de cause ; c'est une suite de la disposition de cet article. (Ainsi jugé par Arrêt du 2 septembre 1684, rapporté au Journal des Audiences contre un étranger, pour pensions & logements par lui arrêtés & reconnus par obligation. Autre Arrêt du 23 novembre de la même année contre le même, qui déclare bonne & valable une recommandation faite de sa personne pour dépens après les quatre mois.

3. *Et en cas de réintégrande pour délaisser un héritage.*] Voyez aussi l'art. 3 du tit. 27, p. 440.

4. *Pour stellionat.*] Comme quand quelqu'un a vendu des héritages qui ne lui appartiennent pas, ou qu'en empruntant ou constituant une rente il a déclaré francs des héritages qui étoient déjà hypothéqués par son fait à d'autres créanciers ; car alors c'est une espece de vol. (Voyez *infrà*, art. 8, not. 4, pag. 605.)

5. *Pour dépôt nécessaire.*] V. g. en cas d'incendie, ruine, tumulte ou naufrage, (Voyez *suprà*, titre 20, article 3, page 294.)

6. *Ou entre les mains de personnes publiques.*] Par exemple, entre les mains des Receveurs des Consignations, Commissaires aux Saisies réelles, Fermiers des Messageries, & autres chargés de la conduite des prisonniers, Banquiers-Expéditionnaires en Cour de Rome, &c.

Il en est de même des Greffiers, Avocats, Procureurs & Huissiers, pour la reddition des pieces qui leur ont été confiées. (Ainsi jugé à l'égard des Procureurs par Arrêt du 31 août 1682, rapporté au Journal des Audiences,

(Voyez ci-deſſus titre 29, article 9, pag. 470.)

Par un Arrêt du Conſeil du 24 décembre 1694, il eſt défendu à tous Juges de prononcer aucunes condamnations par corps contre les Maîtres & Gardes des ſix Corps de Marchands de Paris, pour la repréſentation & reſtitution des marchandiſes qu'ils auront ſaiſies dans leurs viſites, & aux Huiſſiers & autres perſonnes de les y contraindre, ſauf à prononcer & faire exercer leſdites contraintes contre les Concierges de leurs bureaux, dépoſitaires deſdites marchandiſes.

7. *Lettre de change, quand il y aura remiſe de place en place.*] Il en ſeroit autrement, ſi la Lettre de change étoit tirée d'une place ſur une autre ſans remiſe, parce qu'alors ce n'eſt point, à proprement parler, une Lettre de change, mais un ſimple mandement, ou une ſimple promeſſe, ſi elle eſt acceptée. (Voyez l'Ordonnance du Commerce, titre 7, article 1, & titre 12, article 2.)

Ce que l'Ordonnance preſcrit à l'égard des Lettres de change, doit auſſi s'entendre des Billets de change, c'eſt-à-dire, des Billets portant promeſſe de fournir des Lettres de change avec remiſe de place en place. C'eſt la diſpoſition de l'article 1 du titre 7 de l'Ordonnance du Commerce du mois de mars 1673, qui porte: » Que ceux qui auront ſigné des Billets ou » Lettres de change, enſemble ceux qui y au- » ront mis leur aval ou endoſſement, qui au- » ront promis d'en fournir avec remiſe de place » en place, ſeront contraignables par corps à » fournir ces Lettres, ou à en payer la valeur. «

Les Billets portant promeſſe de payer comme Lettres de change, ne ſont point payables par corps, ſi ce n'eſt entre Marchands & pour fait de commerce; il faut que ce ſoit un Billet

C c 6

de change, ou une Lettre de change véritable; c'est-à-dire que celui qui a fait le Billet reconnoisse que le créancier lui a fourni une Lettre de change avec remise de place en place, ou bien qu'il promette de fournir une Lettre de change payable en un lieu désigné.

Les Billets à ordre, même quand ils sont négociés, ne sont pas sujets non plus à la contrainte par corps, à moins qu'ils ne soient subis par des Marchands pour fait de marchandises dont ils se mêlent, comme il résulte des termes mêmes de cet article 4, ainsi que de l'article 1 du titre 7 de l'Ordonnance du Commerce de 1673, qui ne font mention ni l'un ni l'autre des Billets à ordre.

Ce qui vient d'être dit touchant la contrainte par corps pour raison des Lettres & Billets de change avec remise de place en place, a lieu entre toutes sortes de personnes, de quelque qualité & condition qu'elles soient. C'est ce qui résulte des termes mêmes de l'Ordonnance du Commerce qu'on vient de citer, tit. 1, art. 7, où, après s'être exprimé d'une façon générale touchant les Lettres & Billets de change, elle renferme ensuite une disposition beaucoup plus étendue à l'égard des Marchands & Négociants, comme on peut le voir en la fin du même article. (Ainsi jugé par un Arrêt confirmatif d'une Sentence du Consulat de Paris du 11 septembre 1682, portant condamnation par corps contre le Marquis de Choisnel, pour trois lettres de change par lui tirées; & par un autre Arrêt du 28 avril 1687, rendu contre un Procureur du Parlement. Autre du   1704 contre M. Tarade, Conseiller au Châtelet de Paris.)

Il faut cependant que ces sortes d'obligations soient faites de bonne foi & sans fraude; car les Billets pour parvenir à la contrainte

par corps, contre l'esprit de la loi, sont inutiles au créancier; & s'il paroît que c'est une
voie indirecte qu'il ait prise pour éluder la disposition de l'Ordonnance, la contrainte par
corps n'a pas lieu alors.

8. *Dettes entre Marchands pour fait de mar-*
chandises dont ils se mêlent.] Soit que ces dettes soient fondées sur billets ou non. Sous le
nom de *Marchands*, il faut comprendre même
les Artisans pour ce qui concerne leur trafic,
qu'on peut regarder comme une espece de commerce. (Voyez l'article 4 du titre 12 de l'Ordonnance du Commerce de 1673.) Il en est
de même de leurs femmes, si elles sont Marchandes publiques. (Voyez *infra*, article 8,
avec les notes, pag. 602.)

Quoique l'Ordonnance dise *dettes entre Mar-*
chands, cependant cela ne s'entend pas seulement des dettes qui sont dûes par un Marchand
à un autre Marchand; mais il faut comprendre
aussi dans la disposition toutes les dettes & billets contractés par un Marchand pour raison du
commerce dont il se mêle, au profit des particuliers qui ne sont point Marchands.

Ceux qui, n'étant point Marchands de leur
état, font un trafic passager de quelques marchandises, sont sujets aux mêmes contraintes
que les Marchands; & c'est sur ce fondement
que par Arrêt du Grand-Conseil du 7 février
1709, confirmatif d'une Sentence de la Prévôté
de l'Hôtel, un particulier Gendarme qui, quoique Gentilhomme de naissance, se mêloit de
trafiquer des pierreries, fut condamné par corps
à payer le contenu en quelques billets par lui
subis payables au porteur.

Il a même été jugé par un Arrêt du 7 juillet 1676, confirmatif d'une Sentence rendue au
Consulat de Paris le 16 mars de la même an-

née, dans une affaire où un Marchand avoit vendu de la marchandise à crédit à un autre Marchand du même commerce, sous la caution d'un autre particulier Bourgeois & non Marchand, que ce dernier étoit sujet à la contrainte par corps, comme le principal obligé.

On trouve aussi dans le sixieme tome du Journal des Audiences un Arrêt du 9 ou 16 mars 1717, qui a jugé qu'une obligation passée à Lyon devant Notaires, portant soumission aux rigueurs de la conservation & paiemens à faire, indépendamment de savoir si l'obligé étoit Négociant, emportoit la contrainte par corps. C'étoit contre un Officier de la Monnoie qui étoit appellant ; la Sentence fut confirmée.

Les mineurs qui font le commerce publiquement, sont aussi sujets à cette contrainte comme s'ils étoient majeurs, (Ainsi jugé par plusieurs Arrêts.) Car un mineur est réputé majeur pour fait de son commerce. (Ordonnance du Commerce de 1673, titre I, article 6.) La femme ou fille mineure qui seroit Marchande publique, ne seroit pas non plus exempte par la même raison de la contrainte par corps. (Voyez *infrà*, art. 8, avec les notes, p. 602.)

Au reste cela n'auroit pas lieu dans le cas où un mineur Marchand public emprunteroit une somme d'argent qu'il auroit déclaré vouloir employer dans son commerce par l'obligation qu'il auroit subie à cet effet ; cette déclaration ne le rendroit pas sujet à la contrainte par corps, parce que ce n'est ici ni une négociation d'argent, ni un prêt de marchandises.

Ce qui vient d'être dit des Marchands, doit aussi recevoir son application à l'égard des Banquiers, même mineurs, (Voyez l'article 6 du titre I de l'Ordonnance du Commerce de 1673.

Par une Déclaration du Roi du 26 février

1692, il est ordonné que l'article 1 du titre 7 de l'Ordonnance de 1673, doit être exécuté contre les Receveurs, Trésoriers, Fermiers & Sous-Fermiers des droits de Sa Majesté, Traitants Généraux & Particuliers, Intéressés, & gens chargés du recouvrement des deniers royaux, & tous autres comptables : ce faisant, qu'ils pourront être contraints par corps, ainsi que les Négociants, au paiement des Billets pour valeur reçue qu'ils feront pendant qu'ils feront pourvus des charges, ou qu'ils feront chargés du recouvrement des deniers de Sa Majesté, soit que les billets doivent être acquittés à un particulier y nommé, ou à son ordre, ou au porteur.

Cette disposition a même été étendue à l'égard des Mineurs intéressés & chargés du recouvrement des deniers du Roi. (Ainsi jugé par Arrêt de la Cour du 30 août 1702, à l'égard du nommé Isaac Lardeau, Intéressé dans les affaires de Sa Majesté, sur l'appel par lui interjeté de deux Sentences de condamnation par corps rendues contre lui au Consulat de Paris les 9 & 11 janvier précédent. Par cet Arrêt les Sentences sont confirmées ; & sur la requête présentée au Conseil par ledit Lardeau en cassation de cet Arrêt, il a été débouté de sa demande par Arrêt du Conseil-Privé du 12 août 1704.)

Les Agents de Change, Courtiers & autres qui s'entremêlent de faire vendre ou acheter des marchandises moyennant salaire, sont aussi contraignables par corps à rendre & restituer la marchandise ou le prix qu'elle a été vendue. (Coutume d'Orléans, article 429.) Il en est de même si on leur a confié des Lettres de change, Billets & autres papiers.

Cette disposition doit aussi s'entendre des Revenderesses publiques, suivant la note de M. de

la Lande sur cet article de la Coutume d'Orléans, & il a été ainsi jugé par Arrêt du 14 mars
1616.

Au surplus ces contraintes par corps n'ont
lieu qu'à l'égard de ceux qui ont subi les obligations & contrats, ou qui ont été condamnés, & non à l'égard de leurs héritiers. (Ainsi
jugé par plusieurs Arrêts.)

Outre les cas précédents dont on vient de parler, il y en a encore plusieurs autres pour lesquels la contrainte par corps a lieu. Ainsi,

1° Ceux qui achetent des biens meubles ou
immeubles en Justice, peuvent être contraints
par corps à en payer le prix, sans pouvoir
même alors être admis au bénéfice de cession.
(Coutume d'Orléans, article 439.) Plusieurs
autres Coutumes en ont aussi des dispositions,
& tel est le droit commun du Royaume. L'Ordonnance des Eaux & Forêts du mois d'août
1669, titre des Ventes, article 27, permet
d'emprisonner ceux qui se sont rendus adjudicataires de bois en Justice, & qui renoncent
à la vente.

2° Les contrats maritimes, grosses aventures, chartesparties, ventes & achats de
vaisseaux, sont aussi sujets à la contrainte par
corps, ainsi que pour le fret & naulage. (Ordonnance du Commerce, titre 7 article 2.)
L'Ordonnance de la Marine du mois d'août
1681, livre 1, titre 13, article 5, renferme à peu
près la même disposition. Elle porte : » Que les
» Jugements donnés en matiere de ventes &
» achats de vaisseaux, fret ou nolis, engage-
» ments ou loyers de Matelots, assurances, gros-
» ses aventures, ou autres contrats concernant
» le Commerce & la pêche de mer, seront exé-
» cutoires par corps. «

3° Les condamnations qui interviennent pour

le paiement des nourritures & allaitements des enfants qui ont été nourris & laissés en sevrage, doivent être aussi exécutées par corps, s'il est ainsi ordonné par le Lieutenant-Général de Police ; ce qu'il peut faire en tout autre cas que celui d'une impuissance effective & absolue. (Déclaration du Roi du 29 janvier 1715, article 14. Autre du premier mars 1727, article 4 ; ce qui a depuis été confirmé par un Arrêt du Parlement du 19 juin 1737.) Ces Réglements n'ont été rendus à la vérité que pour la ville de Paris ; mais il paroît qu'il y a même raison pour en étendre la disposition aux autres Villes & lieux du Royaume.

4° Un autre cas où l'on est contraignable par corps, est lorsqu'on a prêté sur gages sans en passer acte devant Notaire. L'article 8 du titre 6 de l'Ordonnance du Commerce de 1673, porte : » Que dans ce cas le prêteur sera con- » traint par corps à la restitution des gages, sans » qu'il puisse prétendre aucun privilege sur ces » mêmes gages, sauf à exercer ses autres actions.«

5° Les Sentences de provision en matiere criminelle s'exécutent par corps contre les con- damnés. (Ordonnance de 1670, titre 12, arti- cle 6.)

6° La contrainte par corps a aussi lieu pour les amendes des Eaux & Forêts. (Article 18 de l'Ordonnance des Eaux & Forêts du mois d'août 1669, au titre des peines & amendes.) Sur quoi il faut observer que ces amendes ne s'exécutent jamais par provision. (*Ibidem*, ar- ticle 23.)

7° Suivant l'Edit des Présidiaux du mois de mars 1551, les Juges Présidiaux peuvent con- damner en dernier ressort en l'amende jusqu'à trois livres pour trouble fait à l'audience ; à

l'effet de quoi les Parties peuvent être contraintes, même par corps.

8° Ceux qui ont été condamnés par Arrêt
ou Jugement passé en force de chose jugée, à
délaisser la possession d'un héritage, & qui n'o-
béissent pas dans la quinzaine après la premiere
sommation, peuvent y être contraints par corps.
(Voyez titre 27, article 3 de cette Ordonnance, *suprà*, page 440.)

9° Enfin les Juges peuvent condamner par
corps dans tous les cas où il y a dol ou fraude:
Ainsi les banqueroutiers, & tous ceux qui dé-
tournent leurs biens en fraude de leurs créanciers, sont sujets à la condamnation par corps,
sans pouvoir même être admis au bénéfice de
cession.

On peut même en ce cas arrêter ces sortes
de Débiteurs, lorsqu'ils sont suspects de fuite,
sur une requête présentée à cet effet au Juge,
quoiqu'il n'y ait encore eu aucune condamnation contr'eux, & avant même que la dette soit
échue. (*L. ait Prætor*, 10 §. *si Debitorem* 16. *ff.
quæ in fraudem Creditorum.*)

Une derniere observation à faire à l'égard des
contraintes par corps, est que quand on est contraignable par cette voie pour le paiement d'un
capital, on l'est aussi de même pour le paiement des intérêts. (Ainsi jugé par Arrêt du 18
mars 1678, raporté au premier tome du Journal du Palais, page 885 de l'édition *in-folio*.)
Ce qui est une suite de la maxime, que *accessa-
rium sequitur naturam principalis*.

ARTICLE V.

N'entendons aussi déroger *au Privilège des deniers royaux* (1), *ni à celui des*

Foires, Ports, Estapes & Marchés (2),
& des Villes d'arrêt (3).

1. *Au Privilege des deniers royaux.*] Le Privilege des deniers royaux est, que le Roi a la contrainte par corps contre tous ceux qui ont le maniement de ses deniers, & qui sont reliquataires, sans qu'ils puissent même en ce cas être admis au bénéfice de cession. (Ordonnance des Fermes du mois de juillet 1681, titre commun des Fermes, article 12.)

L'article 4 du même titre porte : » Que les » Fermiers de Sa Majesté auront contre les Sous-» Fermiers les mêmes actions & contraintes que » le Roi a contre ses Fermiers ; « & il est dit en l'article 5 : » Que ce qui est ordonné à l'égard des » Fermiers contre les Sous-Fermiers, aura lieu » à l'égard des Fermiers & Sous-Fermiers con-» tre leurs Commis. «

Ces contraintes peuvent même être décer-nées par les Fermiers contre ceux qui sont en demeure de compter ou de payer ; & ces der-niers peuvent être constitués prisonniers en ver-tu de ces contraintres. (Même Ordonnance de 1681, au titre commun des Fermes, article 12.)

Les Fermiers & Intéressés dans les affaires du Roi ont aussi la contrainte par corps pour le recours des sommes qu'ils ont payées pour leurs Associés. (Déclaration du Roi du 13 juin 1705.)

Mais cette contrainte par corps n'a pas lieu contre les cautions des Employés dans les affai-res du Roi, à moins qu'ils ne se fussent rendus caution en Justice.

A l'égard des Particuliers redevables de Sa Majesté pour raison des droits auxquels ils ont été imposés, comme pour Taille, Capitation & autres droits, la contrainte par corps n'a

jamais lieu contre eux, fi ce n'eft dans quelques cas dont on va parler. Voici quels font
ces cas :

1°. Quand il s'agit de droits de détail fur
le vin, les Hôteliers, Taverniers & Cabaretiers redevables de ces droits peuvent être contraints à les payer par emprifonnement de leurs
perfonnes trois jours après le commandement
de payer; (Ordonnance des Aides du mois de
juin 1680, titre 6 des Droits de détail fur le
Vin, article 3 :) ce qui a pareillement lieu
contre les Habitants des Paroiffes en cas de rebellion des Habitants, après que la Sentence de
folidité aura été rendue contr'eux par les Officiers des Elections, en faifant vifer la contrainte par l'un des Elus, (*Ibidem*, titre 6, article 6.)

La même chofe a lieu contre les Hôteliers,
Taverniers & Cabaretiers pour les droits d'Annuel. (Même Ordonnance, au titre du Droit
annuel, article 5.)

Idem, pour les droits de Subvention. (Article 5 du titre 1 du droit de Subvention de la
même Ordonnance.)

Le Fermier peut même décerner ces contraintes contre les Hôteliers, Taverniers & Cabaretiers pour les droits de détail & annuel ; &
alors il n'eft pas néceffaire qu'elles foient vifées
par un Officier des Elections. (Même Ordonnance du mois de juin 1680, titre 6 des Droits
de détail fur le vin, article 3.)

L'article 22 du titre 8 des Droits de gros
fur le Vin de la même Ordonnance, défend au
Fermier d'exercer aucune contrainte par corps
contre les redevables des droits de gros & d'augmentation. Il eft dit feulement en l'article 23 :
» Que les contraintes par corps pourront être
» ordonnées après les quatre mois pour les dé-
» pens & confifcation, fi la condamnation monte

» à deux cens livres & au-deſſus , & que les
» condamnés ne pourront être admis au béné-
» fice de ceſſion. »

Tout ce qui vient d'être dit pour les droits
de détail & autres à prendre ſur le vin, a pareillement lieu à l'égard des eaux-de-vie , (ſuivant l'article 10 du titre des Droits ſur l'Eau-
de-vie de l'Ordonnance des Aides du mois
de juin 1680 ,) & auſſi pour la biere. (Même
Ordonnance , article 11, du titre des Droits ſur
la biere ;) & de même pour le cidre. (Même
Ordonnance , titre des Droits ſur le cidre , article 7.)

2° En matiere de Gabelles , lorſqu'il s'agit
du paiement des amendes au-deſſus de dix livres , & de reſtitution des Droits de Gabelles
au-deſſus d'un minot , les condamnés y peuvent
être contraints par corps par les Juges deſdits
droits , nonobſtant oppoſitions ou appellations
quelconques. (Ordonnance des Gabelles du
mois de mai 1680 , titre 20, article 4.)

3° L'article 15 du titre des droits d'abord
& de conſommation ſur le poiſſon de l'Ordonnance des Fermes du mois de juillet 1681 , porte : » Que faute par ceux qui apportent du poiſ-
» ſon de mer à Paris de rapporter les certificats
» & ſoumiſſions néceſſaires dans le temps preſ-
» crit , les droits en ſeront payés en vertu des
» contraintes ſolidaires qui ſeront décernées ,
» viſées & exécutées tant contre les principaux
» obligés , que contre leurs cautions , par
» empriſonnement de leurs perſonnes. «

4° L'article 42 du titre commun des Fermes de la même Ordonnance du mois de juil-
les 1681 , porte : » Que les redevables des droits
» du Roi ne ſont contraignables par corps au
» paiement , ſinon dans les cas mentionnés en
» ladite Ordonnance de 1681 , & dans les Ré-

» glements des mois de mai & juin 1680. «

D'où il suit que c'est aller directemen: contre l'intention de Sa Majesté, que d'établir comme une maxime générale, que les sujets du Roi peuvent être contraints par corps indistinctement pour tous les droits qu'ils peuvent lui devoir, comme taille, capitation, dixieme-denier, droits de contrôle & autres.

Cependant les Jugements portant condamnation des droits de sortie & d'entrée du Royaume des Provinces réputées étrangeres, sont aussi exécutoires par corps. (Ordonnance des Fermes du mois de fevrier 1687, titre 12, article 14.)

5° Quand il s'agit de condamnations en la confiscation & en l'amende pour rebellions, fraudes & contraventions concernant les droits des Fermes, les condamnés peuvent être contraints par corps au paiement desdites amendes. (Arrêt du Conseil du 24 août 1728, & Lettres-Patentes sur ledit Arrêt.)

Les confiscations jugées par Sentences confirmées par Arrêt contre des Marchands qui auront obtenu main-levée à caution, en attendant le jugement définitif au sujet des droits du Roi, sont aussi exécutoires par corps, tant contre ces Marchands, que contre leurs cautions. (Même Ordonnance du mois de fevrier 1687, titre 13, article 7.)

2. *Ni à celui des Foires, Ports, Etapes & Marchés.*] La Coutume d'Orléans, article 428, en a une disposition pour les marchés. Cet article porte: » Que tous acheteurs de bétail, vin, » bled & grains achetés en marché public, se- » ront contraints au paiement par prison, sans » pouvoir jouir du bénéfice de cession ; « ce qui a été aussi jugé par un grand nombre d'Arrêts, tant pour les Etapes, Ports & Marchés,

que pour les Foires. En effet les marchandises vendues dans ces sortes d'endroits doivent
être payées comptant, & celui qui ne satisfait
pas alors à son obligation, manque à la foi publique sur laquelle les Marchands se sont rendus. (Voyez aussi Papon en ses Arrêts, livre
10, titre 7, & Chopin sur la Coutume d'Anjou,
livre 1, chapitre 34.)

3. *Et des Villes d'arrêt,*] Les Villes d'arrêt
sont celles qui ont le privilege de pouvoir faire
arrêter leurs débiteurs forains, & de les retenir prisonniers jusqu'à ce qu'ils aient payé
leur dû, quand même ces Débiteurs ne seroient
pas obligés par corps. Telle est la ville de Reims,
& la plupart des villes de Flandres. Les Nobles
sont ordinairement exempts de ce privilege, ainsi que les Ecclésiastiques.

ARTICLE VI.

Défendons de passer à l'avenir aucuns
jugements, obligations ou autres conventions, portant contrainte par corps
contre nos sujets (1) ; à tous Greffiers,
Notaires & Tabellions, de les recevoir ; & à tous Huissiers & Sergents de
les exécuter, encore que les actes ayent
été passés hors notre Royaume, à peine
de tous dépens, dommages & interests.

1. *Contre nos sujets.*] Voyez *suprà*, article 4,
note 2, page 586.

ARTICLE VII.

Permettons néantmoins aux Propriétaires des terres & héritages situés à la campagne, *de stipuler par les Baux* (1) les contraintes par corps.

1. *De stipuler par les Baux.*] Ce privilege de la contrainte par corps des propriétaires contre leurs fermiers, a lieu même dans le cas où il n'y auroit aucune fraude de la part du fermier. (Ainsi jugé par Arrêt du 2 mai 1670, rapporté par Boniface, tom. 5, liv. 5, tit. 9, chap. 7.) Il faut cependant que cette contrainte par corps soit stipulée par le bail, autrement le Juge ne pourroit la prononcer. Mais quand elle est convenue par le bail, il n'est pas même besoin d'une Sentence pour pouvoir emprisonner ; il suffit de faire un commandement préalable.

Il faut aussi observer que pour que cette contrainte puisse avoir lieu, le titre doit emporter exécution parée, c'est-à-dire que le bail doit être passé devant Notaires, & être revêtu des autres conditions dont il a été parlé ci-dessus, titre 33, article 2, note 1, page 543.

Si le bail n'étoit que sous seing-privé, il faudroit le faire reconnoître en Justice, ou obtenir Sentence contre le fermier en conséquence de ce bail.

Au reste ces contraintes cessent dès que le bail est fini, quand même le fermier continueroit à jouir par tacite reconduction. Car cette clause est insolite : or, la tacite reconduction n'a lieu que pour les clauses ordinaires. Les héritiers du fermier qui continuent à jouir du bail, ne sont point non plus contraignables par corps, parce que cette contrainte est purement personnelle, & regardée comme pénale, & ne passe point par conséquent contre l'héritier.

Quelques-uns ont voulu étendre la disposition

dition portée en cet article aux baux à cens & à rente fonciere ; mais il ne lui paroît pas que ce soit l'esprit de l'Ordonnance, le bailleur ayant une assurance suffisante sur le fonds. Les Propriétaires de maisons ne jouissent pas non plus de ce droit à l'égard des locataires, l'Ordonnance ne leur permettant pas de stipuler cette contrainte.

Le second cas où l'on peut stipuler la contrainte par corps par obligation, est porté par l'article 6 du titre 13 de l'Ordonnance de la Marine du mois d'avril 1681, liv. 1, qui permet de s'obliger par corps en tous contrats maritimes, comme grosses aventures, chartesparties, ventes & achats de vaisseaux, fret ou nolis, assurances, engagements & loyers de matelots & autres. Cet article permet en même temps aux Notaires d'en insérer la clause dans les contrats qu'ils recevront, & aux Huissiers d'emprisonner en vertu de soumission, sans qu'il soit besoin de jugement. La même disposition est portée par l'Ordonnance du Commerce de 1673, titre 7, article 2.

Hors ces cas, il n'est jamais permis de stipuler la contrainte par corps ; & s'il arrivoit qu'un débiteur se fût soumis à cette condition par quelque contrat ou autre acte, cette clause seroit nulle.

Celui qui se rend caution en Justice, est aussi contraignable par corps. (Voyez *suprà*, titre 28, article 2, aux notes, pag. 459.) Il n'est pas même nécessaire de discuter le principal débiteur pour pouvoir exercer cette contrainte : car celui qui se rend caution en Justice, est regardé comme débiteur solidaire de la somme à laquelle il s'est obligé. A l'égard des certificateurs judiciaires, ils ne peuvent être contraints par corps, qu'après avoir discuté le principal obligé & sa caution.

Au reste il ne faut pas regarder comme cautions judiciaires toutes celles qui font reçues en Juſtice, mais ſeulement celles que la Juſtice exige, ſoit pour la ſûreté d'un créancier, lorſqu'elle accorde au débiteur un terme pour payer, ou pour la ſûreté d'un débiteur dans les cas où les Jugements s'exécutent par proviſion en donnant caution.

ARTICLE VIII.

Ne pourront les femmes & filles s'obliger (1), ni eſtre contraints par corps (2), ſi elles ne ſont marchandes publiques (3), ou pour cauſe de ſtellionat procédant de leur fait. (4)

1. *Ne pourront les femmes & filles s'obliger.*] Comme dans le cas de l'article précédent.

2. *Ni être contraintes par corps.*] Même pour lettres de change acceptées. (Ainſi jugé par Arrêt du Conſeil Privé du 2 ſeptembre 1704, par lequel une fille majeure de vingt-cinq ans, qui, conjointement avec ſa mere, avoit accepté des lettres de change remiſes de place en place, a été déchargée de la contrainte par corps.)

Il en eſt de même des dépens prononcés contre des femmes ou filles en matiere civile, qui monteroient à deux cens livres & au-deſſus; elles ne ſont point ſujettes en ce cas à la contrainte par corps après les quatre mois, quand même elles auroient été autoriſées à plaider en Juſtice au refus de leur mari. (Ainſi jugé par Arrêt du Conſeil du 26 janvier 1671, & par un Arrêt de la Tournelle Civile du 17 janvier 1684. Voyez auſſi le procès-verbal de l'Ordonnance, p. 434.)

On doit dire la même chose des dépens en matiere criminelle prononcés contre des femmes ou filles, l'article ne renfermant à cet égard aucune exception en leur faveur, comme l'article suivant en renferme à l'égard des septuagénaires. Mais si ces dépens sont prononcés par forme de dommages & intérêts, & que cela soit ainsi porté par le Jugement, alors les femmes & filles peuvent être contraintes par corps pour le paiement de ces dépens, ces dommages & intérêts tenant lieu de réparation.

Elles ne peuvent pareillement être contraintes par corps pour l'adjudication d'immeubles à elles faite en Justice. Ainsi jugé en faveur de la demoiselle Eléonore Dufresne par Arrêt du Conseil du 20 mars 1669, qui casse un Arrêt du Parlement de Paris du 9 du même mois, qui avoit déclaré cette demoiselle sujette à la contrainte par corps.

Il en est de même si elles s'étoient rendues cautions judiciaires, ou si elles avoient été établies dépositaires à une saisie. (*Ità* Duplessis sur la Coutume de Paris, chapitre des contraintes par corps, liv. 6, pag. 640 de l'édition de 1709.)

Elles jouissent aussi du même privilege dans les villes d'arrêt. (Ainsi jugé au Parlement de Metz par Arrêt du 29 octobre 1640, qui a jugé qu'une femme qui s'étoit obligée solidairement avec plusieurs autres, n'avoit pu être emprisonnée, sous prétexte qu'elle s'étoit rencontrée dans une ville dont les bourgeois ont le privilege de faire arrêter leurs débiteurs forains.)

Les femmes de marchands ne sont pas plus sujettes que les autres femmes à la contrainte par corps, quand même elles débiteroient ou se mêleroient de la marchandise de leurs maris, si elles ne sont d'ailleurs marchandes publiques. (Procès-verbal de l'Ordonnance, page 434, article 32.) Et c'est sur ce fondement qu'il a été jugé que les femmes de cabaretiers qui vendent elles-même le vin, ne peuvent être contraintes par corps dans toute l'étendue de la Cour des Aides de Paris, pour raison des droits de détail dûs sur le vin.

3. Si elles ne sont marchandes publiques.] C'est-à-dire si elles n'exercent une marchandise distincte & séparée de celle dont leurs maris font commerce (Procès-verbal de l'Ordonnance, page 434, article 32, Coutume de Paris, article 235,) parce qu'alors le mari est censé avoir autorisé sa femme à contracter toutes les obligations attachées au commerce qu'elle fait.

Le mari est même en ce cas contraignable par corps pour raison des dettes contractées par sa femme marchande publique pour raison du commerce qu'elle fait. (*Ità* Renusson en son Traité de la Communauté, part. 1, chap. 7, n. 44. Duplessis sur les articles 234 & 236 de la Coutume de Paris, & le Brun en son Traité de la Coutume, liv. 2, chap. 1, n. 11.)

La veuve d'un Marchand qui continue le négoce après la mort de son mari, est aussi sujette à la contrainte par corps, parce qu'alors elle devient marchande publique.

Il faut cependant observer que les filles ou femmes marchandes publiques ne sont obligées par corps que pour les dettes qui concernent leur négoce, & non pour autres. Mais lorsqu'il s'agit de dettes de leur commerce, la minorité ne les exempte pas même de cette contrainte, ainsi qu'il a été jugé par Arrêt du 5 décembre 1606, rapporté par Brodeau sur Louet, lettre F, sommaire 11, parce que les mineurs font réputés majeurs pour raifon de leur commerce. (V. *fuprà*, art. 4, note 8 ; pag. 590.)

4. *Ou pour caufe de ftellionat procédant de leur fait.*] Le ftellionat eft un dol pratiqué pour tromper par une fauffe déclaration celui avec qui l'on contracte. Pour que le ftellionat puiffe avoir lieu, il faut que la chofe déclarée foit du fait de celui ou de celle qui la déclare, ou du moins que ce fait foit de fa connoiffance : par exemple, fi un héritage eft déclaré franc & quitte de toutes charges ou hypotheques, il faut que ces charges ou hypotheques aient été impofées par celui ou celle qui fait cette déclaration, ou du moins qu'il en ait d'ailleurs connoiffance, & que cela foit conftaté par écrit ou autrement.

L'Edit du mois de juillet 1680 a interprété la difpofition portée en cet article, & a ordonné » Que les femmes & filles ne pourront s'obli- » ger, ni être contraintes par corps, fi elles » ne font marchandes publiques, ou pour caufe » de ftellionat qu'elles auroient commis, pro- » cédant de leur propre fait : favoir, lorfqu'el- » les font libres & hors la puiffance de leurs ma- » ris, ou lorfqu'étant mariées, elles fe font ré- » fervé par leur contrat de mariage la libre ad- » miniftration de leurs biens, ou font féparées » de biens d'avec leurs maris ; fans que les fem- » mes qui s'obligeront avec leurs maris avec lef- » quels elles feroient en communauté de biens, » puiffent être perfonnellement réputées ftel- » lionnaires : auquel cas elles feront feulement » fujettes folidairement au paiement des det- » tes pour lefquelles elles fe feront folidaire- » ment obligées avec leurs maris, pour faifie » & ventes de leurs biens propres, acquêts ou » conquêts ; mais elles ne pourront alors être » contraintes par corps. «

ARTICLE IX.

Les septuagénaires (1) *ne pourront estre emprisonnez* (2) *pour debtes purement civiles* (3), *si ce n'est pour stellionat* (4), *recelé, & pour dépens en matiere criminelle* (5), *& que les condamnations soient par corps.* (6)

1. *Les septuagénaires.*] C'est-à-dire ceux qui ont soixante-dix ans accomplis. On avoit d'abord jugé qu'il suffisoit d'être entré dans la soixante-dixieme année pour jouir du privilege porté par cet article ; & cela avoit été ainsi jugé par un Arrêt du 24 juillet 1700, rapporté au journal des audiences. Mais depuis la Jurisprudence a changé, & l'on tient à présent qu'il faut avoir soixante-dix ans accomplis. (Ainsi jugé par Arrêt du 6 septembre 1706, rendu en la Grand'Chambre, & sur les conclusions de M. l'Avocat-Général Joli de Fleuri, rapporté par Augeard en ses Arrêts, tom. 1, chap. 78, & par deux autres Arrêts des 24 juillet 1737 & 4 septembre 1742, rapportés par la Combe en son recueil d'Arrêts *in-quart.* chap. 12.)

2. *Ne pourront être emprisonnés.*] Le débiteur même emprisonné pour dettes civiles, hors les trois cas portés par cet article, peut demander son élargissement, lorsqu'il a acquis l'âge de soixante-dix ans accomplis. (Ainsi jugé par Arrêt du Conseil du 8 mai 1668, rapporté au recueil des Arrêts rendus en interprétation de l'Ordonnance de 1667, par lequel Sa Majesté, conformément à ladite Ordonnance, dé-

fend d'emprifonner aucuns feptuagénaires, ni de les retenir pour dettes purement civiles.

3. *Pour dettes purement civiles.*] Sous ce mot de *dettes purement civiles*, font comprifes même celles pour deniers royaux. (Ainfi jugé par Arrêt de la Cour des Aides du 28 fevrier 1716, qui a ordonné l'élargiffement d'un feptuagénaire emprifonné pour deniers royaux.) Cependant le contraire a été jugé depuis au Parlement de Paris fur les conclufions de M. Chauvelin, Avocat-Général, le 30 mars de la même année, en confirmant une Sentence du Châtelet de Paris, par laquelle le nommé Mazens feptuagénaire, débiteur de deniers royaux, avoit été débouté de fa demande à fin d'être élargi des prifons, attendu qu'il avoit foixante-dix ans paffés.

4. *Si ce n'eft pour ftellionat.*] Voyez *fuprà*, article 8, note dernière, pag. 607.)

5. *Et pour dépens en matiere criminelle.*] Dans les trois cas exceptés par l'Ordonnance, & mentionnés en cet article, les feptuagénaires font fujets à la contrainte par corps, foit que les caufes aient précédé cet âge, foit qu'elles ne foient furvenues que depuis. Il en eft de même dans tous les cas où il y a dol ou fraude ; car alors la faveur de l'Ordonnance ceffe, & c'eft pourquoi elle ne les exempte que *pour dettes purement civiles*, ainfi qu'elle s'exprime.

6. *Et que les condamnations foient par corps.*] Autrement la contrainte par corps n'a pas lieu contr'eux. (Ainfi jugé par Arrêt du 24 feptembre 1701, rapporté au journal des audiences, tom. 5.)

L'Ordonnance, dans cet article & dans le précédent, ne met au nombre des perfonnes exemptes de la contrainte par corps en matiere civile, que les feptuagénaires ; mais il faut y ajouter encore quelques autres personnes qui jouissent de ce privilege. Tels sont,

1° Les Ecclésiastiques constitués dans les Ordres sacrés. (Edit du 5 juillet 1576, Ordonnance de Blois, article 57, Déclaration du 30 juillet 1710, article 3. Voyez aussi le Procès-verbal de l'Ordonnance, page 433, article 29.) Au surplus ces mots, *constitués dans les Ordres sacrés*, font assez voir que les simples Clercs ne doivent point jouir de ce privilege. Ainsi par Arrêt du Parlement de Paris du 14 juillet 1688, rapporté au journal des Audiences, un Clerc tonsuré, Chanoine depuis vingt-cinq ans, a été contraint par corps, après les quatre mois, au paiement des dépens auxquels il avoit été condamné.

Mais ce droit établi en faveur des Ecclésiastiques constitués dans les saints Ordres, cesse d'avoir lieu dans les cas où par dol ils se seroient rendus indignes de ce privilege ; comme, par exemple, s'ils taisoient ou supprimoient frauduleusement leur qualité en se qualifiant bourgeois ou marchands, ou en changeant de nom. (Ainsi jugé par Arrêt du 10 avril 1607, rapporté par le Prêtre, Centurie 3, chap. 22. Voyez aussi Arrêts de Filleau, quatrieme partie, quest. 113.)

2° Les mineurs ne peuvent être contraints par corps pendant leur minorité pour raison des dettes qu'ils ont contractées, dans le cas même où ils auroient tiré, accepté ou endossé des lettres de change pour raison de ces dettes , ni pour quelques autres causes civiles que ce soit ; & quand même ils se seroient soumis à cette contrainte ; ce qui a pareillement lieu à l'égard des mineurs bénéficiers, quoique d'ailleurs ils soient réputés majeurs pour raison de leurs bénéfices. (*Suprà*, tit. 15, art. 14, p. 210.) Ainsi jugé par Arrêt du 21 mars 1670, rapporté au Journal du Palais, qui a déclaré non sujet à la contrainte par corps un mineur bénéficier pour les dépens auxquels il avoit succombé en la poursuite d'un bénéfice, sauf après la majorité à se pourvoir contre lui à ce sujet.

A l'égard des mineurs marchands, comme ils sont réputés majeurs pour raison de leur commerce, ils sont sujets à la contrainte par corps pour raison des dettes contractées pour raison de ce commerce ; ce qui a pareillement été étendu aux financiers & gens d'affaire pour raison des billets par eux subis. (Voyez ci-dessus, article 4, note 8, pag. 590.)

3° Les Maîtres, Patrons, Pilotes & Matelots étant à bord pour faire voile, ne peuvent être mis en prison pour dettes civiles de quelque nature qu'elles soient, si ce n'est pour les dettes qu'ils ont contractées pour raison du voyage. (Ordonnance de la Marine, liv. 2, titre 1, article 14.)

Il en est de même des Officiers & gens de guerre, lorsqu'ils sont en service ou en garnison. (Ainsi jugé par un Arrêt rapporté par Boniface, tom. 5, liv. 3, titre 1, chap. 12, qui a déclaré nul l'emprisonnement fait d'un soldat pour dette civile.)

ARTICLE X.

Pour obtenir la contrainte par corps après les quatre mois ès cas exprimés au second article, le créancier fera signifier le jugement à la personne *ou domicile de la Partie* (1), avec commandement de payer, & déclaration qu'il y sera contraint par corps après les quatre mois.

т., *Ou domicile de la Partie.*] Et non au simple domicile du Procureur.

ARTICLE XI.

Les quatre mois passez à compter du jour de la signification, le créancier levera du greffe *une Sentence*, *Jugement ou Arrest* (1), portant que dans la quinzaine la Partie sera contrainte par corps, & lui fera signifier, pour après la quinzaine expirée, *estre la contraints exécutée* (2) sans autres procédures; & seront toutes les significations faites avec toutes les formalités ordonnées pour les ajournemens.

1. *Une Sentence*, *Jugement ou Arrêt*.] C'est ce qu'on appelle ordinairement Sentence ou Arrêt *d'iterato*.

2. *Etre la contrainte exécutée*.] Pourvu qu'il n'y ait point d'appel ou d'opposition au Jugement, car alors il faut suivre ce qui est porté dans l'article qui suit.

Il faut aussi observer qu'il n'est pas permis d'arrêter les particuliers dans leurs maisons pour dettes civiles, même de jour. (Arrêt de réglement du 19 décembre 1702, rapporté au Journal des Audiences, qui établit là-dessus une défense générale, à moins qu'il n'y ait à cet effet une permission du Juge. Autre Arrêt du 17 décembre 1707, rapporté au recueil des Réglements de Juſtice.) On trouve auſſi un acte de notoriété du Châtelet de Paris ; qui établit la même maxime. (Voyez le Recueil des actes de notoriété de cette Juriſdiction, pag. 265.)

Mais s'il y a permiſſion du Juge des lieux, on peut arrêter le débiteur dans ſa maiſon. Cette permiſſion peut s'accorder ſur une ſimple requête du créancier, par laquelle il expoſe que le débiteur condamné reſte enfermé chez lui pour ſe diſpenſer de ſatisfaire à ſes obligations, quoiqu'il ſoit en état de le faire. Le Juge ſur cette requête ordonne qu'il ſera par un Huiſſier dreſſé procès-verbal de la retraite du débiteur dans ſa maiſon, & après pluſieurs procès-verbaux, qui ſe font ordinairement au nombre de trois, & de huitaine en huitaine, il rend ſon ordonnance, s'il y a lieu de le faire, portant permiſſion d'arrêter le débiteur dans ſa maiſon. Cependant ces ſortes de permiſſions ne doivent pas s'accorder indiſtinctement & ſans des raiſons importantes, comme s'il s'agit d'une dette très-conſidérable. Le Juge peut auſſi la refuſer, eu égard aux circonſtances & à la qualité ou dignité des perſonnes. On peut ſe pourvoir contre ces permiſſions, ou par oppoſition au Siege, ou par appel devant le Juge ſupérieur.

La Juriſdiction de la Conſervation de Lyon a ce privilege, que les Sentences qui ſont émanées de ce Tribunal s'exécutent non-ſeulement par empriſonnement contre les débiteurs condamnés, mais même qu'on peut les faire arrêter dans leurs maiſons. Comme l'Arrêt du Parlement de Paris du 19 décembre 1702, dont on vient de parler, ſembleroit déroger à ce privilege, en ce qu'il établit une défenſe générale ſans aucune diſtinction, il eſt intervenu un autre Arrêt du 18 juin 1710, rapporté auſſi au

Journal des Audiences, qui porte qu'il en fera usé dans toute l'étendue de la Sénéchauffée de Lyon comme avant l'Arrêt du 19 juin 1702, conformément à un Edit de François I. de l'année 1536, & à deux autres Edits des mois de mai 1655 & juillet 1669, qui portent qu'on pourra dans ce cas arrêter les débiteurs dans leurs maisons. Depuis, par un autre Edit du mois d'août 1714, il a été ordonné que ce droit de la Conservation de Lyon seroit exécuté dans toute l'étendue du Royaume.

Il y a des personnes qu'il n'est pas permis d'arrêter dans les rues par des privileges particuliers. Ainsi

Les Receveurs des Consignations, quoique d'ailleurs contraignables par corps pour les reliquats de leurs comptes, ne peuvent être exécutés dans les rues en leur personne, sinon en vertu d'Arrêts ou Sentences rendus sur un procès-verbal de refus. (Edit de création de ces offices du mois de fevrier 1689, article 32.)

Il en est de même des Commissaires aux Saisies-réelles, suivant leur Edit de création du mois de juillet 1689, article 19.

Une autre regle en matiere d'emprisonnement pour dettes civiles, est qu'on ne peut arrêter un débiteur, même dans les rues, les jours de fêtes & de dimanches, si ce n'est avec la permission du juge. (Acte de notoriété du Châtelet de Paris du 5 mai 1703. Ainsi jugé par plusieurs Arrêts, & entr'autres par un du 14 janvier 1708, rapporté par Augeard en ses Arrêts, tom. 3.) Ce qui est une suite de la maxime, que tous exploits doivent cesser ces jours-là. (Voyez l'article 69 de l'Ordonnance de Moulins.)

On ne peut même emprisonner ces jours-là pour deniers royaux ; & il y a à ce sujet un Arrêt du Conseil du 10 fevrier 1661, qui fait défenses à tous Huissiers, Sergents, Archers & autres, porteurs de contraintes pour deniers royaux, de les mettre à exécution les jours de dimanches & de fêtes contre les contribuables allants & revenants de la Messe, à peine de trois mille livres d'amende contre les contrevenants.

Mais comme il arrive souvent que des débiteurs que l'on ne peut prendre dans leurs maisons ne sortent que les dimanches & fêtes, on obtient quelquefois, & dans de certains cas, une permission du Juge pour les faire arrêter ces jours-là. Ces permissions ne s'accordent point pour les jours de grandes fêtes, & rarement les accorde-t-on quand il s'agit de sommes modiques.

Outre les conditions précédentes qui sont nécessaires pour la validité des contraintes par corps, il faut aussi observer dans les actes d'emprisonnement les formalités établies par les Réglements pour ces sortes d'actes. Ainsi il faut y faire mention des Arrêts, Jugements & contrats en vertu desquels on emprisonne, du nom, surnom & qualité du prisonnier, de ceux de la Partie qui fait emprisonner, comme aussi du domicile qui doit être élu par cette Partie au lieu où la prison est située, le tout à peine de nullité. (Ordonnance de 1670, titre 13, article 13.) A Paris même il faut que celui qui fait emprisonner, outre l'élection de domicile, constitue Procureur par exploit d'emprisonnement. (Edit du mois de janvier 1685, concernant l'administration de la Justice du Châtelet de Paris, article 7.)

Il faut de plus que le titre en vertu duquel on emprisonne, soit scellé, expédié en parchemin, & revêtu des autres formalités requi-

fes pour les faifies & exécutions. (Voyez ce qui
a été dit à ce sujet, titre 33, article 2, note 1,
pag. 543. Voyez auffi l'Ordonnance de 1670,
titre 13, articles 23 & 24, pour les aliments dus
à ceux que les créanciers font emprifonner pour
dettes.)

ARTICLE XII.

Si la Partie appelle de la Sentence, ou
s'oppofe (1) à l'exécution de l'Arreft
ou Jugement portant condamnation par
corps, la contrainte fera furfife jufques
à ce que l'appel ou l'oppofition ayent
été terminez : mais fi avant l'appel ou
oppofition fignifiée, les Huifliers ou
Sergents s'eftoient faifis de fa perfonne,
il ne fera furfis à la contrainte. (2)

1. *Si la Partie appelle de la Sentence, ou*
s'oppofe, &c.] L'oppofition formée au jugement qui déboute par défaut de la Sentence ou
Arrêt d'*iterato*, n'eft pas recevable ; c'eft une
oppofition à une oppofition, laquelle ne doit
jamais être reçue en Juftice.

Lorfqu'une Sentence qui emporte contrainte
par corps s'exécute par provifion, comme font
les Sentences Confulaires, celles des Préfidiaux
au fecond chef de l'Edit, & en général toutes
les autres Sentences dont l'exécution eft provifoire, l'appel n'en fufpend pas l'effet, & il
n'y a en ce cas d'autre voie que d'obtenir un
Arrêt de défenfes.

2. *Il ne fera furfis à la contrainte.*] Lorfque le débiteur eft emprifonné en vertu d'un
jugement ou autre acte, il peut fe pourvoit
contre cet emprifonnement, & le faire déclarer

nul, soit en prouvant qu'il ne devoit rien à son débiteur lors de son emprisonnement, soit en faisant voir que les formalités nécessaires pour emprisonner valablement n'ont point été observées à son égard.

Si l'emprisonnement est déclaré nul dans la forme, toutes les recommandations faites par d'autres créanciers deviennent aussi nulles. Mais lorsque l'emprisonnement est déclaré nul en conséquence de ce que celui qui a été emprisonné ne devoit rien à celui qui l'a fait arrêter, alors cette nullité n'empêche pas les recommandations de subsister, pourvu que d'ailleurs la capture ait été faite avec toutes les formalités nécessaires pour la validité des emprisonnements.

Celui qui a été valablement emprisonné peut obtenir main-levée de sa personne de plusieurs manieres.

1° En payant ou consignant les sommes pour lesquelles il est constitué prisonnier ou recommandé, sans qu'il soit besoin même en ce cas de faire ordonner qu'il sera mis hors de prison. (Ordonnance de 1670, titre 13, article 32.)

2° Faute par les créanciers de fournir les aliments au prisonnier. (*Ibidem*, article 14. Voyez aussi les Réglements rendus en interprétation de cet article.)

3° En donnant caution. Dans ce cas il arrive souvent que les créanciers au moyen de cette condition consentent à l'élargissement de leur débiteur, ou même que le Juge par des considérations particulieres les oblige d'y consentir.

4° En demandant à être reçu au bénéfice de cession, & en abandonnant tous ses biens à ses créanciers; mais il y a des dettes pour lesquelles ce bénéfice ne peut avoir lieu. Tel-

les font, 1° Les dettes provenant de crime,
dol ou fraude. (Coquille, quest. 195.) 2° Les
comptables de deniers publics, & sur-tout de
deniers royaux, ne sont point admis au bénéfice de cession. (Voyez le Prêtre, Centurie 1,
chap. 99 ; & c'est aussi la disposition de l'Ordonnance des Fermes du mois de juillet 1681,
au titre commun des Fermes, article 13.) 3° Les
Gardiens, Commissaires, Huissiers & autres
dépositaires des biens de Justice, ceux qui ont
quelque administration publique, comme d'hôpitaux, &c ; les cautions judiciaires, ceux chez
qui l'on a mis un dépôt forcé, ainsi que les tuteurs pour reliquats de comptes de leurs mineurs. (Mainard , liv. 4, chap. 17 ; la Rocheflavin , liv. 6 , titre 20 , article 1. Bérault sur
la Coutume de Normandie, article 20, au mot
Bénéfice de cession. Papon en ses Arrêts, liv.
10, n. 7 & 13. Louet, lettre C, sommaire 14.
Carondas , liv. 6, réponse 37, & autres.) 4° Les
fermiers des terres , métairies , lorsque la
contrainte par corps a été stipulée par le bail,
ne sont point admis non plus au bénéfice de cession. (Voyez Louet, lettre C, sommaire 57, &
Coquille sur la Coutume de Nivernois , chap.
32, article 22. Plusieurs Arrêts l'ont ainsi jugé,
& entr'autres un du 31 mai 1633, rapporté par
Bardet, & un autre du 27 mars 1648.) Au
reste, cela ne doit avoir lieu que dans le cas où
le fermier auroit appliqué à son profit, & dé-
tourné les fruits provenants des héritages qu'il
tient à ferme, avant que le propriétaire eût été
payé de ses fermages, parce qu'alors il commet une espece de vol. 5° Les étrangers ne
font point aussi admis à ce bénéfice. (Ordonnance du Commerce de 1673, titre des cessions
de biens, article 2.) Voyez encore d'autres cas
pour lesquels la cession n'a pas lieu dans les

articles 428, 429 & 439 de la Coutume d'Orléans.

Non-feulement le débiteur contraint par
córps peut obtenir main-levée de fa perfonne
par les voies qu'on vient d'indiquer ; mais il
peut encore prévenir & empêcher fon emprifonnement, foit en obtenant des lettres de répi,
d'Etat, ou de défenfes générales, qui s'accordent quelquefois, mais pour des confidérations
importantes, (voyez *fuprà* titre 33, article
12, note 1, pag. 561,) foit en obtenant un fauf-
conduit, qui ne s'accorde ordinairement que
par le Souverain, & rarement par les Juges,
fi ce n'eft en quelques cas où il eft néceffaire
de le faire, pour que le débiteur puiffe agir
en fes affaires ; mais alors ce ne doit être
qu'avec une gande connoiffance de caufe, &
par des motifs particuliers.

A R T I C L E XIII.

Les pourfuites & contraintes par corps
n'empefcheront les faifies (1), exécutions
& ventes des biens de ceux qui font
condamnez.

1. *N'empêcheront les faifies.*] Ainfi un créancier peut faifir les biens de fon débiteur en
même temps qu'il le fait emprifonner. Il a deux
fûretés au lieu d'une.

TITRE XXXV.

Des Requêtes Civiles.

LA requête civile eſt un moyen de ſe pourvoir contre un Arrêt ou un Jugement rendu
en dernier reſſort, contre lequel on ne peut
venir en oppoſition.

Ces requêtes s'emploient en matiere civile
dans les cas mentionnés ci-après aux articles
34, 35 & 36 de ce titre, tant contre les Arrêts
& Jugements définitifs, que contre ceux qui
ne ſont qu'interlocutoires ou d'inſtruction.

Mais en matiere criminelle, il faut diſtin-
guer entre les Jugements rendus à l'audience,
& ceux rendus à la Chambre.

1° On peut toujours ſe pourvoir par requête civile contre les Arrêts & Jugements rendus
en dernier reſſort à l'audience, quoique définitivement rendus. Il en de même des Arrêts rendus aux Enquêtes en matiere de petit
criminel : ces Arrêts & Jugements ſont plutôt
cenſés rendus au civil qu'au criminel, n'y ayant
point alors de procédure extraordinaire, qui
ſeule fait, à proprement parler, l'eſſence du
procès criminel.

2° Quant à ceux d'inſtruction rendus à l'audience incidemment & dans le cours d'une procédure extraordinaire, il ne paroît pas non plus
qu'il doive y avoir de la difficulté à admettre
les requêtes civiles, lorſqu'il y a des moyens
d'ouvertures ſuffiſants ; ce qui eſt fondé ſur ce
qu'alors on ne peut ſe pourvoir par lettres de

révifion, ces lettres n'ayant lieu qu'à l'égard
de l'accufé qui a été condamné. (Voyez l'Ordonnance de 1670, titre 16, article 8.) Voyez
auffi l'Ordonnance de Léopold I, Duc de
Lorraine, du mois de juillet 1701, touchant
la procédure criminelle de ce duché, titre 12,
article 21, qui en a une difpofition qui peut
recevoir ici fon application. Cet article porte :
» Que les Parties pourront fe pourvoir par re-
» quête civile contre les Arrêts d'inftruction au
» criminel, pour les moyens (ou caufes d'ou-
» vertures) marqués en la procédure civile,
» qui pourroient avoir leur application à la
» criminelle, & néanmoins fans rétardation du
» Jugement. « C'eft auffi ce qui réfulte de l'E-
dit du mois de fevrier 1682, rendu pour la Tournelle du Parlement de Touloufe, dont il eft
parlé ci-après en la note 1, fur l'article 21, pag.
640.)

3° A l'égard des Arrêts ou Jugements en
dernier reffort rendus après une inftruction com-
plette, il eft rare que la requête civile y foit admife, à caufe des inconvénients qui en pourroient
arriver tous les jours. Il n'y a dans ce cas que la
voie de révifion. (Arrêt du 4 feptembre 1699.)
On peut néanmoins faire là-deffus une diftinction entre l'accufé, & entre l'accufateur ou le
plaignant.

Quant à l'accufé, il femble qu'il doit toujours être favorablement écouté en pareil cas,
quoiqu'il puiffe auffi fe pourvoir par lettres de
révifion, qui eft une voie beaucoup plus favo-
rable; mais rien n'empêche qu'il puiffe auffi prendre la voie de la requête civile, dans les cas où
il y auroit ouverture à cette requête.

Quant à l'accufateur ou plaignant, comme
la voie de la révifion n'a pas lieu à fon égard,
il n'a que la voie de la requête civile; en-

core ne doit-elle être admise que très-rare-
ment, quand il s'agit de renouveller une accusation terminée. Plusieurs Arrêts ont jugé
que dans ce cas un accusateur ne pouvoit se
pourvoir par requête civile, même sur le son-
dement de preuves nouvellement découvertes,
(voyez Basnage sur la Coutume de Normandie, article 143,) si ce n'est dans des crimes
atroces. Il y a cependant un cas où cette requête
doit être reçue ; c'est lorsque l'accusé a salsifié
ou supprimé les charges, corrompu les témoins,
ou usé d'artifices semblables pour se procurer
une absolution. C'est ainsi que s'en explique
M. Talon, Avocat-Général, dans un Arrêt du
16 juin 1632, rapporté par Bardet, tom. 1, liv.
1, chap. 32.

ARTICLE I.

Les Arrêts & *Jugements en dernier*
ressort (1) *ne pourront être retractez* (2)
que par lettres en forme de requête civile
(3) à l'égard de ceux qui auront esté
Parties, ou duement appellez, & de
leurs héritiers, *successeurs ou ayants*
causes. (4)

1. *Et jugement en dernier ressort.*] Autres que
ceux rendus par les Présidiaux au premier chef
de l'Edit, à cause de ce qui est porté ci-après
en l'article 4. Les Jugemens en dernier ressort
dont il est parlé ici, sont ceux rendus par les
Maîtres des Requêtes de l'Hôtel, quand ils jugent au souverain.

2. *Ne pourront être retractés.*] Lorsqu'il s'agit
seulement de se pourvoir en interprétation,
il suffit d'une simple requête.

3. *Que par lettres en forme de requête civile.*] Ces lettres s'obtiennent dans les Chancelleries des Cours & Sieges où les Arrêts & Jugemens contre lesquels on veut se pourvoir ont été rendus ; elles doivent contenir le fait, la procédure & le dispositif du Jugement qu'on attaque.

4. *Ou ayants causes.*] Comme sont les créanciers qui exercent les droits de leur débiteur, mais non ceux qui succedent à titre particulier de donation ou vente.

ARTICLE II.

Permettons de se pourvoir *par simpl* *Requête à fin d'opposition* (1) contre le Arrests & Jugemens en dernier ressort auxquels le Demandeur en Requête *n'aura esté Partie* (2), *ou duement ap-pellé* (3) ; & mesme contre ceux *donnés sur Requête.* (4)

1. *Par simple requête à fin d'opposition.*] L'opposition dont il est parlé ici, est différente de celle dont il est fait mention dans les articles 10 & 11 du titre 27 ci-dessus. Cette derniere suppose un Arrêt ou Jugement rendu en forme contre les Parties, autres que l'opposant, sans assignation préalable & sur une simple requête non signifiée ni communiquée. Cette opposition suspend, au lieu que celle mentionnée aux articles 10 & 11 du titre 27 ne suspend point. D'ailleurs il n'y a point d'amende pour l'opposition mentionnée en cet article 2, au lieu que pour l'autre opposition, celui qui est mal fondé, est condamné en l'amende de cent cin-

quante ou de foixante-quinze livres. (Voyez ci-
deffus, titre 27., article 10, pag. 450.)

2. *N'aura été Partie.*] Parce qu'alors on ne
peut oppofer l'exception *rei judicatæ* à celui qui
attaque le jugement.

3. *Ou duement appellé.*] C'eft-à-dire, appellé à domicile, & il ne fuffiroit pas d'avoir
affigné les héritiers au domice d'un feul pour
tous. Ainfi fi les autres héritiers avoient été
condamnés fur cette affignation au domicile de
l'un d'eux, ils pourroient revenir contre le jugement par fimple oppofition, fans requête civile, comme n'ayant point été valablement appellés, à moins qu'ils n'euffent défendu nommément, & chacun étant en qualité ; auquel
cas ils n'auroient plus que la voie de la requête civile, s'il y avoit ouverture fuffifante à
cette requête.

Ces fortes d'oppofitions peuvent être formées en tout temps, & il n'eft pas néceffaire
qu'elles foient formées dans la huitaine, comme
au cas de l'article qui fuit ; il n'eft pas néceffaire
non plus pour être reçu oppofant de refonder
les dépens.

4. *Donnée fur requête.*] Non communiquée.

A R T I C L E III.

Permettons pareillement de fe pourvoir *par fimple requefte* (1) *contre les
Arrefts & Jugements en dernier reffort* (2),
qui auroient efté rendus *à faute de fe
préfenter* (3), *ou en l'audience, à faute
de plaider* (4), pourveu que la requefte
foit donnée (5) *dans la huitaine du jour
de la fignification* (6) à perfonne ou do-

micile de ceux qui feront condamnez,
s'ils n'ont conftitué Procureur (7) , ou
au Procureur quand il y en a un : fi ce
n'eft que la caufe ait efté appellée *à tour
de rolle* (8) ; auquel cas les Parties ne fe
pourront pourvoir contre les Arrefts &
Jugements en dernier reffort intervenus en conféquence, que par requefte
civile.

1. *Par fimple requête.*] C'eft-à-dire par requête d'oppofition. Dans plufieurs Sieges, au
lieu d'une requête d'oppofition, il fuffit de
former cette oppofition par un fimple acte fignifié à la Partie ; & c'eft ainfi qu'on le pratique au Châtelet d'Orléans.

2. *Contre les Arrêts & Jugements en dernier
reffort.*] Quoique l'Ordonnance ne parle ici que
des Jugements en dernier reffort, néanmoins
l'ufage de tous les Sieges a étendu cette difpofition à l'égard des Sentences dont il peut
y avoir appel. C'eft pourquoi dans tous les cas
où une Sentence a été rendue par défaut contre une Partie, on peut fe pourvoir par oppofition dans la huitaine contre cette Sentence,
au lieu d'en interjeter appel. (Voyez l'article
8 de la Déclaration du 17 février 1688, touchant la procédure des Elections, Greniers à
Sel, &c.) Et même lorfqu'on a laiffé paffer
la huitaine, on peut appeller & convertir l'appel en oppofition, enfuite de quoi on vient
plaider fur cette oppofition ; l'ufage a autorifé
cette procédure pour éviter les frais d'un appel
fouvent coûteux.

Mais on ne doit jamais être reçu oppofant

à un Jugement qui a débouté d'une premiere opposition, quoique ce Jugement ait été rendu par défaut. (Même Déclaration du 17 février 1688, article 10.)

Lorsqu'une cause a été jugée contradictoirement avec quelques-unes des Parties, & par défaut contre d'autres celles contre qui le Jugement a été rendu par défaut peuvent revenir par opposition ; mais celles qui étoient présentes ne peuvent revenir contre ce Jugement en aucune maniere, si ce n'est par la voie d'appel, dans le cas où il a lieu ; en sorte que quand bien même, sur l'opposition des défaillants, on viendroit à rendre une Sentence différente de la premiere, néanmoins ceux contre qui elle auroit été jugée contradictoirement, ne pourroient revenir par opposition, ni la faire changer à leur égard.

Au surplus, il faut observer que dans tous les cas où l'on revient par opposition dans la huitaine contre un Jugement rendu par défaut, & où la procédure de la Partie adverse est réguliere, on ne doit être reçu opposant qu'en refondant les dépens de ce défaut, qui ne peuvent être remis en définitive ; mais dans ces dépens on ne doit pas comprendre l'assignation, la copie des pieces, ni les saisies & exécutions faites en conséquence du Jugement rendu par défaut : ces sortes de dépens doivent être taxés en taxant ceux de la Sentence définitive. (Réglement du Châtelet de Paris du 11 août 1692, article 7.) A l'égard des défauts faute de plaider, il n'y a point de refusion de dépens.

Cette refusion des dépens est arbitrée à la somme de huit livres, suivant un Réglement du Châtelet de Paris, homologué par Arrêt

de

de la Cour du 2 juillet 1691.

3. *A faute de se présenter.*] Ou à faute de fournir ses défenses. Au surplus cet article comprend les congés comme les défauts. (Voyez ci-dessus, titre 11, article 19, pag. 141.)

4. *Ou en l'audience à faute de plaider.*] Mais non contre les Jugements rendus par forclusion, auxquels on ne reçoit jamais d'opposition à l'égard de ceux qui ont été Parties dans ces Jugements.

5. *Soit donnée.*] *Adde*, répondue & signifiée.

6. *Dans la huitaine du jour de la signification.*] Lorsque la Partie contre laquelle on a obtenu un Jugement par défaut, qui lui est signifié à domicile, n'avoit point de Procureur constitué, & que cette Partie a son domicile en un endroit très-éloigné de celui où le Jugement a été rendu, il semble qu'outre la huitaine pour pouvoir former son opposition, il faudroit encore y ajouter le délai de la distance, à raison d'un jour pour dix lieues; (*suprà*, tit. 3, art. 3, aux notes, pag. 44,) à moins que la Partie qui fait signifier le Jugement n'eût élu par la signification domicile dans le lieu où elle est faite : auquel cas il faudroit que cette opposition fût formée dans la huitaine. Ainsi si un Jugement rendu à Paris étoit signifié à Lyon, qui en est distant de cent lieues, la Partie, outre la huitaine, devroit encore avoir dix jours pour former son opposition. (Voyez ci-dessus, titre 17, art. 7, note 2, pag. 234.)

7. *S'ils n'ont constitué Procureur.*] Suivant l'usage des Cours & la jurisprudence des Arrêts, l'opposition formée aux Jugements ou Arrêts faute de comparoître, quoique formée après la huitaine de la signification du Jugement, est recevable, en payant préalablement

les frais de la contumace, si la procédure est réguliere, & sans aucune refusion de dépens, si
cette procédure est vicieuse. A l'égard des autres Arrêts & Jugements, il faut que l'opposition soit formée dans la huitaine, autrement on
n'y est plus recevable.

8. *A tour de rôle.*] Parce que le rôle in-
terpelle, & qu'alors les Parties étant averties
du temps auquel la cause sera appellée, doivent être prêtes, & ne peuvent alléguer cause
d'ignorance.

ARTICLE IV.

Ne seront obtennes lettres en forme
de requête civile contre les Sentences présidiales, rendues au premier chef
de l'Edit; mais il suffira de se pourvoir
par simple requête (1) au mesme Présidial.

1. *Par simple requête.*] On appelle cette requête, *requête civile Présidiale.*

ARTICLE V.

Les requêtes civiles seront obtenues
& *signifiées*, & *assignations données* (1),
soit au Procureur ou à la Partie, dans
les six mois, à compter, *à l'égard des
majeurs*, *du jour de la signification* (2)
qui leur aura esté faite des Arrests &
Jugements en dernier ressort, à personne
ne ou domicile; & pour les mineurs,

du jour de la fignification qui leur aura
efté faite *d perfonne ou domicile* (3) depuis leur majorité.

1. *Signifiées , & affignations données , &c.*]
Voyez la note 2 fur l'article 7.

2. *A l'égard des mineurs , du jour de la fignification , &c.*] Si l'intérêt d'un majeur étoit
commun & indivifible avec celui d'un mineur
qui auroit été reftitué par requête civile , cette
reftitution ne pourroit profiter au majeur , que
dans les matieres réelles. (Voyez le procès-verbal de l'Ordonnance , pag. 440. Voyez aufli
Henrys, tom. 1 , liv. 4 , chap. 6 , queft. 25 , &
tom. 2 , liv. 4 , queft. 19 ; & Louet , lettre H ,
fommaire 20 , n. 6.)

3. *A perfonne ou domicile.*] Voyez *infrà* , article 11 , au commencement , pag. 632.

ARTICLE VI.

Le Procureur qui aura occupé en la
caufe , inftance ou procès fur lequel
eft intervenu l'Arreft ou Jugement en
dernier reffort , *fera tenu d'occuper* (1)
fur la requefte civile , fans qu'il foit befoin de nouveau pouvoir , pourveu que
la requefte civile ait efté obtenue & *à*
lui fignifiée *dans l'année du jour & date
de l'Arreft.* (2)

1. *Sera tenu d'occuper.*] Parce que c'eft une
dépendance & une fuite de l'inftance principale. (Voyez *fuprà* , titre 32 , article 4 , avec les
notes, pag. 538.)

2. *Dans l'année du jour & date de l'Arrêt.*]
Et non de la signification de l'Arrêt ou Jugement en dernier reſſort : car la requête civile
doit être obtenue & ſignifiée dans les ſix mois
de la ſignification de l'Arrêt ou Jugement ,
comme il eſt dit en l'article 5. Lorſque la requête civile n'eſt obtenue qu'après l'année de
la date du Jugement , alors le pouvoir du Procureur qui a occupé en l'inſtance ou procès
ſur lequel eſt intervenu l'Arrêt ou Jugement
en dernier reſſort , ceſſe , & il faut que la Partie qui a obtenu la requête civile la ſignifie
à domicile , & aſſigne dans les délais. (Voyez
le procès-verbal de l'Ordonnance , pag. 47 ,
article 16.)

A R T I C L E   V I I.

Les Eccléſiaſtiques (1) , les hoſpitaux,
& les communautez tant laïques qu'eccléſiaſtiques , ſéculieres & régulieres ,
meſme ceux qui ſont abſens du royaume
pour cauſe publique, *auront un an pour
obtenir & faire ſignifier* (2) les requeſtes
civiles , à compter pareillement du jour
des ſignifications qui leur auront eſté
faites au lieu ordinaire des bénéfices ,
des bureaux des hoſpitaux , ou aux
ſyndics ou procureurs des communautez, ou au domicile des abſens.

1. *Les Eccléſiaſtiques.*] La grace qui eſt ac-
cordée ici aux Eccléſiaſtiques, n'eſt qu'à raiſon
des bénéfices qu'ils poſſedent , & non à raiſon
de leurs biens particuliers, autres que ceux qui
dépendent de leurs bénéfices.

2. *Auront un an pour obtenir & faire signifier.*] Mais il n'est pas nécessaire que l'assignation soit donnée dans l'année ; ce qui est une seconde différence de cet article avec l'article 5 de ce titre , qui exige que les requêtes civiles soient obtenues & signifiées , & les assignations données dans les six mois : (ainsi jugé par Arrêt du 4 mai 1682 , rapporté au quatrieme tome du Journal des Audiences , en faveur de la communauté des Passementiers de la ville de Paris.) Ce qui paroît néanmoins contraire au texte de l'Ordonnance , qui porte expressément : » Que les assignations sur les requêtes ci- » viles seront données dans les six mois , & » qu'autrement les Parties qui en poursuivent » l'entérinement doivent être non-recevables; « comme il résulte de l'article 11 ci-après.

ARTICLE VIII.

Si les Arrests ou Jugements en dernier ressort ont esté donnez contre ou au préjudice des personnes qui seront décédées dans les six mois du jour de la signification à eux faite , leurs héritiers , successeurs *ou ayans cause* (1) auront encore *le mesme délai de six mois,* (2) à compter du jour de la signification qui leur aura esté faite des mesmes Arrests & Jugements en dernier ressort, s'ils sont majeurs ; sinon le délai de six mois ne courra que du jour de la signification qui leur sera faite depuis leur majorité.

1. *Ou ayans-cause.*] Comme font les créanciers ; mais non ceux qui fuccedent à titre fin-
gulier, comme le donataire ou l'acheteur.

2. *Le même délai de six mois.*] Outre le temps
qui s'eſt écoulé du vivant du défunt, décédé dans
les fix mois de la requête civile.

ARTICLE IX.

Celui qui aura fuccédé (1) à un bénéfice durant l'année, à compter du
jour de la fignification faite de l'Arreſt
ou Jugement en dernier reſſort, à ſon
prédéceſſeur, *dont il n'eſt réſignataire* (2),
aura encore une année pour ſe pourvoir
par lettres en forme de requeſte civile, du jour de la fignification qui lui en
fera faite.

1. *Celui qui aura fuccédé, &c.*] Cet article
ne doit point s'étendre aux mutations qui
arrivent par la mort ou changement de nomination des directeurs & adminiſtrateurs, fyn-
dics ou procureurs des communautés ou hôpitaux : car à leur égard il n'y a aucune pro-
longation de délai, & ils n'ont que l'année,
comme il eſt dit en l'article 6 ci-deſſus. (Voyez
le procez-verbal de l'Ordonnance, pag. 441,
article 8.)

2. *Dont il n'eſt réſignataire.*] Comme ſi au
lieu de tenir ſon bénéfice par nomination, il
en a été pourvu par mort ou dévolut.

Mais ſi ce ſucceſſeur étoit réſignataire, il n'auroit que le tem. qui reſte à ſon réſignant, parce-

qu'alors il y a lieu de préfumer que le réfignant n'a pas manqué de donner à fon réfignataire connoiffance de l'Arrêt ou Jugement qui lui a été fignifié ; d'ailleurs il ne peut transférer à fon réfignataire plus de droit qu'il en avoit lui-même.

ARTICLE X.

Les majeurs & mineurs n'auront que trois mois au lieu de fix ; & les Eccléfiaftiques, hofpitaux, communautez, & les abfens du royaume pour caufe publique, fix mois au lieu d'un an, pour obtenir & faire fignifier les requeftes contre les Sentences préfidiales données au premier chef de l'Edit : & au furplus feront toutes les mefmes chofes ci-deffus obfervées *par les Sentences préfidiales au premier chef de l'Edit* (1), que pour les Arrefts & *Jugements en dernier reffort.* (2)

1. *Pour les Sentences préfidiales au premier chef de l'Edit.*] Soit pour les oppofitions aux Jugements par défaut, foit pour les autres chofes dont il eft parlé dans les articles précédents. Les articles 11, 12, 18 & 19 établiffent auffi des regles touchant les Sentences Préfidiales au premier chef de l'Edit. A l'égard des autres articles, quoiqu'ils femblent ne regarder que les Arrêts, néanmoins il y en a plufieurs dont il faut faire l'application aux requêtes préfidiales : tels font les articles 14, 17, 27, 29, 31, 32, 33, 34, 35, 37, 38, 40, 41 & 42.

2. *Et Jugements en dernier reſſort.*] Voyez
la note 1 ſur l'article 1 de ce titre, ci-deſſus
page 620.

A R T I C L E   XI.

Voulons que tous les Arreſts, Jugements en dernier reſſort, & Sentences
préſidiales donnés au premier chef de
l'Edit, *ſoient ſignifiées aux perſonnes ou
domicile* (1), pour en induire les fins
de non-recevoir contre la requeſte civile dans le temps ci-deſſus, encore
que les uns ayent eſté contradictoires
en l'audience, & les autres ſignifiez au
Procureur, ſans que cela puiſſe eſtre
tiré à conſéquence aux hypotheques,
ſaiſies & exécutions, & autres choſes,
à l'égard deſquelles les Arreſts, Jugements & Sentences contradictoires donnez en l'audience auront leurs effets ;
quoiqu'ils n'ayent eſté ſignifiez, & ceux
par défaut donnez en l'audience & ſur
procès par écrit, à compter du jour qu'ils
auront eſté ſignifiez aux Procureurs.

1. *Soient ſignifiées aux perſonnes ou domicile.*] Afin que celui qui eſt dans le cas de ſe
pourvoir par requête civile contre un Jugement rendu contre lui, ne puiſſe ignorer ce
Jugement ; car s'il ſuffiſoit de le ſignifier au
domicile de ſon Procureur, il pourroit n'être
pas averti.

ARTICLE XII.

Si les lettres en forme de requeſte civile contre les Arreſts ou Jugements en dernier reſſort, ou les requeſtes contre les Sentences préſidiales au premier chef, ſont fondées *ſur pieces fauſſes* (1), ou ſur pieces nouvellement recouvrées qui eſtoient retenues ou détournées par le fait de la Partie adverſe, le temps d'obtenir & faire ſignifier les lettres ou requeſtes ne courra que du jour que la fauſſeté, ou les pieces auront eſté découvertes, *pourveu qu'il y ait preuve par écrit du jour* (2), & non autrement.

1. *Sur pieces fauſſes.*] C'eſt à celui qui ſe pourvoit par requête civile à prouver, non-ſeulement que les pieces ſont fauſſes, mais auſſi que le Jugement a été fondé ſur ces pieces, ſuivant la loi 3, *Cod. ſi ex falſis inſtrum. vel teſtim. judicatum fuerit*; parce qu'il ſe peut faire qu'outre les pieces maintenues fauſſes, la Partie en ait produit d'autres valables, qui aient ſervi de motif à la déciſion de la cauſe. (Voyez le Prêtre, Centurie 2, chap. 73.

2. *Pourvu qu'il y ait preuve par écrit du jour.*] Le temps auquel une piece a été recouvrée ſe juſtifie par écrit; v. g. lorſqu'il en eſt fait mention dans un inventaire, ou par quelqu'autre voie de cette qualité, dont le demandeur en requête civile n'auroit eu ni la connoiſſance ni la diſpoſition. (Voyez le procès-verbal, pag. 444.)

ARTICLE XIII.

Sera attaché aux lettres de requeste civile une confultation *fignée de deux anciens Avocats* (I), & de celui qui aura fait le rapport, laquelle contiendra fommairement les ouvertures de la requeste civile ; & feront les noms des Avocats & *les ouvertures inférés dans les lettres.* (I)

1. *Signées de deux anciens Avocats.*] C'eft-à-dire de deux anciens Avocats du Siege où doit fe plaider la requête civile. (Arrêt du Confeil du 27 août 1668 , rapporté au Recueil des Arrêts rendus en interprétation des nouvelles Ordonnances.)

Cette formalité eft établie afin que les Parties ne s'engagent pas témérairement dans des inftances de requête civile , & afin qu'elles n'abufent pas de cette voie dont le fuccès eft fouvent difficile.

2. *Et les ouvertures inférées dans les lettres.*] Ces ouvertures font celles dont il eft fait mention ci-après dans les articles 34 , 35 & 36.

ARTICLE XIV.

Nos Chancelier, Garde-des-Sceaux, & les Maiftres des Requeftes ordinaires de noftre Hoftel, tenants les Sceaux de noftre grande ou petite Chancellerie, & nos autres Officiers , ne pourront accorder aucunes lettres en forme de requeste civile *que dans le temps & aux conditions ci-deffus* (1), & fans qu'il puiffe y avoir claufe portant difpenfe ou reftitution de temps, pour quelque caufe & prétexte que ce foit : & fi aucunes avoient efté obtenues & fignifiées après le temps & délai ci-deffus, ou ne contenoient point les ouvertures & les noms des Avocats qui en auront donné l'avis, les déclarons dès-à-préfent nulles, & de nul effet & valeur, & voulons que nos Juges, tant de nos Cours ou Chambres, qu'autres Jurifdictions, n'y ayent aucun égard ; le tout à peine de nullité de ce qui auroit efté jugé ou ordonné au contraire.

1. *Que dans le temps & aux conditions cideffus.*] Voyez les articles précédents, depuis l'article 5 de ce titre.

ARTICLE XV.

Abrogeons la forme de clorre les lettres en forme de requefte civile, & d'y attacher aucune commiffion ; mais feront fcellées, expédiées *& délivrées ouvertes* (1) fans commiffion, aux Impétrants ou à leurs Procureurs, ou autres ayans charge.

1. *Et délivrées ouvertes.*] Car les lettres de requête civile font des lettres de Juftice ordinaire, qui ne contiennent rien de fecret.

ARTICLE XVI.

Les Impétrants des lettres en forme de requeſte civile contre des Arreſts contradictoires, *ſoit qu'ils ſoient prépa-ratoires* (1) ou définitifs, feront tenus en préſentant leur requeſte à fin d'en-térinement, conſigner la ſomme de trois cens livres pour l'amende envers Nous, & cent cinquante livres d'autre part., pour celle envers la Partie. Et ſi les Ar-reſts ſont par défaut, ſera ſeulement conſigné la ſomme de cent cinquante livres pour l'amende envers Nous,.& ſoixante-quinze livres pour celle en-vers la Partie : leſquelles ſommes ſe-ront receues par le Receveur des amen-des, qui s'en chargera comme dépoſi-taire, ſans droits ni frais, & ſans qu'il puiſſe les employer en recepte, qu'el-les n'ayent été définivement adjugées, pour eſtre après le jugement des re-queſtes civiles rendues & délivrées auſſi ſans frais *à qui il appartiendra.* (2)

1. *Soit qu'ils ſoient préparatoires.*] Les Ju-gements préparatoires contre leſquels on peut ſe pourvoir par requête civile, ſont principale-ment ceux qui contiennent un grief irrépara-ble en définitive ; autrement la requête civi-le ne doit point être admiſe. (Voyez Rebuffe, *Tractatu de Litteris civilibus, art.* 11 *, gloſſ.* 2 *, n.* 22 *, juxtà L. quod juſſit. ff. de re judicatâ.*)

2. *A qui il appartiendra.*] Lorſque le Jugement eſt infirmé, même pour un ſeul chef, &
la requête entérinée, l'amende eſt rendue à
la Partie qui l'a conſignée. (Voyez Rebuſſe,
ibidem, *gloſſ.* 4, *n.* 1.)

ARTICLE XVII.

Après que la requeſte civile aura eſté
ſignifiée , avec aſſignation & copie
données tant des lettres que de la
conſultation, *la cauſe ſera miſe au rolle* ,
(1) *ou portée à l'audience* (2) ſur deux
actes , l'un pour communiquer au Parquet, & l'autre pour venir plaider, ſans
autre procédure.

1. *La cauſe ſera miſe au rôle.*] Lorſqu'il y
a un grand nombre de requêtes civiles pen-
dantes en la Grand'Chambre du Parlement de
Paris, qui n'ont pu être portées à l'Audience ,
ce qui arrive preſque tous les ans , le Roi rend
une Déclaration portant qu'elles ſeront appointées & renvoyées dans les Chambres où les
Arrêts contre leſquels on ſe pourvoit ont été
rendus.

2. *Ou portée à l'audience.*] Sans qu'elle puiſſe
être appointée que ſur la plaidoierie, ou ſur le
conſentement des Parties. (*Infrà* , article 27.)

Ces inſtances ſe preſcrivent par trois ans ,
comme toutes les autres. (Boniface , tom. 4,
liv. 1 , titre 22 , n. 11.)

ARTICLE XVIII.

Les requeftes civiles *ne pourront empefcher l'exécution des Arrefts* (1) *ni des Jugements en dernier reffort* (2) , ni les autres requeftes l'exécution des Sentences préfidiales au premier chef de l'Edit, & ne feront données aucunes défenfes, ni furféances en aucuns cas.

1. *Ne pourront empêcher l'exécution des Arrêts.*] Tant pour le principal des condamnations, que pour les dommages & intérêts, reftitution de fruits & dépens, comme il réfulte de l'article fuivant.

2. *Ni des Jugements en dernier reffort.*] Voyez la note 1 fur l'article 1 de ce titre, pag. 620.

ARTICLE XIX.

Voulons que ceux qui auront efté condamnez de quitter *la poffeffion & jouiffance d'un bénéfice* (1), ou de délaiffer quelque héritage ou autre immeuble , rapportent la preuve de l'entiere exécution de l'Arreft ou Jugement en dernier reffort au principal , avant que d'eftre receues à faire aucunes pourfuites pour communiquer ou plaider fur les lettres de requefte civile , & que jufqu'à ce ils foient déclarez non-recevables , fans préjudice de faire exécu-

ter durant le cours de la requeſte civile les Arreſts & Jugements en dernier
reſſort & les Sentences préſidiales au
premier chef de l'Edit, par les autres
voies, ſoit pour reſtitution de fruits,
dommages, intéreſts & dépens, que
pour toutes autres condamnations.

1. *La poſſeſſion & jouiſſance d'un bénéfice.*]
Car les Jugements qui concernent le poſſeſſoire
des bénéfices, ſont des Jugements définitifs, &
contre leſquels on ne peut plus ſe pourvoir par
la voie du pétitoire. (Voyez ce qui a été dit
ci-deſſus en la note 1 ſur l'article 7 du titre 15,
pag. 204.)

ARTICLE XX.

Les lettres en forme de requeſte civile *ſeront portées & plaidées* (1) *aux
meſmes Compagnies* (2) où les Arreſts
& Jugements en dernier reſſort auront
eſté donnez.

1. *Seront portées & plaidées.*] Mais elles n'y
ſont pas toujours jugées, à cauſe de l'exception portée en l'article qui ſuit.
2. *Aux mêmes compagnies.*] Voyez ci-après,
en l'article 25, une exception à cette diſpoſition.

ARTICLE XXI.

Voulons néantmoins qu'en nos Cours
de Parlement, & autres nos Cours, où

il y aura une Grand'Chambre, ou Chambre de plaidoyer, les requestes civiles y soient plaidées, encore que les Arrests ayent esté donnez aux Chambres des Enquestes, *ou aux autres Chambres.* (1) Mais si les Parties sont appointées sur la requeste civile, les appointements seront envoyez *aux Chambres où les Arrests auront été donnez* (2), pour y estre instruits & jugez.

1. *Ou aux autres Chambres.*] Néanmoins quand on prend des requêtes civiles en matiere criminelle contre des Arrêts rendus en la Tournelle, c'est dans cette derniere Chambre que ces requêtes doivent être plaidées & jugées, sans que la Grand'Chambre en puisse prendre connoissance. (Ainsi réglé pour le Parlement de Toulouse par un Edit du mois de février 1682.)

2. *Aux Chambres où les Arrêts auront été donnés.*] Ce qui a lieu aussi à l'égard des requêtes civiles mises au rôle, & qui n'étant point venues à leur tour demeurent appointées. (Voyez la note 1 sur l'art. 17 ci-dessus, p. 637.)

ARTICLE XXII.

Si la requeste civile est entérinée, & les Parties remises au mesme estat qu'elles estoient avant l'Arrest ou Jugement en dernier ressort, le procès principal *sera jugé en la mesme Chambre* (1) où aura esté rendu l'Arrest ou Jugement contre lequel avoit esté obtenue la requeste civile.

1. *Sera jugé en la même Chambre , &c.*] Car les moyens de requête civile sont entièrement différents de ceux du fond , & il n'est pas même permis d'entrer dans ces derniers en plaidant les ouvertures des requêtes civiles. (*Infrà* art. 37.)

ARTICLE XXIII.

N'entendons comprendre *en la disposition du précédent article* (1) les requestes civiles renvoyées aux Chambres des Enquestes par Arrest de nostre Conseil, *lesquelles y seront plaidées* (2), sans que les Parties en puissent faire aucunes poursuites aux Grand'Chambres. , ou Chambres du plaidoyer.

1. *En la disposition du précédent article.*] C'est-à-dire en la disposition de l'article 21. (Voyez le procès-verbal de l'Ordonnance , pag. 451 & 452 , articles 21 & 22.)
2. *Lesquelles y seront plaidées.*] Après que la cause y aura été préalablement retenue.

ARTICLE XXIV.

Ceux qui font profession (1) de la Religion prétendue réformée , ne pourront faire renvoyer, retenir ni évoquer en nos Chambres de l'Edit, ou Chambres mi-parties , les causes ou instan-

ces des requeftes civiles, foit avant ou
après les appointements au Confeil,
contre les Arrefts ou Jugements en dernier reffort, rendus en d'autres Cours ou
Chambres , & fans diftinction fi ceux
de la Religion prétendue réformée y
ont efté Parties principales ou jointes,
ou s'ils ont depuis intervenu, ou font
intéreffez en leur nom, ou comme héritiers, fucceffeurs, créanciers ou ayans
caufe , à peine de nullité des renvois,
rétentions & évocations.

1. *Ceux qui font profeffion, &c.*] Cet article
n'eft plus aujourd'hui d'aucun ufage depuis
l'Edit du mois d'octobre 1685 , portant révocation de l'Edit de Nantes, qui a défendu en France l'exercice de la Religion prétendue réformés.
(Voyez *fuprà*, titre II, articles 29, 30 & 31,
pag. 154 & fuivantes.)

ARTICLE XXV.

Les requeftes civiles incidentes contre des Arrefts ou Jugements en dernier
reffort, *interlocutoires* (1), ou dans lefquels les demandeurs en requeftes civiles *n'auront point efté Parties* (2), feront obtenues, fignifiées & jugées en
nos Cours où les Arrefts ou Jugements
en dernier reffort auront efté produits
ou communiquez : & à cette fin leur en
attribuons par ces Préfentes , en tant

que befoin feroit, toute cour, jurifdiction ou connoiffance, encore qu'ils
ayent eflé donnez en d'autres Cours,
Chambres, ou autres Jurifdictions.

1. *Interlocutoires.*] Voyez la note 1, fur l'article 16 ci-deffus, page 636.
2. *N'auront point été Parties.*] Ou ceux qu'ils
repréfentent.
Si l'Arrêt ou Jugement en dernier reffort dans
lequel on n'a point été Partie, étoit produit devant les mêmes Juges qui l'ont rendu, alors la
requête civile ne feroit pas néceffaire, & il
fuffiroit de fe pourvoir par fimple oppofition,
comme il eft dit en l'article 2 de ce titre.

ARTICLE XXVI.

Si les Arrefts ou Jugements en dernier
reffort, produits ou communiquez, font
définitifs & rendus entre les mefmes
Parties, ou avec ceux dont ils ont droit
ou caufe, foit contradictoirement ou
par défaut, ou forclufion, les Parties fe
pourvoiront en cas de requefte civile
pardevant les Juges qui les auront donnez, fans que les Cours ou Juges pardevant lefquels ils feront produits ou
communiquez en puiffent prendre aucune jurifdiction ni connoiffance, &
pafferont outre au Jugement de ce qui
fera pendant pardevant eux, nonobftant les lettres en forme de requefte
civile, fans y préjudicier; fi ce n'eft que

lès Parties *confentent refpectivement* (1)
qu'il foit procédé fur la requefte civile
où fera produit l'Arreft ou le Jugement
en dernier reffort, *ou qu'il foit furfis au
Jugement* (1), & qu'ils n'y ayent d'autres Parties intéreffées.

1. *Confentent refpectivement.*] Ce confentement doit être figné des Parties, foit par déclaration au Greffe ou autrement ; & il ne fuffit pas
qu'il foit figné des Procureurs, à moins qu'ils
n'euffent un pouvoir fpécial à cet effet.

2. *Ou qu'il foit furfis au Jugement.*] Soit que
les Parties confentent à cette furféance , foit
que les Juges l'accordent, felon les différentes
circonftances des affaires. (Voyez le procès-
verbal de l'Ordonnance , pag. 456.)

ARTICLE XXVII.

Toutes requeftes civiles , tant principales qu'incidentes , *feront communiquées à nos Avocats ou Procureurs-Généraux* (1), & portées à l'audience , fans
qu'elles puiffent eftre appointées, *finon en plaidant* (2) , ou du confentement commun des Parties.

1. *Seront communiquées à nos Avocats , &c.*]
Autrement l'Arrêt qui interviendroit fur la requête civile , pourroit être caffé. (Ainfi jugé
par Arrêt du Confeil du 23 feptembre 1668 ,
rapporté dans le Recueil des Arrêts donnés en
interprétation de l'Ordonnance de 1667.)
Le motif de cette difpofition eft que dans

ces requêtes il y a toujours de l'intérêt public, en ce qu'il ne faut pas souffrir aisément
que des Parties remettent en question des choses jugées par des Cours ou par des Juges auxquels Sa Majesté a confié le soin de juger en
dernier ressort.

2. *Sinon en plaidant.*] Voyez la note 1 sur
l'article 17 ci-dessus, pag. 637.

ARTICLE XXVIII.

Lors de la communication au Parquet à nos Avocats & Procureurs-Généraux, sera représenté l'avis *signé des
Avocats qui auront esté consultez* (1), &
les Avocats nommez par celui qui communiquera pour le demandeur en requeste civile.

1. *Signé des Avocats qui auront été consultés.*]
Voyez *supra*, article 13, note 1, page 634.

ARTICLE XXIX.

Si depuis les lettres obtenues, le demandeur en requeste civile découvre
d'autres moyens contre l'Arrest ou Jugement en dernier ressort, que ceux
employez en la requeste civile, il sera
tenu de les énoncer *dans une requeste*(1),
qui sera signifiée (2) à cette fin au Procureur du défendeur, sans obtenir lettres d'ampliation, lesquelles Nous abrogeons.

1. *Dans une requête.*] Cette requête s'appelle *requête d'ampliation*. Il n'est pas nécessaire qu'elle soit signée d'un Avocat, ni précédée d'une consultation d'Avocat ; il suffit qu'elle soit signée du Procureur du demandeur en requête civile.

2. *Qui sera signifiée.*] Afin que l'autre Partie en ait connoissance & puisse y répondre, com-en l'article 13 ci-dessus, page 634.

A R T I C L E XXX.

Abrogeons aussi l'usage de faire trouver en l'audience *les Avocats* (1) qui auront esté consultez ; mais voulons que l'Avocat du demandeur, avant que de plaider, déclare les noms des Avocats par l'avis desquels la requeste civile a esté obtenue.

1. *Les Avocats.*] Voyez *suprà*, article 13 ; note 1, page 634.

A R T I C L E XXXI.

Le demandeur en requeste civile, & son Avocat, ne pourra alléguer *d'autres ouvertures* (1) que celles qui seront mentionnées & expliquées aux lettres & en la requeste tenant lieu d'ampliation, le tout deuement signifié & communiqué au Parquet avant le jour de la plaidoierie de la cause.

1. *D'autres ouvertures.*] Voyez les articles 34 & 35 ci-après.

ARTICLE XXXII.

Ne seront les Arrests & Jugements en dernier ressort rétractés *sous prétexte du mal jugé au fond* (1), s'il n'y a ouverture de requeste civile.

1. *Sous prétexte du mal jugé au fond.*] Autrement on tomberoit dans le cas de l'article 42 ci-après, touchant les propositions d'erreur, qui ont été abrogées par la présente Ordonnance. (Voyez au surplus la note 6 sur l'article 34 ci-après.

ARTICLE XXXIII.

S'il y a ouverture suffisante de requeste civile, les Parties seront remises *en pareil estat qu'elles estoient auparavant l'Arrest* (1), encore que ce fust une pure question de Droit ou de Coutume qui eust esté jugée.

1. *En pareil état qu'elles étoient auparavant l'Arrêt.*] De même que si la question principale n'avoit point été jugée en tout. Mais si dans la suite, en procédant au jugement du fond a ès la requête civile entérinée, le premier Arrêt ou Jugement vient à être rétracté, tous les dépens tombent sur celui au profit duquel le premier Jugement avoit été rendu; & même

s'il s'étoit fait payer des dépens de ce premier Jugement, il est tenu de les rembourser à l'autre Partie, comme les ayant reçus mal-à-propos.

ARTICLE XXXIV.

Ne seront receuës autres ouvertures des requeftes civiles à l'égard des majeurs, *que le dol perfonnel* (1); fi la procédure par Nous ordonnée n'a point efté fuivie; s'il a efté prononcé *fur chofes non demandées ou non conteftées* (2); *s'il a efté plus adjugé qu'il n'a efté demandé* (3), ou s'il a efté obmis de prononcer fur l'un des chefs de demande; s'il y a contrariété d'Arreft ou Jugement en dernier reffort entre les mefmes Parties, fur les mefmes moyens, & en mefmes Cours ou Jurifdictions : fauf en cas de contrariété en différentes Cours ou Jurifdictions à fe pourvoir en noftre Grand-Confeil. Il y aura pareillement ouverture de requefte civile, fi dans un mefme Arreft il y a des difpofitions contraires; fi ès chofes qui Nous concernent, *ou l'Eglife* (4), le public ou la Police, il n'y a eu de communication à nos Avocats ou Procureurs-Généraux; fi on a jugé *fur pieces fauffes* (5), ou fur des offres ou confentements qui ayent efté défavouez, & le défaveu jugé valable; ou s'il y a des pieces décifives nouvellement

lement recouvrées, & *retenues par le fait*
de la Partie. (6)

1. *Que le dol personnel.*] Ceci a son fondement en la disposition du droit Romain, qui
met le dol au nombre des causes pour lesquelles on peut se faire restituer en entier. (Voyez
la Loi *si Prætor* 75, §. 1, *ff. de Judiciis.*)

2. *Sur choses non demandées ou non contes-*
tées.] Par la même raison il y auroit lieu à la
requête civile, si un Arrêt condamnoit en son
propre & privé non celui qui n'auroit été assi-
gné qu'en qualité de tuteur ; ou s'il condamnoit comme héritier pur & simple celui qui
n'auroit procédé qu'en qualité d'héritier par bénéfice d'inventaire.

3. *S'il a été plus adjugé qu'il n'a été demandé.*]
Nam Sententia debet esse libello conformis, &
potestas Judicis ultrà id quod in judicium de-
ductum est, nequaquam potest excedere. (*L.* 18,
ff. communi divid.)

Lorsque la requête civile est entérinée en
pareil cas, l'usage est que le Jugement est rétracté pour tous les chefs. (Il en est de même
quand la requête civile est entérinée pour
n'avoir pas observé, quoique dans un seul chef,
la procédure prescrite par l'Ordonnance.)

4. *Ou l'Eglise.*] Pourvu qu'il s'agisse du domaine de l'Eglise ; *secùs,* s'il n'est question que
des revenus & jouissances, dont la libre administration appartient aux bénéficiers : car dans
ce dernier cas il n'y auroit pas lieu à la requête civile. (Ainsi jugé par Arrêt du 27 novembre 1703, rapporté par Augeard, tom. 3,
Arrêt 64.)

5. *Sur pieces fausses.*] Voyez la note 1 sur
l'article 12 ci-dessus, page 633.

Pour que des pieces fausses, produites en un

procès, donnent lieu à la requête civile, il faut que dans l'instance sur laquelle est intervenu le Jugement qu'on attaque, les pieces n'aient pas été attaquées de faux, parce qu'alors la question de faux ayant été décidée, ce seroit une pure proposition d'erreur qu'on voudroit admettre contre la disposition portée en l'art. 42 ci-après, qui a abrogé ces sortes de propositions.

6. *Et retenues par le fait de la Partie.*] Ainsi jugé par Arrêt du 23 juin 1644, rapporté par Boniface, tom. 4, liv. 1, titre 12, note 10.

Mais le simple recouvrement de pieces nouvelles ne donneroit pas lieu à la requête civile; il faut encore que ces pieces aient été retenues par le fait de la Partie adverse. (Voyez la Loi 4. *Cod. de re judicatá.*)

Dans le projet de cet article, outre les moyens précédents de requête civile, on avoit ajouté *l'erreur en un fait décisif, ou point de Coutume*; mais dans la rédaction, on a jugé qu'il étoit convenable de retrancher ces deux derniers moyens, sur les remontrances qui furent faites alors par M. le Premier Président. (Voyez le procès-verbal de l'Ordonnance, p. 461 & 462.)

C'est donc aujourd'hui une maxime certaine, que l'erreur n'est pas un moyen d'ouverture de requête civile; & c'est en conséquence de cette regle que l'article 42 de ce titre a abrogé les propositions d'erreur, avec défenses aux Parties de les obtenir, & aux Juges de les permettre, à peine de nullité, &c.

Cependant s'il s'agissoit d'une erreur de *fait*, & que cette erreur provînt de la fraude de celui qui a obtenu gain de cause par l'Arrêt, comme s'il avoit avancé des faits faux, ou dénié des véritables, qui seroient depuis vérifiés par la Partie adverse, ce seroit alors un moyen de requête civile, à cause du dol & de la mauvaise foi de cette Partie adverse. Mais si l'erreur procédoit de celui qui auroit succombé, dans ce cas il ne pourroit y avoir lieu à la requête civile.

Quant à l'erreur *de droit*, elle ne peut jamais être un moyen pour se pourvoir par la voie de requête civile contre un Arrêt ou Jugement en dernier ressort; ce qui est une suite de l'article 32 ci-dessus, qui porte que ces sortes de Jugements ne pourront être rétractés sous prétexte de mal jugé au fond, & ce qui résulte aussi de l'article 42 ci-après.

On peut obtenir des lettres de requête civile contre quelques chefs d'un Arrêt ou Jugement en dernier ressort, sans toucher aux autres chefs; (*L.* 29, §. 1. *ff. de minor:* ainsi jugé par Arrêt du 31 juillet 1685, rapporté au Journal du Palais, tom. 2 de l'édition *in-folio* de 1701;) à moins que les dispositions de l'Arrêt ou Jugement ne fussent toutes dépendantes les unes des autres, ensorte qu'il ne fût pas possible d'en annuller une, sans annuller toutes les autres.

ARTICLE XXXV.

Les Ecclésiastiques (1), *les communautez, & les mineurs* (2), seront encore receus à se pourvoir par requeste civile, *s'ils n'ont esté défendus* (3), *ou s'ils ne l'ont esté valablement.* (4)

1. *Les Ecclésiastiques.*] Pourvu qu'il s'agisse des droits de l'Eglise, ou des bénéfices que ces Ecclésiastiques possèdent, & que le Jugement contre lequel ils voudroient se pourvoir

eût donné quelque atteinte à ces droits ; mais ils ne pourroient fe fervir de ce moyen, s'il s'agiffoit d'un Jugement rendu contr'eux touchant leur patrimoine & leurs biens particuliers, ou s'il ne s'agiffoit que du revenu de leurs bénéfices. (Voyez *fuprà*, article 34, note 4, page 649.)

2. *Et les mineurs.*] En général, les mineurs qui ont été défendus par leurs tuteurs ou curateurs ne font pas recevables en leurs requêtes civiles. (Arrêt du 23 mai 1561, rapporté par Carondas en fes notes fur le Code Henri, liv. 9, titré 9, article 1.)

Mais s'il s'agiffoit de l'état du mineur, il ne feroit pas cenfé fuffifamment défendu, s'il ne l'avoit été que par un curateur aux caufes, & il pourroit alors revenir contre le Jugement par requête civile. (Ainfi jugé par Arrêt du 22 fevrier 1692, rapporté au quatrieme tome du Journal des Audiences de la feconde édition.)

3. *S'ils n'ont été défendus.*] C'eft-à-dire, fi les Arrêts & Jugements en dernier reffort ont été rendus par défaut ou par forclufion. (Voyez le procès-verbal de l'Ordonnance, pag. 463, dans l'article 36, ce qui eft conforme à la Loi *unic. §. ult. ff. de Officio Prætoris.*)

4. *Ou s'ils ne l'ont été valablement.*] C'eft-à-dire fi les principales défenfes de fait & de droit ont été omifes, quoique les Arrêts ou Jugements en dernier reffort rendus contr'eux aient été contradictoires, ou fur productions refpectives des Parties ; en forte qu'il paroiffe que le défaut des défenfes omifes ait donné lieu à ce qui a été jugé, & qui auroit été autrement jugé, s'ils avoient été défendus, ou fi les défenfes euffent été fournies. (Voyez le procès-verbal de l'Ordonnance, page 463, article 36.)

Les mineurs ne font pas non plus cenfés va-lablement défendus, lorfqu'ils n'ont point de tuteur & que le procès n'a point été com-muniqué aux Gens du Roi.

Mais des mineurs ne pourroient alléguer qu'ils n'ont pas été valablement défendus, lorfque leurs freres majeurs ou cohéritiers, qui étoient en caufe avec ces mineurs, on dit pour moyens tout ce qui pouvoit fe propofer, & que les mi-neurs n'ont rien à y ajouter. (Ainfi jugé par Arrêt du 21 juillet 1695, & par un autre du 13 avril 1696, rapportés l'un & l'autre au Journal des Audiences.)

ARTICLE XXXVI.

Voulons qu'aux inftances ès procès touchant les droits de noftre Couronne ou domaine, où nos Procureurs Gé-néraux & nos Procureurs fur les lieux feront Parties, ils foient mandez en la Chambre du Confeil, avant que mettre l'inftance ou le procès fur le bureau, pour favoir s'ils n'ont point d'autres pieces ou moyens, dont il fera fait mention dans l'Arreft *ou Jugement en dernier reffort* (1); & à faute d'y avoir fatisfait, il y aura ouverture de requef-te civile à noftre égard.

1. *Ou Jugement en dernier reffort.*] Voyez la note 1 fur l'article 1 de ce titre, page 620.

ARTICLE XXXVII.

Ne feront plaidées *que les ouvertures de requefte civile* (1) , & les réponfes du défendeur , *fans entrer aux moyens du fond.* (2)

1. *Que les ouvertures de requête civile.*] Expliquées dans la requête civile , & dans la requête d'ampliation , s'il y en a une.

2. *Sans entrer aux moyens du fond.*] Il faut auffi prononcer féparément fur le *refcindant* & fur le *refcifoire*. (Ainfi jugé par Arrêts du Confeil des 12 mai , 25 juin & 5 août 1668, rapportés au Recueil des Arrêts du Confeil rendus en interprétation des nouvelles Ordonnances. Voyez ci-après l'explication de ces deux mots en l'article fuivant , aux notes.) Cependant fi la même piece qui donneroit lieu à la requête civile fervoit en même temps à la décifion du principal, comme fi un héritier condamné à payer une dette d'un défunt avoit depuis recouvré la quittance retenue par le fait de la Partie adverfe , il femble que fi ce principal devoit être décidé dans la même Chambre que la requête civile , dans ce cas les Juges feroient bien fondés à prononcer en même temps fur la requête civile & fur le principal par un feul & même Jugement , parce qu'alors l'entérinement de la requête civile emporte néceffairement la décifion du fond ; en forte qu'il y auroit de l'injuftice d'obliger celui qui auroit recouvré cette quittance à avoir deux procès à foutenir au lieu d'un.

Il en eft de même dans tous les autres cas femblables , dans lefquels la requête civile &

le principal font inféparables : v. g. lorfqu'il s'agit d'un mineur qui prétend n'avoir pas été défendu, ou d'une contrariété d'Arrêts. Dans ces cas le fond même fert de moyens de requête civile, & il dépend alors de la prudence des Juges de ne pas féparer la forme d'avec le fond.

On doit auffi obferver que fi on allegue des fins de non-recevoir contre la requête civile, il faut, avant d'entrer dans les moyens de la requête, faire droit préalablement fur les fins de non-recevoir ; (ainfi jugé par Arrêt du Confeil du premier juillet 1668 :) ce qui eft une fuite de ce qui eft établi en l'article 5 du titre 5 ci deffus, pag. 64.

ARTICLE XXXVIII.

Celui au rapport duquel fera intervenu l'Arreft ou Jugement en dernier reffort, contre lequel la requefte civile eft obtenue, *ne pourra eftre rapporteur du procès* (1) *fur le refcindant, ni fur le refcifoire.* (2)

1. *Ne pourra être Rapporteur du procès, &c.*] Parce qu'il y a lieu de croire que le Rapporteur ne voudroit pas changer l'avis qu'il auroit donné dans le premier Jugement de l'affaire : ou afin que cette affaire foit mieux difcutée, en paffant par l'examen de différents Rapporteurs.

2. *Sur le refcindant, ni fur le refcifoire.*] Le *refcindant* eft la demande en reftitution de l'Arrêt ou Jugement dont on fe plaint, & qui eft demandée & pourfuivie en vertu de lettres en forme de requête civile.

Le *rescisoire* est le fond des contestations dé-
cidées par le Jugement contre lequel on se pourvoit, & qu'il s'agit de faire juger de nouveau.

ARTICLE XXXIX.

Si les ouvertures des requestes civiles ne sont jugées suffisantes, le demandeur sera condamné aux dépens,
& *à l'amende de trois cens livres* (1) envers Nous, & cent-cinquante livres envers la Partie, si l'Arrest contre lequel
la requeste civile aura esté prise, est
contradictoire, soit qu'il soit prépara-
toire, ou définitif; & en cent cinquan-
quante livres envers Nous, & soixante-
quinze livres envers la Partie, s'il est
par défaut: sans que les amendes puissent estre remises ni modérées.

1. *Et à l'amende de trois cens livres.*] Cette
amende ne regarde pas les Jugements Présidiaux, ainsi qu'il résulte des termes de cet article, qui ne parle que d'Arrêts.

Lorsque la requête civile est ouverte contre
un chef seulement de l'Arrêt dont on se plaint,
les autres chefs subsistants, l'amende qui a été
consignée doit être restituée. (Ainsi jugé par
deux Arrêts rapportés par Boniface, tom. 1, liv.
3, titre 4, chap. 1 & 2.

ARTICLE XL.

La requeste civile qui aura esté appointée au Conseil, sera jugée comme elle eust pu estre à l'audience, *sans entrer dans les moyens du fond.* (1)

1. *Sans entrer dans les moyens du fond.*] Soit que ces moyens soient tirés du fait ou du droit.

ARTICLE XLI.

Celui qui aura obtenu requeste civile, & en aura esté débouté, *ne sera plus recevable à se pourvoir par autre requeste civile* (1), soit contre le premier Arrest ou Jugement en dernier ressort, ou contre celui qui l'auroit débouté, mesme quand les lettres en forme de requeste civile auroient esté entérinées *sur le rescindant, s'il a succombé au rescisoire.* (2)

1. *Ne sera plus recevable à se pourvoir par autre requête civile.*] De la même maniere que celui qui a été débouté d'une demande en cassation, n'est plus recevable à se pourvoir de nouveau par la même voie, soit contre le premier Arrêt ou Jugement en dernier ressort, soit contre le second qui l'a débouté. (Réglement du Conseil du 28 juin 1738, part. 1, titre 5, article 39.)

2. *Sur le rescindant, s'il a succombé au rescisoire.*] Voyez l'explication de ces mots, ci-dessus, article 38, aux notes.

ARTICLE XLII.

Abrogeons les propositions d'erreur (1),

& défendons aux Parties de les obtenir
& aux Juges de les permettre, à peine
de nullité, & de tous dépens, dommages & interêts.

1. *Abrogeons les propositions d'erreur.*] La
proposition d'erreur qui étoit autrefois en usage
avant cette Ordonnance, étoit un moyen pour
faire rétracter un Arrêt ou Jugement en dernier
ressort, quand ce Jugement avoit été rendu
sur une erreur de fait : car à l'égard de l'erreur
de droit, elle n'a jamais été reçue contre ces
sortes de Jugements. (Voyez sur ces erreurs de
fait ce qui a été dit ci-dessus sur l'article 34, note
6, pag. 650.)

VOulons que la présente Ordonnance soit gardée & observée dans tout
nostre royaume, terres & pays de nostre obéissance, à commencer au lende-
main de saint Martin, douzieme jour de
novembre de la présente année : abrogeons toutes Ordonnances, Coustumes,
Loix, Statuts, Réglements, Styles &
Usages différents ou contraires aux dispositions y contenues. SI DONNONS EN
MANDEMENT à nos amez & féaux les
Gens tenans nos Cours de Parlement,
Grand-Conseil, Chambres des Comptes, Cours des Aides, Baillifs, Sénéchaux, & tous autres nos Officiers, que
ces Présentes ils gardent, observent &
entretiennent, fassent garder, observer
& entretenir; & pour les rendre notoi-

res à nos sujets, les fassent lire, publier & enregistrer : CAR TEL EST NOSTRE PLAISIR. Et afin que ce soit chose ferme & stable à toujours, Nous y avons fait mettre notre Scel. DONNE à Saint Germain-en-Laye au mois d'avril, l'an de grace mil six cent soixante-sept , & de nostre regne le vingt-quatrieme. *Signé* LOUIS: Et plus bas par le Roi, DE GUENEGAUD. *Et à costé est écrit : Visa* SEGUIER , pour servir à la Déclaration en forme d'Edit pour la réformation de la Justice.

Et encore à costé est écrit : *Lues, publiées, registrées, oui & ce requérant le Procureur-Général du Roi, pour estre exécutées selon leur forme & teneur. A Paris, en Parlement, le Roi y séant en son lit de Justice, le vingt avril mil six cent soixante-sept.*

Signé DU TILLET.

F I N.

TABLE

ALPHABÉTIQUE

DES MATIERES.

A

Ajournemens.

Allié. Alliance.

Amendes.

Appointement.

Arbitres.

Arrêt.

Arrêts.

Affignation.

B

Baillis & Sénéchaux.

Connoissent des complaintes en matiere bénéficiale, à l'exclusion des autres Juges, 202

Bannissement.

Condamnés au bannissement où doivent être
assignés, 28

Banquiers-Expéditionnaires.

Leur création, 206
Doivent vérifier les signatures faites en Cour
de Rome, *ibid.*

Baptêmes.

Voyez *Registres de baptêmes*, &c.
Registres de baptêmes comment tenus, 300
Actes de baptêmes comment doivent être con-
çus, 302, 303, 308
Baptêmes peuvent être justifiés par les registres
ou papiers domestiques des peres & meres décédés, 314

Bénéfice de cession.

Voyez *Cession.*

Bénéfice. Bénéficiers.

Voyez *Sequestre. Récréance. Maintenue. Dévolut. Régale.*
Dans les matieres de plaintes par le possessoi-
re des bénéfices, comment les exploits de
demandes doivent être donnés, & des délais sur ces demandes, 199
Ce que c'est que complainte en matiere de bénéfice, 200
Ce que doit faire le demandeur en complainte
bénéficiale par l'exploit de demande, *ibid.*
Assignation peut être donnée au lieu du bénéfice, 201

   Tome I.   G g

Caution,

Censives.

Cession.

Commissaires-Enquêteurs-Examinateurs.

Peuvent être récusés comme les Juges. Voyez
Récusation.

Committimus.

Ceux qui ont droit de *Committimus* ne peuvent
faire adjourner aux Requêtes de l'Hôtel & du
Palais, qu'en vertu de Lettres, 33
L'Huissier qui assigne doit être porteur de ces
Lettres, 34

Communautés.

Où doivent être assignés les Chapitres, Corps
& Communautés, 21
Chapitre, Corps & Communautés nommeront
un Syndic pour répondre sur faits & articles,
117
Quand tenus à se pourvoir par requête civile,
631
Quelles ouvertures de requête civile ont lieu à
leur égard, 652

Communication.

Voyez *Production*.
Communication des procès jugés ne peut être
donnée aux Parties par le Rapporteur, 135
Mais il peut donner communication du Jugement, 136
Communication des productions dans les procès
par écrit, ne peut être faite qu'une fois, 194
Dans quels cas on ne peut prendre communication de la procédure de la Partie adverse,
192

Communication au Parquet.

Voyez *cause*.
Quelles causes doivent être communiquées au
Parquet, 60, 124
Quid, des causes des Mineurs qui ont un Tu-
teur, 124

Gg 5.

Défendeur.

Défenses.

Défenses ou Surséances.

Délais sur les assignations.

Déporter.

Dépositaires.

Dépositions de Témoins.

Dépôt.

Défertion d'appel.

Désobéissance.

Dettes.

Dévolut. Dévolutaire.

Dictum des Sentences & Arrêts.

Dimanches & Fêtes.

Droit d'Assistance.

Droit de Calcul.

Droit de Conseil & de Consultation.

Droit de Révision.

Ducs & Pairs.

Epices.

Erreurs.

Estimation.

Etrangers.

Evocations.

Examen à futur.

Exceptions.

Eh

Ii

Interrogatoires sur faits & articles.

Intervention. Intervenant.

Jugements.

Montrées.

Voyez vues & montrées.

N

Noviciat.

Nullité.

O

Objets.

Officiaux.

Officiers.

Offres.

Voyez *dépens, dommages & intérêts.*

Omissions.

Opposition.

P

Peines.

Péremption d'Inſtance.

Perte des Regiſtres.

Pétitoire.

Celui

Préfident.

Préfidiaux.

Prêtres.

Preuve vo~ale ou littérale.

Preuve par témoins.

Preuve par témoins en matiere sommaire.

Preuve par témoins dans les Justices Consulaires.

Procédure.

Procès.

Procès par écrit.

K k 4

Procureur-tiers.

Procureurs du Roi & Fiscaux.

Procureurs-Généraux.

Productions.

Profeffion de Vœux.

Profit des défauts & congés.

Promeffes.

Prononciation.

Propofition d'erreurs.

R

Rebellion.

Ce que doit faire l'Huiſſier en cas de rebellion à
l'établiſſement d'un Sequeſtre, Commiſſaire
ou Gardien,　　　　　　　　　　　　283

Réception de caution.

Voyez *C aution.*

Réception d'enquête.

Abrogée par l'Ordonnance,　　　　　　　347

Reconnoiſſances d'écritures.

Reddition de Compte.

Régale.

Réintégrande.

Religieux.

Religieux de l'Ordre de Saint Jean de Jeruſalem.

Religion Prétendue-Réformée.

Réparations.

Repliques.

Réponses.

Reprises d'instance.

Reproches.

La

Requêtes.

Requêtes civiles.

Tome II.   Ll

Rescindant. Rescisoire.

Résidence.

Résignant. Résignataire.

S

Saisi.

Saisies & exécutions.

Sentences de provifion.

Septuagénaires.

Sequestre en matiere bénéficiale.

T

Tarif.

TArif ou tableau pour la taxe des dépens sera
dreſſé en chaque Juriſdiction, 513

Quel tarif on doit ſuivre au défaut de ce tableau, 514, 516

Taxe.

Taxe des Juges employés dans des commiſſions,
343

Taxe des témoins, comment doit être faite,
ibid.

Taxe des dépens, comment & ſur quel pied
doit ſe faire en chaque Juriſdiction, 514, 516

Taxe des voyages & ſéjours, ſur quel pied doit
être faite, 517

Des dépens qui ne doivent point entrer en
taxe, 506, 508

Témoins.

Voyez *Preuve par témoins. Enquêtes. Reproches.*

Doivent être aſſignés à perſonne ou à domicile, 352

Tenus de comparoir à l'aſſignation, & ſous
quelles peines, 353

Ordonnances du Juge à cet égard ſont exécutoires par proviſion, ibid.

Même celles des Commiſſaires - Enquêteurs-
Examinateurs, ibid.

Comment les Eccléſiaſtiques peuvent être contraints à comparoître, 354

Soit que la Partie compare ou non à la premiere ou ſeconde aſſignation, le Juge ou
Commiſſaire prendra le ſerment des témoins
& procédera à l'enquête, 355, 356

V

Fin de la Table des Matieres.

Fautes à corriger.

PAge 18, ligne 19, page 13, *lisez* page 8.
Pag. 123, lig. 30, au défendeur, *lis.* au de-
mandeur.
Pag. 217, lig. penult. mais dans, *lis.* mais sans.
Pag. 255, lig. 19, peut, *lis.* il peut.
Pag. 291, lig. 1, prêté, *lis.* payé.
Pag. 451, lig. penult. *ajoutez*, voyez aussi
l'article qui suit.
Pag. 457, lig. 15, *après ces mots* trente ans
ajoutez, (Voyez *suprà*, article 12, note 2,
pag. 453.)
Pag. 491, lig. antépenult. compenser sur les
dépens, *lis.* compenser les dépens.

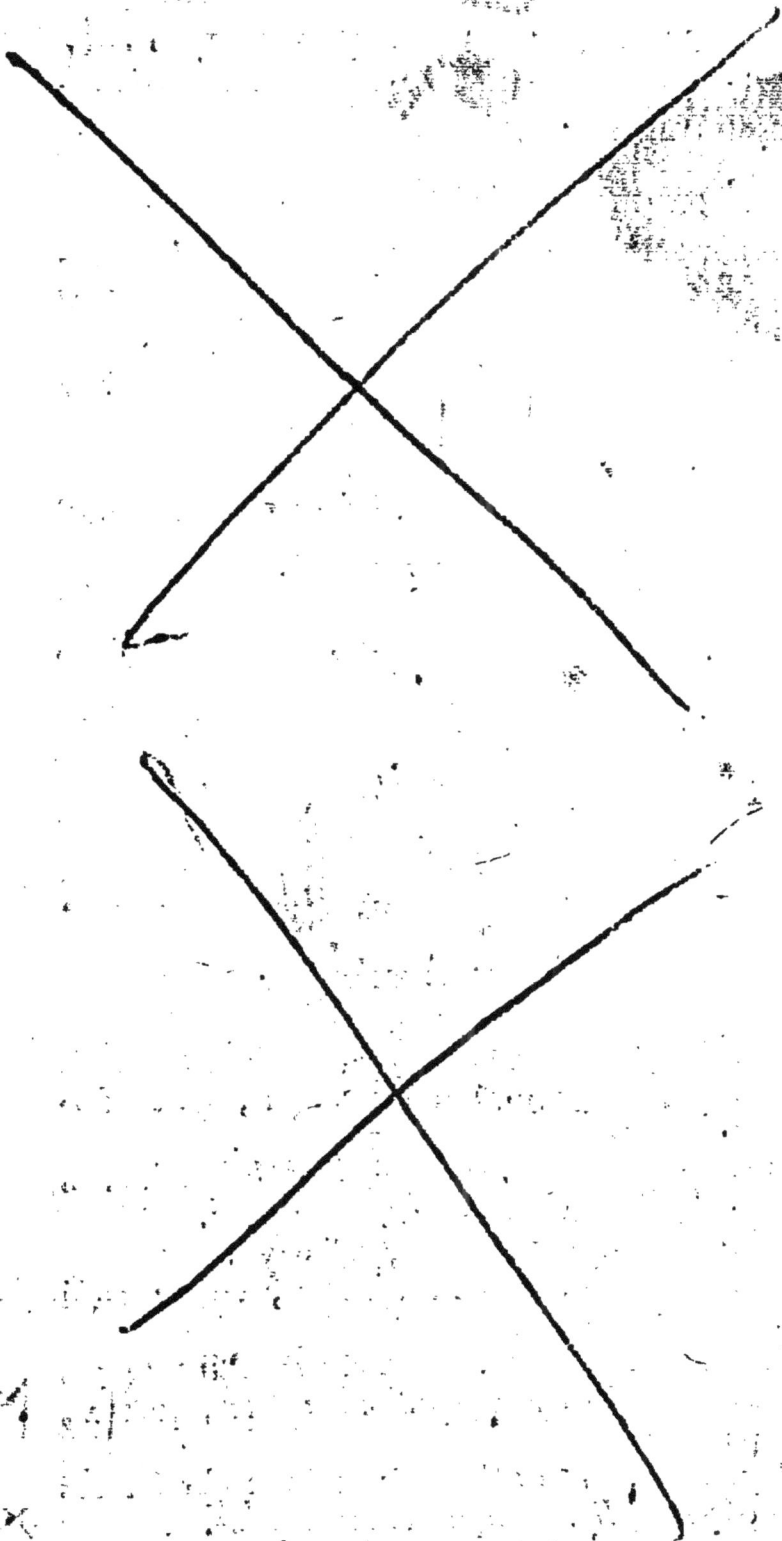

www.ingramcontent.com/pod-product-compliance
Lightning Source LLC
Chambersburg PA
CBHW060529220326
41599CB00022B/3469